삼보황도

대우고전총서
Daewoo Classical Library
054

삼보황도

三輔黃圖

찬자(撰者) 미상 | 송진 옮김

아카넷

일러두기

○ 『三輔黃圖』의 원문과 원주는 元刊本 『三輔黃圖』(佚名 撰, 『元本三輔黃圖』, 國家圖書館出版社, 2018 所收)를, 『삼보황도보유(三輔黃圖補遺)』는 『(叢書集成初編) 三輔黃圖 附補遺』(畢沅 校正, 中華書局, 1985)를 따랐다.

○ 표점 및 원문 교감은 다음의 연구서를 따르되, 필요한 경우 주석에서 설명하였다.

  (1) 張宗祥 校, 『校正三輔黃圖』, 古典文學出版社, 1958(楊家駱 編, 『大陸各省文獻叢刊』 第1集, 世界書局, 1976 所收)

  (2) 陳直 校證, 『三輔黃圖校證』, 陝西人民出版社, 1980

  (3) 何淸谷 撰, 『三輔黃圖校釋』, 中華書局, 2005

○ 번잡함을 피하기 위하여 주요 참고문헌은 다음과 같이 약칭하였다.

  (1) 張宗祥 校, 『校正三輔黃圖』, 古典文學出版社, 1958 → 『校正』

  (2) 陳直 校證, 『三輔黃圖校證』, 陝西人民出版社, 1980 → 『校證』

  (3) 何淸谷 撰, 『三輔黃圖校釋』, 中華書局, 2005 → 『校釋』

차례

여는 글

　중국의 서안(西安)은 북경(北京) · 낙양(洛陽) · 남경(南京) · 개봉(開封) · 항주(杭州)와 함께 중국의 6대 고도(古都) 중 하나이다. 특히 서안은 왕도 존속 기간이 1077년으로, 6대 고도 중 그 기간이 가장 길다. 서안은 전한(前漢) · 북주(北周) · 수(隋)의 수도이자 당대(唐代)에는 세계 최대 도시로 발전하였다. 그리고 당대 장안은 주변 국가의 도성 건설의 모범으로서, 발해의 수도나 일본 고대 도성은 장안을 모방하여 세워지기도 하였다.

　중국의 대표적인 고도인 서안이 장안이라 불리기 시작한 때는 한고조가 관중의 중심 지역이었던 이곳을 수도로 정한 후 장안이라 칭하면서부터이다. 그러나 서안과 그 주변의 관중 지역이 제국의 정치 중심지로서 중요해진 배경은 진이 함양을 수도로 정하고 그 주변 지역을 군주 권력의 근거지로서 특별하게 관리하였고, 이

후 등장한 전한 역시 진의 수도 정책을 계승하여 관중 지역을 특별 관리하였던 데 있었다.

전국시대 진왕의 직할지였던 현은 당시 수도였던 함양 주변 지역부터 설치되었고, 함양 주변에 현이 설치된 지역은 진 통일 이후 내사(內史) 지역으로서 정치·군사적 중심지로 확립되었다. 한고조 역시 진의 내사 지역을 계승하여, 위남군(渭南郡)·하상군(河上郡)·중지군(中地郡)을 다시 통합하여 내사로 삼았다. 이후 경제 때 내사는 좌·우내사로 양분되었고, 무제 태초 원년(기원전 104년)에는 삼보(三輔)인 경조윤(京兆尹)·좌풍익(左馮翊)·우부풍(右扶風)으로 나뉘었다. 무제 원정 연간에는 경기의 동쪽 경계 지점인 함곡관을 신안(新安)으로 옮기고 홍농군(弘農郡)과 삼하(三河: 河內·河東·河南郡)를 삼보와 밀접한 관계에 있는 특수 지구로 설정하는 이른바 '관중 확대[廣關]' 정책을 시행하였다. 이렇게 진의 고토에서 확대된 내사는 전한 시기 경기 통치의 변화 과정에서 이전과 달리 '관중'(삼보 및 홍농군·삼하 지역)으로 확대되었다. 그리고 경기 지역은 13주와 달리 지방행정 구역에 속하지 않았고, 관할 체계 역시 중앙에 속하여 특수하게 관리되었다. 즉, 진한시대 수도 정책에 따라 함양과 장안은 물론 그 주변 지역인 관중은 정치·사회·문화의 중심지이자 경기 지역으로서 제국의 핵심 지역으로 중시되었다.[1]

---

1 閔斗基,「前漢의 京畿統治策」,『東洋史學硏究』3, 1969 ; 崔珍烈,「漢初 內史의

『삼보황도』는 바로 진한시대 핵심 지역이었던 함양·장안 및 관중 지역을 전문적으로 기록한 책이다. 진한시대 도성 건설을 다루되, 특히 한의 도성이었던 장안을 위주로 서술하였다. 주된 내용을 보면 장안성과 그 주위의 건물 배치는 물론 궁전, 관청 건물, 창고와 같은 부속 시설, 교량, 문화시설 및 예제 건축 등 진한시대 수도 경관을 구성하는 다양한 요소를 광범위하게 포괄하고 있다. 『삼보황도』는 진한시대 장안과 관중 지역에 대해 가장 상세한 설명을 갖추고 있어, 중국 고대 도성 연구나 특히 전한 시기 도성인 장안성을 연구할 때 참고해야 할 중요한 문헌 중 하나이다.

이 책은 『삼보황도』를 우리말로 번역하고 역주한 책으로서, 그 의의는 크게 세 가지를 들 수 있다. 첫째, 기본적으로 『삼보황도』의 내용을 이해하는 데 도움이 된다. 『삼보황도』는 아직까지 국내에 번역되지 않았을 뿐 아니라 이를 대상으로 본격적인 연구가 진행되지 않은 문헌이다. 이런 점에서 『삼보황도』 역주는 국내 중국사 연구뿐 아니라 고전 및 문헌 연구, 전통 시대 도성제도 연구를 위한 유용한 자료가 될 수 있다.

둘째, 진한시대 도성과 경기 지역의 성격을 이해하기 위한 중요한 자료가 된다. 춘추시대까지 도성의 중심에는 종묘와 궁이 위치

_____

기능과 성격」, 『中國古中世史研究』 11, 2004 ; 宋眞, 「前漢時期 帝國의 內部 境界와 그 出入 管理」, 『東洋史學研究』 121, 2012 등 참조.

하였고, 이 종묘와 궁은 정치적 핵심 공간이었다. 특히 춘추시대까지 종묘·궁의 위치와 기능은 중첩되거나 거의 혼연일치되었고 제(祭)·정(政)은 분리되지 않았다. 서주 및 춘추시대 궁은 궁묘라는 명칭에서 보듯이 군주의 거처이자 조상신을 모신 종묘였으며, 국가의 대사를 거행하는 정치적 중심지였다. 그런데 전국시대를 기점으로 군주의 집정 공간인 궁은 종묘에서 분리되었고, 나아가 종묘보다 우위를 점하게 되었다. 종묘의 위상 변화는 진한시대에도 계속되었다. 춘추시대까지 선조를 모신 종묘가 도성 건축에서 가장 중요시되어 도성의 중심에 위치하였던 것과 달리, 전한 장안성의 건축에서는 전통적인 종묘와 달리 궁의 외부에 선조의 묘(廟)를 건설하였다. 이는 세속 군주인 황제가 종묘에 모신 조상신보다 현실 정치에서 더 중요한 지위를 차지하게 되었음을 상징적으로 보여준다. 그렇다면 『삼보황도』에 기록된 도성과 경기 지역의 구조와 특징은 과연 전한 시기의 실상을 어느 정도 반영하고 있으며, 전한 시기 도성의 성격은 후한 시기와 어떤 차이가 있었을까? 종래 진한시대 도성에 대한 연구는 최근 활발하게 진행된 고고학 발굴 성과에 힘입어 새롭게 진행되고 있는데, 『삼보황도』에 반영된 도성의 특징에 대한 이해는 진한시대 정치 중심지의 성격을 파악할 수 있는 중요한 근거가 될 수 있다.

셋째, 『삼보황도』는 고대 한반도 및 일본 등 중국 주변 국가의 도성제를 이해하기 위한 좋은 참고 자료이다. 주지하듯 당 장안성의 구조와 특징은 고대 일본이나 발해 등지에도 중요한 영향을 끼쳤다. 당 장안성의 기본 구조는 진한시대 도성제도에 대한 이해에 기초하여 그 성격을 파악해야 한다. 이런 점에서『삼보황도』는 진한시대 이외 관중에 근거하였던 여러 왕조의 도성이나 중국 주변의 한반도, 일본의 도성과 비교 연구를 진행할 수 있는 기초 정보를 제공해 줄 것이다.

끝으로 이 책은 대우재단 연구지원(번역) 사업의 재정적 지원을 받아 수행한 연구의 결과물이다. 개인적인 사정을 핑계로 당초 정해진 기한을 훌쩍 넘긴 지금까지 긴 시간을 기다려주신 대우재단 관계자분들께 이 자리를 빌려 심심한 감사를 전한다. 국내외 번역본이 없는 고전을 붙들고 혼자 씨름하며 번역하였지만, 여전히 해석상의 많은 문제가 남아 있다. 이에 대한 책임은 불민한 필자에게 있음을 미리 밝혀둔다. 아울러『삼보황도』는 물론 도성 전반에 대한 보다 심화된 연구는 다음 기회를 기약하고자 한다.

서(序)

『易』曰, "上古穴居而野處, 後世聖人易之以宮室, 上棟下宇, 以待風雨, 蓋取諸 '大壯'."

『역』에 이르기를, "상고시대에는 동굴에 거하며 들에서 지냈으나, 후세의 성인이 이를 궁실에 거하는 것으로 바꾸어, 기둥을 세우고 지붕을 덮어 바람과 비를 막았으니, 대개 '대장(☰☰)' 괘에서 취하였다.[1]"

三代盛時, 未聞宮室過制. 秦穆公居西秦, 以境地多良材, 始大宮觀. 戎使由余適秦, 穆公示以宮觀. 由余曰, "使鬼爲之, 則勞神矣. 使人爲之, 則苦人矣." 是則穆公時, 秦之宮室已壯大矣.

하·상·주 성세 때의 궁실이 법도를 벗어났다는 말은 아직 들어보지 못하였다.[2] 진 목공은 서진(西秦)에 거하였는데, 경내의 많은 좋은 자재를 써서 처음으로 궁관을 크게 만들었다. 융에서 유여를 진에 사신으로 보내자, 목공은 그에게 궁관을 보여주었다. 유여[3]는 "귀신에게 이를 만들게 하더라도 힘들어할 것입니다. 만약 사람에게 이를 만들게 했다면 사람들이 괴로웠을 것입니다"라고 하였다.[4] 이는 곧 목공 때 진의 궁실이 이미 장대했다는 말이다.

惠文王初都咸陽, 取岐 · 雍巨材, 新作宮室. 南臨渭, 北踰涇, 至於離宮三百. 復起阿房, 未成而亡.

혜문왕 초에 함양에 도읍하고, 기산과 옹의 큰 재목들을 취해 궁실을 새로 만들었다.[5] (함양의 궁전 구역은) 남으로 위수에 이르고, 북으로는 경수를 지났으며 이궁은 300채에 달하였다. (진은) 다시 아방궁을 짓기 시작하였으나 완성하지 못하고 멸망하였다.

至始皇弁滅六國, 憑藉富彊, 益爲驕侈, 殫天下財力, 以事營繕. 項羽入關, 燒秦宮闕, 三月火不滅. 漢高祖有天下, 始都長安, 定曰西京, 欲其子孫長安都於此也. 長安本秦之鄕名, 高祖作都.

(진의) 시황이 육국을 멸하고 병합하기에 이르자, (진은) 부강함을 빙자하여 더욱 교만하고 사치해졌으며 천하의 재력을 모두 동원하여 (건물을) 세우는 데 힘썼다. 항우가 관중에 들어와 진의 궁궐을 불태웠으나, 석 달 동안 불이 꺼지지 않았다. 한고조가 천하를 차지하고 처음으로 장안을 도읍으로 삼고는, 이를 서경(西京)이라 불

렀으며 자손 대대로 평안하게 이곳에 도읍하기를 원하였다. 장안은 본래 진의 향 이름이며, 고조가 수도로 삼았다.[6]

至孝武皇帝, 承文·景菲薄之餘, 恃邦國阜繁之資, 土木之役, 倍秦越舊, 斤斧之聲, 畚鍤之勞, 歲月不息, 蓋騁其邪心以夸天下也.

(한) 무제 시기에 이르러 문·경제 시기 검약으로 말미암은 넉넉함을 계승해 나라의 풍부한 재원을 믿고서는 토목을 위한 노역이 늘어나 옛날 진대의 노역보다도 더 많아졌다. 도끼질[斤斧] 소리와 삼태기·가래질 노동이 세월이 가도 그치질 않았으니, 대개 그 어그러진 마음으로 방종하여 천하의 재물을 사치한 것이었다.[7]

昔孔子作春秋, 築一臺, 新一門, 必書於經, 謹其廢農時奪民力也. 今裒采秦·漢以來宮殿·門闕·樓觀·池苑在關輔者著於篇, 曰三輔黃圖云, 東都不與焉.

옛날에 공자가 『춘추』를 쓸 때 대를 쌓고 새로운 문을 만든 일은 반드시 경(經)에다 기록하여, 농사철을 폐하거나 백성들의 힘을 빼앗는 것을 경계하였다.[8] 이제 진·한 이래 관중과 삼보 지역에 있는 궁전·문궐·누관(樓觀)·연못과 동산에 대해 수집하고 모아 죽간에 기록하고는, '삼보황도'라 칭하였다.[9] (이 책에) 동도(東都)에 대해서는 넣지 않았다.[10]

무주 주학 교수 묘창언의 제(題)

　이상 『삼보황도』는 무주 주학에서 새긴 것이다. 이 책은 진·한 시대 궁실·원유에 대해 매우 잘 갖추었고 안사고의 『한서신주』의 내용을 많이 취하였으나 편찬자의 이름은 기록하지 않았다. 『당서』 「예문지」에 '『삼보황도』 1권'이라는 기록이 있고 지리류 맨 앞에 나열되어 있으나 어떤 사람이 썼다는 것에 대해서는 언급하지 않았다. 그동안 응소(應劭)의 『한서집해(漢書集解)』를 많이 사용하였다. 응소는 후한 건안 시기 사람이다. 조위 시기 사람인 여순이 『한서』에 주를 달고 다시금 이 『삼보황도』를 인용하여 근거로 삼았다. 이로 보건대, 『삼보황도』가 한~조위 시기 사람들이 꾸며낸 거짓이 아니라는 걸 알 수 있다. 세간에 판각이 없어 옮겨 쓸 때 글자를 잘못 쓰는 일[魯魚之謬]이 많다. 몇 가지 본을 구해서 서로 참조 교감하여 혹여 증거가 없거나 의심스러운 전승으로 보이는 것은 감히 억설로써 단정하여 말하지 않았다.

　소흥에서 계유년 7월 초하루 아침, 좌적공랑(左迪功郎) 주학 교수 묘창언이 쓰다.

—

1 『校釋』에 따르면, '蓋取諸〈大壯〉'은 대개 '大壯' 괘의 형상에서 취한 것이다. '大壯(☳☰)'은 '震'이 위, '乾'이 아래이다. 『說卦傳』에 "震은 雷가 되고, 乾은 圓이 된다"라 하였고, 가장 이른 궁실은 대부분 원형이다. 가령 서안 반파 유지의 집은 위로는 비바람을 막을 수 있게 하였고 아래는 원형으로 만들었다. 이 구절은 『易經』「繫辭」하편에 보인다.

2 『校釋』에서는 '三代' 시기 궁전 건축에 대한 설명을 추가하였다. 곧 삼대 시기 건축물은 대개 돌기둥을 주춧돌로 사용하였고, 때로 구리기둥을 쓰기도 하였다. 담장은 나무와 뼈를 섞은 진흙 담에서 夯土 담으로 바뀌었고, 아울러 흙벽돌을 쌓아 만든 담을 이용하는 방법도 출현하였다. 지붕 건축은 상대에는 여전히 거적과 풀로 덮거나 흙칠[抹泥]하는 방법을 썼지만, 대형 건축의 경우 사면 柱洞의 바깥쪽에 처마 기둥[檐柱]을 받치는 柱洞이 출현하였는데 이는 당시에 이중의 처마[屋檐]가 있었음을 말한다. 서주 시기 이미 용마루 위에 기와를 얹어 만들었고, 서주 후기가 되면 지붕 위 전면에 기와를 덮기 시작하였다. 하남성 언사 이리두의 상대 초기 궁전 유지와 섬서성 岐山 鳳雛村 서주 초기 종묘 유지를 통해 볼 때, 모두 비교적 협소하고 조촐하다.

3 '由余'는 繇余라고도 한다. 춘추 시기 秦의 대부이다. 그의 선조는 원래 晉나라 사람이었으나 戎으로 도망하여 들어갔다. 다시 秦으로 돌아갔을 때 목공에 설

복되어 결국 秦에 남았고, 秦 목공에게 중용되어 上卿에 올라서는 목공이 서융을 정벌하고 12국을 멸하는 일을 도왔다.

4 『史記』 권5 「秦本紀」의 기록을 그대로 인용한 것으로, 『사기』의 기록은 "(戎王은) 繆公이 현명하다는 소문을 듣고 유여를 보내어 秦을 살피게 하였다. 秦 繆公이 궁실과 쌓아둔 재물을 보여주었다. 유여는 '귀신을 시켜 그것을 만들게 할지라도 귀신을 힘들게 할 것인데, 사람에게 그것을 하게 한다면 민 역시 괴로울 것입니다'라고 하였다"이다. 다만, 『사기』에서 '民'으로 되어 있으나 여기서는 '人'이라 하였는데, 『校釋』에서는 당대 사람들이 피휘하여 고친 것으로 보았다.

5 『校證』에서는 『사기』 「진본기」의 기록에 근거하여 혜문왕 12년에 처음으로 함양을 국도로 삼았다고 보았다. 『사기』 「진시황본기」 35년 기록을 보면 "이에 명을 내려 함양 근처 200리 안의 宮觀 270곳을 복도와 용도로 서로 연결시켰다", "관중에 궁 300채를 지었고 관외에는 400여 채를 지었다"라고 하였고, 『한서』 「賈山傳」에는 "진은 함양에서 서쪽으로 옹까지 이궁이 300채였다"라고 하였다.

『校釋』에서는 몇 가지 사실을 들어 『校證』의 설명에 오류가 있다고 보았다. 『校證』에서 "『사기』 권5 「진본기」 혜문왕 12년에 처음으로 함양에 도읍하였다"고 하였는데, 『사기』 권5 「진본기」에는 이런 말이 전혀 없다. 본문 중 "혜문왕 초에 함양에 도읍하였다"는 것 역시 오류이다. 이 오류는 『한서』 권27 「오행지」 하에서 유향이 일종의 재이를 해석할 때 말하기를 "이전에 문혜왕 초에 함양에 도읍하고 궁실을 광대하게 하여 남쪽으로 위수에 이르고 북쪽으로 경수에 이르렀는데, 思心을 잃어버리고 土氣를 거스르는 것이었다. 足者가 멈추어 진을 경계하여 지나친 사치를 멈추지 않으면 장차 위기와 멸망이 이를 것이라 하였다. 진은 결국 고치지 않았고 이궁이 300채에 달하였으며 다시 아방궁을 짓기 시작하여 완성하지 못하고 망하였다"라 한 데서 왔다는 것이다. 따라서 진 혜문왕 초에 함양에 도읍하였다는 것은 사실과 상충하며, 다만 그가 함양의 건설을 광대하게 했다는 점은 가능하다. 그는 27년(기원전 337년~기원전 311년) 동안 재위하였기 때문에 문치와 무공이 비교적 갖추어져 토목을 크게 일으킬 조건이 되었다. 아울러 『사기』 권5 「진본기」에 진 효공 12년에 '함양을 만들어 冀闕을 건축하고 진의 국도를 그곳으로 옮겼다'고 하였는데, 이는 본서 권1 「咸陽

22

故城」 조에 인용된 내용과 같다. 『사기』 권6 「진시황본기」에는 효공 '13년에 처음으로 함양에 도읍하였다'고 기록되어 있고, 『正義』에서는 '12년에 함양을 만들고, 기궐을 건축하였으며 이 13년에 처음으로 도읍하였다'라고 하였다. 이는 곧 진 효공 12년에 함양을 건설하기 시작하여, 13년에 정식으로 천도하였을 가능성이 있었음을 말한다.

6 『校證』의 설명에 따르면, 宋敏求의 『長安志』에 "장안은 본래 진의 鄕名이다"는 것과 본문은 같다. 『사기』「진시황본기」 8년 조에 "동생인 長安君 成蟜 장군이 趙를 치고는 배반하였다"라 하였고, 또 함양 일대에서 일찍이 출토된 '長安'이 적힌 원형의 동전은 진의 유물로서 장안이라는 이름이 시황 초기에 시작되었음을 충분히 증명한다.

『校釋』에 따르면, 『사기』 권93 「盧綰列傳」에 "盧綰을 長安侯로 봉하였다. 장안은 옛 함양이다"라 하였는데, 한의 수도인 장안은 본래 진의 수도 함양의 위수 남쪽의 궁전구이다. 장안이라는 이름은 진대에 시작되었고, 『讀史方輿紀要』 권53 「陝西」 2에서는 "(장안은) 본래 秦 杜縣의 長安鄕이다"라 하였다. 『雍錄』 권2에서는 "장안이라는 것은 그 현에 長安鄕이 있기 때문에 그것으로써 이름을 삼은 것이다. 그곳에 興樂宮이 있고 고조가 개수하여 거기 거하였으니, 곧 長樂宮이다"라 하였다.

7 『校釋』에 따르면, 『한서』 권75 「冀奉傳」에 "(문제 때) 甘泉 · 建章 및 上林 중의 모든 離宮館이 아직 없었다. 未央宮에도 高門 · 武臺 · 麒麟 · 鳳皇 · 白虎 · 玉堂 · 金華의 전은 없었고, 단지 前殿 · 曲臺 · 漸臺 · 宣室 · 溫室 · 承明이 있었을 뿐이었다"라고 하였다. 그리고 한 무제가 건설한 건물이 가장 많은데, 그는 장안성 안에 미앙궁을 확장하여 세웠으며 계궁 · 북궁 · 명광궁 · 백량대 등을 새로 건설하였다. 또 건장궁 · 감천궁의 양대 궁전군을 창건하였고, 상림원을 새롭게 건설하거나 수복한 진대의 이궁과 별관도 매우 많이 지었다.

8 『校證』에서는 『春秋經』 "장공 31년 봄에 郎에 臺를 쌓았다", "희공 20년 봄에 남문을 새로 만들었다"를 예로 들었다.

9 『校證』에서는 예전에 '昔引黃圖'가 적힌 와당을 보았으며, '黃圖'라는 두 글자는 대개 전한 시기부터 광대한 규모라는 데서 그 뜻을 취하였다고 하였다. 『校釋』에서는 '黃圖'는 '帝都의 圖'라고 이해하였다. 그 근거를 살펴보면 다음과 같다.

『藝文類聚』권63「南朝陳 江總 雲堂圖」에 "黃圖의 棟宇를 바라보니, 둥근 자색 처마가 하늘에 있도다[覽黃圖之棟宇, 規紫宸於太淸]"에서 '黃圖'는 帝都를 가리키는데, '黃圖'는 한대 이래 익히 사용된 명칭일 수 있다. '黃'은 본래 토지의 색깔을 말한다. 『易』「坤」에 "하늘은 검고 땅은 누렇다[天玄而地黃]"라 하였고, 예부터 오색을 오행·오방과 맞추었는데 땅[土]은 가운데 있기 때문에 黃을 중앙·正色으로 삼았고, 중앙은 帝都가 있는 곳이 된다. 이런 점에서 『三輔黃圖』는 바로 삼보 지역 帝都의 圖라는 것이다.

10 본서에 東都인 낙양의 내용은 포함되어 있지 않다는 말이다. 낙양은 장안의 동쪽에 있어 '東京' 혹은 '東都'라 칭하였다.

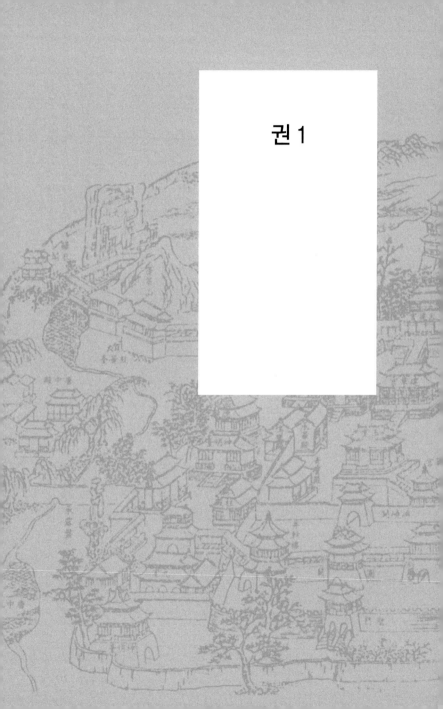

권 1

삼보 연혁(三輔沿革)[1]

禹貢九州, 舜置十二牧, 雍其一也, 古豊 · 鎬之地. 平王東遷,
以岐 · 豊之地賜秦襄公, 至孝公始都咸陽. 秦孝公十二年, 於渭北作咸陽,
徙都之. 咸陽在九嵕山 · 渭水北, 山水俱在南, 故名咸陽. 秦幷天下,
置內史以領關中. 項籍滅秦, 分其地爲三. 以章邯爲雍王, 都廢丘.
今興平縣地. 司馬欣爲塞王, 都櫟陽. 董翳爲翟王, 都高奴. 今延川金明
縣. 謂之三秦. 漢高祖入關, 定三秦, 元年更爲渭南郡, 九年罷郡,
復爲內史.

『상서』 「우공」 편에 9주[2]가 보이는데 순은 12목을 설치하였고,
옹은 9주 중 하나로서 옛날 풍(豊) · 호(鎬) 땅이다.[3] (주나라) 평왕이
동쪽으로 수도를 옮기면서 기(岐)와 풍 땅을 진 양공에게 하사하였
고[4] (진) 효공 시기에 이르러 (진은) 비로소 함양에 도읍하였다. 진
효공 12년에 위수 북쪽에 함양을 건설하고 옮겨와 (진의) 도읍으로 삼았다. 함양

은 구종산과 위수 북쪽에 위치하여 산과 강이 모두 남쪽에 위치하기 때문에 함양이라 칭하였다.[5] 진은 천하를 겸병한 후 내사를 설치하여 관중을 다스렸다.[6] 항적이 진을 멸한 후 이 땅을 삼분하였는데, 장함은 옹왕이 되어 폐구(廢丘)에 도읍하였고,[7] 지금의 흥평현(興平縣) 땅이다.[8] 사마흔은 새왕(塞王)이 되어 역양에 도읍하였으며[9] 동예는 적왕이 되어 고노에 도읍하였다. 지금의 연천(延川) 금명현(金明縣)이다.[10] 이를 삼진(三秦)이라 일컫는다. 한고조가 관중에 들어와 삼진을 평정한 후,[11] (한고조) 원년(기원전 202년)에 위남군으로 바꾸었다가[12] 9년(기원전 198년)에 군을 폐지하고 다시 내사로 삼았다.[13]

五年, 高帝在洛陽, 婁敬說曰, "夫秦地被山帶河, 四塞以爲固, 卒然有急, 百萬衆可立具. 因秦之故, 資甚美膏腴之地, 此所謂天府. 陛下入關而都之, 山東雖亂, 秦故地可全而有也."

(한고조) 5년(기원전 202년), 고조 황제가 낙양에 있을 때[14] 누경[15]이 건의하기를, "대저 진의 땅은 산과 황하로 둘러싸여 사면이 막혀 든든히 지킬 수 있어서,[16] 갑자기 위급한 일이 생기더라도 100만의 무리로 버텨낼 수 있습니다. (관중은) 진의 본토이기에 물자가 매우 풍부하고 비옥하며 부유한 땅으로서[17] 하늘의 창고라 일컫는 곳입니다.[18] 폐하께서 관중으로 들어가 그곳을 도읍으로 삼으신다면 비록 산동에서[19] 반란이 일어날지라도 진의 옛 땅은 온전하게

보존하실 수 있습니다"라고 하였다.[20]

又田肯賀高帝曰, "陛下治秦中, 秦形勢之國, 帶河阻山, 持戟百
萬, 秦得百二焉. 地勢便利, 其以下兵於諸侯, 猶居高屋之上建瓴
水也." 自是, 漢始都之.

그리고 전긍이 고조 황제를 치하하며 아뢰기를, "폐하께서 관중
을 다스리십니다.[21] 진은 지형이 험요한 나라로서, 황하로 두르고
산으로 막으니 진은 창을 든 100만의 병사를 데리고 '2'로써 '100'을
상대한 셈이었습니다.[22] (진은) 유리한 지세에서 제후를 공격하여
마치 높은 지붕 위에서 항아리에 담긴 물을 부은 것과 같았습니다"
라고 하였다.[23] 이로부터 한은 비로소 관중을 도읍으로 삼았다.[24]

景帝分置左·右內史, 此爲右內史. 武帝太初元年改內史爲京
兆尹, 與左馮翊·右扶風, 謂之三輔. 其理俱在長安古城中.

경제는 좌·우내사로 나누어 설치하고,[25] 이 지역을 우내사로 삼
았다. 무제 태초 원년에 내사를 고쳐 경조윤과 좌풍익·우부풍이
라 하고, 이를 삼보라 일컬었다.[26] 그 치소[27]는 모두 장안의 옛 성
안에 있었다.[28]

1 『校證』에 따르면, 『元和郡縣圖志』 권1에 삼보의 연혁을 서술하였는데, 본문과 대
   략 같으며 원래의 주와도 같다. 그리고 『太平禦覽』 권164에서 인용한 『十道志』의
   문장이나 『太平寰宇記』 권21 雍州 總敍 모두 본문과 완전히 같다. 또 『장안지』
   권1의 總敍는 원래 注文까지도 서로 같으며, 단지 몇 글자만 다를 뿐이다.

2 『校釋』에서는 『尙書』 「禹貢」은 전국을 9주로 나누고 하의 우임금이 치수한 이
   후 행정 구역으로 가탁한 것으로 설명하였다. 이 9주는 冀州 · 兗州 · 靑州 · 徐
   州 · 揚州 · 荊州 · 豫州 · 梁州 · 雍州이다. 이 중 옹주의 경계는 진령을 따라 그
   북쪽으로는 동으로 황하에 이르고 서쪽 경계의 일부는 오늘날 감숙성 서쪽 경
   계에 이른다.

3 『校釋』의 설명에 따르면 豐과 鎬는 서주의 도성으로서 오늘날 섬서성 서안시
   長安區 灃河의 양쪽 연안에 있다. 주 문왕이 崇을 멸한 이후 "豐에 邑을 세웠
   다". 盧連成의 『西周豐鎬兩京考』(油印稿)에 따르면, 豐京은 豐水 중류 서쪽 연
   안에 위치하였고, 동쪽은 灃河에 인접하고 서쪽은 靈沼河에 이르며, 북쪽은 郿
   鄠嶺 산등성이의 북쪽 가장자리까지 미치며 남쪽은 石榴村에 이른다. 주위는
   대략 67km²이다. 이 구역 안의 客省莊 · 馬王村 일대와 서주 夯土 基址 건축
   군이 발견된 곳은 豐京의 중심에 해당한다. 무왕은 商을 멸한 후 도성을 豐에
   서 鎬로 옮겼다. 鎬京은 灃河의 동쪽 연안에 위치하였다. 『詩經』 「大雅 · 文王有
   聲」 편에 "考卜維王, 宅是鎬京, 維龜正之, 武王成之"라 하였다. 盧連成에 따르
   면 "鎬京 유지는 오늘날 長安區 서북의 高陽原 위에 위치하였고, 서쪽은 灃河
   에 인접하며 남쪽 부분은 한 · 당 시기 곤명지를 만드느라 헐었고, 동쪽은 北豐
   鎬村에 이르며, 면적은 약 4~5km²이다". 이 범위 안의 斗門鎭 일대에는 서주
   유지가 밀집하였다. 豐 · 鎬는 강을 사이에 두고 서로 바라다보인다. 서주 시대
   鎬京은 정치적 중심이었고, 豐京은 제사 · 종묘와 문화 오락 장소로서 두 곳의
   기능은 달랐다. 아울러 분리 단절된 두 곳의 城市가 아니었기 때문에 사람들은
   서주의 國都를 언급할 때 豐 · 鎬를 병칭하였다.

4 『校釋』의 설명에 따르면 岐는 서주의 岐邑을 가리키고, 周原에 있으며 그 범위
   는 분명치 않고 중심은 오늘날 岐山縣 동북의 鳳雛村 일대이다. 岐 · 豐의 땅은
   岐邑에서 豐水 서쪽 연안까지를 가리키며, 바로 관중의 서부이다. 진 양공은

춘추 시기 진의 군주로서 기원전 777년~기원전 766년에 재위하였다.

5 『校釋』에 따르면, 『二酉堂叢書』(張澍 輯本) 辛氏 『三秦記』에 "함양은 진이 도읍으로 삼은 곳이다. 九嵕山의 남쪽, 위수의 북쪽에 있는데, 산의 남쪽이자 강의 북쪽이기에 함양이라 이름하였다"라 하였다. 현행본 본문에 오류가 있는데 九嵕山 다음에 '南' 자가 빠졌으며, '山水俱在南'은 당연히 '山水俱陽'이다. 또 『사기』 권85 「여불위열전」의 司馬貞 『索隱』에는 "咸의 訓은 모두로서, 그 땅이 위수의 북쪽이자 北阪의 남쪽에 있다. 강의 북쪽을 陽이라 하고 산의 남쪽 역시 陽이라 하므로, 山·水 양자 모두의 '陽'에 있다"고 하였다. 두 설의 '산'은 서로 다른데, 전자는 九嵕山을 가리키고 후자는 北阪을 가리킨다. 진나라 사람들은 阪·原 역시 산이라 칭하였다.

6 『校證』에 따르면, 『사기』 「진시황본기」 26년 조 "천하를 나누어 36군으로 하였다"의 裴駰 『集解』에서 "內史 역시 36군에 속한다. 시황 9년 본기에 '內史肆'라는 명칭이 있다"고 하였다.

7 장함은 진의 장수이다. 군대를 거느리고 진섭·항량 등을 격파하였다. 후에 거록에서 항우에 패하여 투항하였다. 항우를 따라 관중으로 들어왔다. 항우가 제후를 세워 분봉할 때 雍王에 봉해져 함양 서쪽 땅을 거느렸고 廢丘에 도읍하였다.

8 畢沅은 "이하 小注는 모두 唐代 지명을 사용하고 있어, 이 책이 당대 사람이 모아 편찬한 것임을 알 수 있다"고 하였다. 『校釋』에 따르면 진의 廢丘는 한고조 3년에 槐里縣으로 바뀌었다. 隋 初에 槐里縣을 폐하고 그 땅을 始平縣 관할에 속하게 하였다. 唐 景龍 4년(710년)에 金城縣으로 개명하였다. 唐 肅宗 至德 2년(757년)에 金城縣을 興平縣으로 개명하였고, 치소는 오늘날 興平縣城에 있었다. 따라서 이 注에서는 당대 지명을 사용한 것임을 알 수 있다.

9 司馬忻은 또한 司馬欣이라 한다. 秦의 長史이다. 『사기』 권7 「항우본기」에 사마흔은 "예전에 櫟陽縣의 獄掾이었는데 일찍이 항량에게 은혜를 베푼 적이 있었다". 항우는 "그래서 사마흔을 세워 새왕으로 삼고, 함양 동쪽에서 황하에 이르기까지 다스리게 하고 역양을 도읍으로 삼게 하였다".

10 『사기』 권7 「항우본기」에 "도위 동예라는 자는 처음에 장함에게 권하여 楚에 항복하게 하였다"고 하였다. 그 때문에 항우는 "동예를 세워 翟王으로 삼아, 上郡을 다스리게 하고 高奴를 도읍으로 삼게 하였다"고 하였다.

11 『校釋』의 설명에 따르면 기원전 206년에 유방은 한신의 계책을 써서 한중을 근거지로 삼고 故道로 출병하여 관중으로 진공하였다. 옹왕 장함을 쳐서 멸하고 새왕 사마흔과 적왕 동예를 항복시켜 관중의 전 지역을 점령하였다.

12 『校證』에 따르면, 원년에 渭南郡으로 바꾸었다. 『한서』 「지리지」 京兆尹의 原注에 보인다. 『校釋』에서는 『한서』 권13 「이성제후왕표」에 한 원년, 곧 기원전 206년에 塞를 멸한 후 그 땅을 나누어 渭南郡 · 河上郡을 설치하였다고 보았다. 한 2년에 장함을 죽인 후 다시 관중 서부에 中地郡을 설치하였으며, 한 초의 渭南郡은 단지 秦 內史의 일부분일 뿐이다.

13 『校釋』에서는 譚其驤이 "高帝 初 아직 관중에 도읍을 정할 뜻이 없었기에 진의 내사를 나누어 渭南郡 · 河上郡 · 中地郡 세 군으로 만들었다. 도읍을 정한 후에야 진의 제도를 회복하였다"(『中國古代地理名著選讀』第1集)고 하였으나, 한 고조 9년, 곧 기원전 198년에 세 군을 없애고 진의 제도에 따라 내사를 회복시켰다고 보았다.

14 유방은 기원전 202년 2월에 汜水의 북쪽 기슭인 定陶에서 황제로 즉위하고 곧이어 서쪽으로 가서 낙양을 국도로 삼았다.

15 婁敬은 곧 劉敬이다. 한 초의 謀士이다. 齊人으로, 이해에 수졸에 충당되어 隴西로 가 복역해야 하는데 낙양을 지나다 유방을 만나기를 구하여 관중을 도읍으로 삼으라는 건의가 받아들여진 공로로 劉氏 성과 奉春君의 봉호를 받았다.

16 『校釋』에 따르면, '四塞'는 관중의 사면 모두 지세가 높고 험준하다는 말로, 屛障이라 할 수 있다. 『사기』 권69 「소진열전」의 "秦은 사방이 요새인 나라로서, 산으로 둘러싸여 위수를 끼고 있으며 동쪽으로 관소와 황하가 있고 서쪽으로 한중이 있으며, 남쪽으로 파촉이 있고 북쪽으로 代 · 馬가 있으니, 이는 天府이다"를 참고할 수 있다. 張守節의 『史記正義』에서 "동쪽으로 황하가 있고, 函谷 · 蒲津 · 龍門 · 合河 등의 관소가 있다. 남쪽으로 산과 武關 · 嶢關이 있으며, 서쪽으로 大隴山과 隴山關 · 大震 · 烏蘭 등의 관소가 있고, 북쪽으로 황하의 남쪽 塞가 있으니, 이는 사방이 요새인 나라이다"라 하였다.

17 『校釋』에 따르면, '膏腴之地'는 비옥하고 부요한 토지이다. 『한서』 권28 「지리지」에 "(진의 땅에는) 鄠 · 杜竹林이 있고, 남쪽 산에는 檀樹와 柘樹가 있어 칭하기를 '陸海'라 하였으며, 九州 중 토지가 비옥한 땅이다"라 하였다.

18 『校釋』에 따르면, '天府'는 만물이 모이는 천연 府庫이다. 『한서』 권40 「張良傳」 안사고 주에 "재물이 모이는 곳을 府라 부른다. 관중 땅의 물산이 풍부하고 많다는 말로서, 贍給을 대비할 수 있기 때문에 天府라 칭하였다"고 하였다.

19 『校釋』에 따르면, 전국·진·한대 崤山 혹은 華山의 동쪽을 통칭하여 산동이라 하였는데 당시 관동의 함의와 서로 같다.

20 『校證』에 따르면, 婁敬의 건의 내용은 『한서』 「누경전」에 보인다. 『太平寰宇記』 권25 「雍州」에서도 婁敬·田肯 두 사람의 일을 서술하였다. 『校釋』에서는 『한서』 권43 「누경전」의 기사를 들어 婁敬이 먼저 낙양에 도읍할 때의 불편함을 말한 후 秦의 땅이 갖는 장점을 말하였으며 이후 한고조는 뜻을 정하지 못하고 있다가 留侯가 관중에 들어가는 것이 편리하다고 말하자 그날로 관중을 도읍으로 삼았다고 설명하였다.

21 『校釋』에 따르면, '治秦中'은 『한서』 권1 「高帝紀」 안사고 주에 "'治'는 도읍으로 삼음을 말하고, '秦中'은 관중을 말하는데, 진의 땅이다"라 하였다. 『사기』 권8 「高祖本紀」 『史記集解』에서 인용한 如淳의 주에서는 "당시 산동 사람들은 관중을 일컬어 秦中이라 하였다"고 하였다.

22 『校釋』에 따르면, '秦得百二'는 진의 군대가 관소·황하의 험요지에 주둔하여 지켜 이 둘로써 적군 100을 당할 수 있다는 말이다. 또한 2만의 병사로써 관동의 100만 병사를 감당할 수 있다는 말이다. 『사기』 권8 「고조본기」 裴駰의 『史記集解』에서 인용하기를 蘇林은 "진의 땅은 험하고 견고해서 2만 명이 제후의 100만 명을 족히 감당할 수 있었다"고 하였다. 후에 '百二·關·河'는 관중의 지세가 험요함을 형용하는 표현으로 사용되었다.

23 『校證』에 따르면, 『金泥石屑』 하권에 '霸陵過氏瓴'이 있다. 1984년 灞橋 부근에서 출토된 '霸陵某氏瓴'이 있는데, 器形은 竹筒 같으며 대개 지붕 모서리에 설치하여 떨어지는 물방울을 담는 용도로 쓴다. 『校釋』에서는 『사기』 권8 「고조본기」 裴駰 『史記集解』에서 인용하기를 如淳은 "瓴은 물을 담는 항아리[瓶]이다. 높은 지붕 위에서 항아리의 물을 엎는 것으로, 그 아래로 향하는 기세가 쉬움을 말한다"라고 하였으므로 『校證』에서 언급한 瓴과 如淳의 설명이 유사하다고 보았다. 아울러 일설에 瓴은 仰瓦로서, 仰은 지붕에 덮어 기와로 된 고랑을 만들어 물이 쏟아지게 하는 데 사용한다고 하였다.

24 田肯 관련 기록은 『한서』 「고조본기」 6년 조에 보인다. 다만, 『사기』 권8 「고조본기」의 기록과는 조금 다르다.

25 『校釋』에 따르면, 『한서』 권19 「백관공경표」에 "경제 2년 좌·우내사로 분치하였다"고 하였다. 『한서』 권28 「지리지」에는 "무제 건원 6년에 나누어 우내사로 하였다"고 하여 表와 志의 내용이 다르다. 『사기』 권11 「효경본기」에는 "(경제 2년에) 내사를 설치하였다"고 하였는데, 좌·우내사로 분치한 것의 생략으로 보이며 『한서』의 표와 같다. 담기양은 "내사를 좌·우로 나눈 것은 『사기』 권11 「효경본기」와 『한서』 「백관공경표」에 따르면 경제 2년이다. 단 「지리지」에 '건원 6년'이라 쓴 것 역시 당연히 가리키는 바가 있으며 경제 2년 초에 좌·우로 나눌 때 두 내사는 관할구역만 나누었을 뿐 부서를 나누지는 않았다가 건원 6년에 이르러 비로소 부서를 나누어 일을 처리했던 것으로 보았다(『中國古代地理名著選讀』 第1集)".

26 『校釋』에 따르면, 삼보는 전한 시기 경기 지역을 치리하였던 3개 직관의 합칭이자, 또 그 관할구역을 가리킨다. 한 초에 경기의 관을 내사라 칭하였고, 경제 2년(기원전 155년)에 좌·우내사로 나누고 主爵中尉(후에 도위로 변경)와 합칭하여 삼보라 하였다. 무제 태초 원년(기원전 104년)에 명칭을 바꾸어 主爵都尉를 右扶風, 우내사를 京兆尹, 좌내사를 左馮翊이라 하고, 치소를 모두 장안성 안에 두었다. 『太平御覽』 권164에서 인용한 『삼보황도』에는 "무제 태초 원년에 내사를 경조윤으로, 좌내사를 좌풍익으로 고쳤다. 장안의 동쪽을 경조윤에, 장릉 북쪽을 좌풍익에 소속시켜 경사를 돕게 하였는데, 이를 삼보라 불렀다"고 하였다. 이 조에서 인용한 문장은 북송 시기 전해졌던 다른 한 종류의 『삼보황도』 판본에서 인용한 것 같으며, 현행본에 비해 삼보의 해석이 보다 구체적이다.

27 『校釋』에 따르면, '理'는 吳本에서 '輔'로 썼다. 唐代 李吉甫의 『元和郡縣圖志』에는 '治'를 쓰는 모든 곳에 '理'로 매번 대신하였는데, 당 고종 李治를 피휘하기 위함이었다. 張宗祥은 "胡廣의 『漢官解詁』를 보면, 삼보는 境을 主持하며 사람들을 치리하여 守職과 같았고, 모두 장안성 안에 있었다. 여기 '理'를 富라 썼다. 또 唐人은 '治'를 피휘하였으니 이것은 혹 당대 피휘인데 후대 사람들이 고쳐 바로잡지 않았을 수 있다. 대개 '治'라 쓰는 것이 더 적당하다"고 하였다.

28 『校證』에 따르면, 『太平寰宇記』 권25와 본문은 완전히 같다.

삼보 치소(三輔治所)

京兆, 在故城南尚冠里. 京, 大也. 天子曰「兆民」. 『公羊』曰,「京大也. 師, 衆也. 天子所居.」

경조윤[29]은 옛 장안성 상관리(尚冠里) 앞 도로에 있었다.[30] '京'은 크다는 말이다. 천자는 (백성을) '兆民'이라 하였다. 『공양전』에는 「京은 크다는 것이다. '師'는 무리이다. 천자가 거하는 곳이다」라고 하였다.[31]

馮翊, 在故城内太上皇廟西南. 馮, 憑也. 翊, 輔也. 翊輔京師也. 其地今同州.

좌풍익[32]은 옛 장안성 안쪽 태상황 묘의 서남쪽에 있었다.[33] '馮'은 의탁하는 것이다. '翊'은 보조하는 것이다. (풍익은) 경사를 보좌[翊輔]한다는 의미이다. 그 땅은 지금의 동주이다.[34]

扶風, 在夕陰街北. 扶, 持也, 助也. 言助風化. 今岐州.

우부풍[35]은 석음가 북쪽에 있었다.[36] '扶'는 '持'이고 돕는다는 뜻이다. 풍화를 돕는 것을 말한다. 지금의 기주이다.[37]

三輔者, 謂主爵中尉及左·右內史. 漢武帝改曰京兆尹·左馮翊·右扶風, 共治長安城中, 是爲三輔. 三輔郡皆有都尉, 如諸郡. 京輔都尉治華陰, 左輔都尉治高陵, 右輔都尉治郿.

'삼보'는 주작중위와 좌·우내사를 말한다.[38] 한 무제는 경조윤·좌풍익·우부풍이라 바꾸어 불렀는데 장안성 안을 함께 다스렸으며, 이를 삼보라 하였다. 삼보에 속한 군에는 모두 도위가 설치되어 여느 군과 같았다.[39] 경보도위는 화음을 다스렸고,[40] 좌보도위는 고릉을 다스렸으며, 우보도위는 미(郿)를 다스렸다.[41]

王莽分長安旁六鄕, 置帥各一人, 分三輔爲六尉郡[42]. 渭城·安陵以西, 北至栒邑·義渠十縣, 屬京尉大夫, 府居故長安寺. 高陵以北十縣, 屬師尉大夫, 府居故廷尉府. 新豐以東至湖十縣, 屬翊尉大夫, 府居城東. 霸陵·杜陵以東至藍田, 西至武功·郁夷十縣, 屬光祿[43]大夫, 府居城西. 茂陵·槐里以西至汧十縣, 屬扶尉大夫, 府居城西. 長陵·池陽以北至雲陽[44]·祋祤十縣, 屬列尉大夫, 府居城北.[45] 後漢光武之後, 扶風出治槐里, 馮翊出治高陵. 案『百官表』顏師古注引『黃圖』云, 京兆在尙冠前街東入, 故中尉府. 馮翊在太上皇廟西入. 右扶風在夕陰街北入. 故主爵府. 長安以東爲京兆, 長陵以北爲左馮翊, 渭城[46]以西爲右扶風.

　왕망은 장안성 근방을 6향으로 나누어 각각 수 1인을 두고[47] 삼보를 나누어 6도위군으로 삼았다.[48] 위성[49]·안릉[50]의 서쪽이자 북쪽으로 순읍[51]·의거[52]에 이르는 10현은 경위대부에 속하였고,[53] 관부는 옛 장안사(長安寺)에 있었다.[54] 고릉의 북쪽 10현은 사위대부에 속하였고, 관부는 옛 정위부에 있었다.[55] 신풍[56]의 동쪽에서 호[57]에 이르는 10현은 익위대부에 속하였고, 관부는 장안성 동쪽에 있었다. 패릉[58]·두릉[59]의 동쪽에서 남전까지,[60] 서쪽으로 무공[61]·욱이[62]에 이르는 10현은 광록대부에 속하였고, 관부는 장안성 서쪽에 있었다. 무릉·괴리[63]의 서쪽에서 견[64]에 이르는 10현은 부위대부에 속하였고, 관부는 장안성 서쪽에 있었다. 장릉[65]·지양[66]의 북쪽에서 운양·대우[67]에 이르는 10현은 열위대부에 속하였고, 관부는 장안성 북쪽에 있었다. 후한 광무제 이후에는 부풍이 괴리를 다스렸고, 풍익이 고릉[68]을 다스렸다. 『한서』「백관공경표」의 안사고 주에 인용된『황도』에 따르면, "경조는 상관리 앞 도로 동쪽 입구에 있으며 이전의 중위부이다. 풍익은 태상황 묘의 서쪽 입구에 있다. 우부풍은 석음가의 북쪽 입구에 있으며 이전의 주작부이다. 장안의 동쪽을 경조라 하고, 장릉의 북쪽을 좌풍익이라 하며, 위성의 서쪽을 우부풍이라 한다"[69]라고 하였다.

29 『校釋』에 따르면, '京兆'는 경조윤의 생략형이다. 경조윤은 이미 삼보 제일의 행정구역 명칭이었고, 해당 구역 장관의 명칭이기도 했다. 그 職權은 경사를 맡아 치리하는 것이었다. 경사에는 勳臣과 貴戚이 많았기 때문에 치리하기 어렵다고 일컬어졌다. 『한서』 권76 「張敞傳」에 경조윤에 역임하는 것은 "오래된 자도 2~3년에 불과하고, 짧게는 수개월에서 1년으로 매번 명예가 훼손되고 실추되어 죄과로 인해 파면되었다"고 하였다. 『한서』 권72 「王駿傳」에 그 치적이 탁월하여 유명한 자로 趙廣漢 · 張敞 · 王尊 · 王章 · 王駿이 있는데, 모두 能名이 있었기 때문에 경사를 칭하여 이르기를, "먼저 趙 · 張이 있고, 후에 三王이 있었다"라 하였다.

30 『校證』에 따르면, 尙冠里는 『한서』「선제기」와 『한서』「곽광전」에 보인다. 『校釋』에 따르면, 경조윤의 치소는 한 장안성 南尙冠里에 있었다. 南尙冠里는 곧 尙冠前街이다. 『한서』 권8 「선제기」에 선제 劉詢이 즉위 전에 "조정의 청함을 받았을 때 장안 尙冠里에 머물렀다"고 하였다. 즉위할 때 宗正 劉德은 "증손(劉詢)의 尙冠里 집에 가서 몸을 씻고 머리를 감긴 후 御府의 옷을 사여하였다". 『한서』 권68 「곽광전」도 대략 같은 내용이다. 안사고 주에 "'尙冠'은 장안에 있는 里名이다"라 하였다. 尙冠里는 당연히 尙冠街에 있었다. 李遇春은 장안성 안에 "尙冠前街 · 尙冠後街"가 있다고 하였다. 末段의 原注에 "京兆는 尙冠前街 동쪽으로 들어가고, 옛 中尉府이다"라 하였다. 『장안지』에 인용된 『舊儀』에는 "中尉府는 尙冠里街의 동쪽에 있다"고 하였다. 京兆府는 바로 廢置된 中尉府이다. 尙冠里는 미앙궁의 동쪽에 있어 경조윤의 치소가 머물렀던 곳이다. 尙冠前街는 武庫의 남쪽에 있었다.

31 『校證』에 따르면, 原注에 '京, 大也.', '天子曰兆民'라 하여, 『三輔決錄』의 주를 썼는데 『장안지』 권1 「京都」의 인용에 보인다. 이하 『장안지』에서 인용한 문장 역시 동일하다. 原注에서 인용한 『公羊』은 『公羊傳』 桓公 9년 전에 보인다. 蔡邕의 『獨斷』에서도 "천자가 거하는 곳을 경사라 한다. 京은 大이다. 師는 衆이다"라 하였다. 『校釋』에서는 담기양의 의견을 제시하였다. 곧 '京'의 뜻은 바로 大이다. '兆'의 뜻은 바로 衆이다. 수도는 대중이 모이는 곳이므로 '京兆'라 칭한다. 字義에 따라 해석하면 '京兆'와 '京師' · '京都'는 본래 다른 점이 없다. 한에

38

서 경조윤을 설치한 이후 전자는 마침내 군급 행정구역 명칭이 되었고, 아울러 후자는 오로지 수도에 소재하는 城市를 가리키게 되면서 구별되었다. '尹'의 뜻은 바로 '治'이고 옛 관명이다. 한대 수도 소재의 군급 장관의 칭호를 尹이라고 칭하면서부터 후대에도 이를 따랐고, 명청 시대 順天府와 민국 초 경조윤까지 줄곧 연용하였다.

32 『校釋』에 따르면, 馮翊은 좌풍익의 생략형이다. 좌풍익은 이미 행정구역의 명칭이었고 또한 관명이었다. 수도를 호위하는 삼보 제일의 장관이 되면서부터 비록 군 태수와 동급이었지만 예우는 심히 극진하였다. 韓延壽·薛宣은 모두 外郡에서 태수에 임직하여 정치적 공적이 탁월하기로 유명하였기에 "(경사로) 들어와 좌풍익을 맡았다". 선제는 蕭望之를 크게 등용하기 위해 준비하였는데, 이를 위해 "그 정사를 자세히 시험하고, 다시 좌풍익으로 삼았다". 『한서』「韓延壽傳」·「薛宣傳」·「蕭望之傳」에 보인다.

33 『校證』에 따르면, 『사기』「晁錯傳」에서 "內史府는 태상황 묘 안의 빈터에 있었는데, 동쪽으로 나가는 문이라 불편하였다"고 하였다. 경제 때가 되어 馮翊을 좌내사로 하였다. 『太平寰宇記』 권25의 본문 및 原注와 모두 같다. 『校釋』에 따르면 '堧'은 또한 '壖'이라고 쓰며, 의미는 空地이다. 안사고 주에 "壖은 '餘'이다. 궁의 壖은 바깥 담장 안이자 안쪽 담장 밖을 말한다"고 하였다. 左馮翊府는 한 장안성 안 태상황 묘 서남쪽을 둘러싸는 담장 안의 空地에 있었다. 태상황 묘는 香室街의 남쪽에 있었고, 香室街는 淸明門 안의 大街일 가능성이 있다. 『장안지』 권5 「宮室」에 인용된 『삼보황도』에 "태상황 묘는 장안성 안 香室街 酒池의 북쪽에 있다"고 하였다. 香室街의 남쪽은 장락궁 酒池의 북쪽에 해당한다.

34 『校釋』에서는 『元和郡縣圖志』 권2 「關內道」에 따르면 전한의 좌풍익은 위진 시기 馮翊郡이라 하였고, 북위 永平 3년(510년)에 고쳐서 同州로 하였는데 唐도 이를 따랐다. 原注에서 말한 同州는 당연히 북위에서 당대까지의 지명이라고 하였다.

35 『校釋』에 따르면, '秩風'은 우부풍의 생략형이다. 행정구역의 명칭이자 관명이다. 무제 태초 원년(기원전 104년)에 주작도위를 우부풍으로 고치고, 원래 우내사에 속했던 서쪽 부지의 반을 다스렸다.

36 『校證』에 따르면, 夕陰街는 본서의 「長安八街九陌」에 보인다. 『太平寰宇記』 권

25에 인용된 『삼보황도』는 수본과 동일하다. 『校釋』에서는 말단의 原注에 "우부 풍은 夕陰街의 북쪽으로 들어가는 곳에 있으므로 主爵府이다"를 통해 주작도 위를 우부풍으로 고친 후에도 치소는 변경되지 않았음을 알 수 있다고 하였다. 그리고 『장안지』 권5 「宮室」 3에 "夕陰街는 우부풍의 남쪽에 있고 尚冠街는 夕 陰街의 뒤에 있다"고 하였는데, 이 尚冠街는 아마도 尚冠後街일 것이다. 우부 풍은 夕陰街의 북쪽, 西市의 동쪽에 있었다고 하였다.

37 『校釋』에 따르면 岐州는 북위 태화 11년(487년)에 설치하여, 수 대업 3년(607 년) 扶風郡이 되었고, 당 무덕 원년(618년)에 다시 岐州가 되었다. 지덕 원년 (756년)에 바꾸어 鳳翔郡이 되었다가 건원 원년(758년)에 鳳翔府로 고쳤다. 岐 州는 북위와 당 전기의 지명이다.

38 『校證』에 따르면, 『한서』 「백관공경표」에 내사는 경사를 맡아 치리하며, 경제 2 년에 좌 · 우내사로 분치하였다. 또 「백관공경표」에 주작도위는 안사고 주에 인 용된 『삼보황도』에 언급되었으나, 본문과 약간 다르며 末段과 原注는 서로 같 다. 그리고 『한서』 「경제기」 중6년 조 기록에 대한 응소 주에서 "경조윤은 좌풍 익 · 우부풍이 함께 장안성 안을 다스리는데(『太平寰宇記』 권25에 서술된 雍州 와 응소의 주는 동일), 이를 삼보라 한다"고 하였다. 안사고는 "당시에는 아직 경조 · 풍익 · 부풍이라는 명칭이 없었다. 여기서 삼보는 주작중위와 좌 · 우내 사를 말한다. 응소의 설이 잘못되었다"고 하였다.

39 『校釋』에 따르면, 『한서』 권19 「백관공경표」에 진에서 郡尉라 불렸으나, "경제 중원 2년에 도위로 명칭을 바꾸었다". 군수를 보좌하고 군 전체의 군사 업무를 관장하여 경내의 치안을 유지하였다. 도위와 군수의 지위는 대체로 서로 같으 며, 모두 2,000석 관이다. 도위는 독립적인 치소가 있다. 삼보는 군급에 속하 며, 다른 군과 마찬가지로 모두 도위를 설치하였다. 경제 때 좌 · 우내사를 분 치할 때 곧 二輔都尉를 두었고, 무제 태초 원년에 삼보를 세울 때 경조윤에 京 輔都尉, 좌풍익에 左輔都尉, 우부풍에 右輔都尉를 설치하여 각각 독립적인 치 소와 속관이 있었으며, 武職만 맡았을 뿐 민사에 관여하지는 않았다. 삼보도위 의 尉 · 丞 · 兵卒 모두 경사의 치안의 책임을 맡은 中尉 관할에 속하였고, 중위 는 무제 때 執金吾로 개칭하여 三輔長官과 예속 관계가 없었던 것으로 보인다. 단, 삼보도위는 항상 삼보의 장관을 겸임하였다.

40

40 『校釋』에 따르면, 경보도위는 『한서』 권28 「지리지」 華陰縣 아래의 注에는 없다. 全祖望은 "당연히 '京輔都尉治'의 5자가 있는데, 傳寫하면서 빠트렸다"고 하였다. 『한서』 권8 「선제기」 '京輔都尉廣漢의 안사고 주에서는 "경보도위가 華陰灌 북쪽을 다스린다"고 하였다.

41 『校證』에 따르면, 『한서』 「선제기」 본시 원년에 京輔都尉 廣漢의 안사고 주는 본 문과 완전히 같다. 『한서』 「지리지」의 高陵 주에 '左輔都尉治'라 하였고, 郿縣 주에 '右輔都尉治'라 하였으며, 華陰縣에만 '京輔都尉治'라는 주가 없다. 「지리지」에 문장이 빠진 것으로 보인다. 또 『장안지』 권1, 總叙(『太平御覽』 권164 역시 동일)에 인용된 『삼보황도』에 따르면 "무제 태초 원년에 내사를 경조윤으로 바꾸어, 渭城 서쪽을 우부풍에 속하게 하고 장안 동쪽을 경조윤에 속하게 하였으며, 장릉 북쪽을 좌풍익에 속하게 하여 경사를 돕게 하고 삼보라 불렀다. 또 삼 보를 설치하여 中輔가 華陰을 치리하고, 左輔가 高陵을 치리하고, 右輔가 郿를 치리하여 三都尉를 겸하게 하였기에 六輔라고도 칭하였다".

42 『校證』에서는 『한서』에 근거하여 '尉郡'로 고쳤는데, 이를 따랐다.

43 원문에는 '光祿'으로 되어 있으나, 안사고 주에 따라 '光尉'로 수정하였다.

44 畢沅의 校에서 "'至雲陽' 3자는 각 판본에 모두 없으며, 안사고의 인용에 있어 지금 추가로 넣었다"고 하였다. 『校釋』에 따르면 雲陽은 진이 설치한 읍으로 몽 염이 直道를 개설할 때 九原에서부터 여기까지 이르렀다. 전한 시기 雲陽縣으로 고쳐 설치하였는데 감천궁이 여기에 있었다. 치소는 오늘날 섬서성 淳化縣 서북쪽에 있다.

45 畢沅의 校에서 "'城北' 2자는 각 판본에 모두 없으나 안사고의 인용에 있어 지금 추가로 넣었다"고 하였다. 『校釋』에 따르면, 六尉郡의 관할구와 치소는 안사 고 주에서 인용한 『삼보황도』와 今本이 같다. 단, 今本을 옮겨 베끼면서 문자가 잘못되거나 빠졌으며, 『한서』 권99 「왕망전」의 안사고 주의 補正이 맞는다.

46 『校釋』에 따르면, '城'은 원래 '北'이라 썼는데, 오류이다. 『한서』 권19 「백관공경 표」 안사고 주에 '城'이라 썼는데, 안사고 주에 따라 고쳤다. 『한서』 권28 「지리 지」에서 우부풍은 21현을 관할하고, 그중 鄠縣 · 鰲厔 · 武功 등은 모두 위수의 남쪽에 있어 우부풍이 渭城을 기준으로 경계를 나누었지 위수를 기준으로 경 계를 나누지 않았음을 볼 수 있다.

47 『校釋』에 따르면, 장안의 郊 지역을 나누어 六鄕을 만들고, 각 향에 帥 1인을 두어 향관으로 삼았다. 「한서」 권99 「왕망전」에 "왕망이 문서를 내려 이르기를, '常安(長安)의 西都를 六鄕이라 하고 여러 현을 六尉라 한다. 義楊(洛場)의 東都를 六鄕이라 하고 여러 현을 六隊라 한다'고 하였다". 이는 왕망이 『주례』 중 都城·郊區의 구획을 모방한 것이다.

48 『한서』 권99 「왕망전」에 "장안성 인근을 六尉로 나누어 각각 帥 1명을 두었다. 삼보를 나누어 六尉郡을 만들고, 河東·河內·弘農·河南·穎川·南陽을 六隊郡이라 하였다. 大夫를 두었는데 태수와 같은 직이다. 屬正의 職은 都尉와 같다"고 하여, 왕망이 확실히 관중에 六尉郡을 설치하였지 六都尉가 아니었음을 증명한다. 尉郡은 尉라고 약칭하며 행정구역의 명칭이다. 六隊郡과 같이 군급에 속하고, 장관은 大夫라 칭하였고 직무는 군태수와 같았다. 한의 도위는 왕망이 고쳐서 屬正이라 하였다.

49 『校釋』에 따르면, 渭城은 본래 진의 도성인 함양으로서 한 무제 때 渭城縣을 설치하였고, 치소는 오늘날 咸陽市에서 동쪽으로 10km 떨어진 窰店鎭 일대에 있었다.

50 『校釋』에 따르면, 安陵은 한 혜제가 渭城의 서북쪽 언덕 위에 안릉을 만들고 아울러 현을 설치했다. 치소는 오늘날 함양시 동북쪽에 있다. 혜제가 죽은 후 이곳에 장사 지냈다.

51 『校釋』에 따르면, 枸邑은 진이 설치한 현으로서, 한에서도 따랐으며 우부풍에 속하였다. 대략 오늘날 섬서성 旬邑縣 땅에 해당한다.

52 『校釋』에 따르면, 義渠는 진 소왕이 義渠戎을 멸하고 그 땅에 義渠縣을 설치하였다. 한은 義渠道라 칭하였고, 北地郡에 속하였다. 故城은 『中國歷史地圖集』 제2책에 따르면, 오늘날 감숙성 寧縣 서북쪽에 있다. 어떤 이는 "치소가 오늘날 감숙성 慶陽縣 서남쪽에 있다"고 한다.

53 『校證』에 따르면, 『居延漢簡釋文』 130쪽에 '南書五封'이라는 封檢의 문장이 있는데, 이르기를 '1封은 京尉候 利에 이른다'라 하였다. 본문에서 언급한 京尉는 渭城·安陵의 서쪽, 북으로 義渠·枸邑까지 10현으로서 京尉大夫에 속하는 게 맞는다. '候'는 京尉의 屬官이고, '利'는 '候'의 명칭이다.

54 『校釋』에 따르면, 한 이래 삼공이 거하는 곳을 府라 하고, 九卿이 거하는 곳을

尉라 하였다. 이는 京尉大夫의 衙門이 장안성 안의 원래 某卿의 관서 안에 설치되었음을 말한다.

55 『校釋』에 따르면, 高陵은 전국 진이 설치한 현으로서, 한이 그대로 따랐다. 치소는 오늘날 섬서성 高陵縣의 서남쪽에 있다. 옛 廷尉府는 장안성 안에 있었다.

56 『校釋』에 따르면, 新豐은 한고조 7년에 太公 思가 옛 里로 돌아가자, 옛 진의 麗邑에 豐 땅의 거리를 모방하여 성을 쌓고 新豐이라는 이름을 취하였다. 옛 舊居를 이곳으로 옮김으로써 太公을 기쁘게 하였다. 고조 10년에 新豐縣을 설치하였다. 치소는 오늘날 섬서성 서안시 臨潼區 동북쪽에 있다.

57 『校釋』에 따르면, 湖는 한 무제 건원 원년에 설치한 현으로서, 치소는 오늘날 하남성 靈寶縣 서북쪽에 있다.

58 『校釋』에 따르면, 霸陵은 본래 진의 芷陽縣으로, 한 문제 9년에 이곳에 霸陵을 짓고 동시에 현명도 바꾸었다. 왕망이 水章縣으로 개명하였다. 치소는 오늘날 臨潼縣 서남쪽 韓峪鄉 油王村 일대에 있다.

59 『校釋』에 따르면, 杜陵은 그 땅이 예전에 杜伯國에 속하였다. 진이 杜縣을 설치하였고, 치소는 오늘날 서안시 남쪽 杜城에 있다. 한 선제가 동쪽 언덕 위에 杜陵을 만들었기 때문에 杜陵縣으로 개명하였다. 치소는 오늘날 서안시 동남쪽 三兆公墓 부근으로 옮겼다. 선제 사후에 여기에 장사 지냈다. 왕망은 饒安縣으로 개명하였다.

60 『校釋』에 따르면, 藍田은 진 헌공 6년(기원전 379년)에 설치하였고, 한에서 그대로 따랐다. 故城은 오늘날 藍田縣城의 서쪽에 있다.

61 『校釋』에 따르면, 武功은 진 효공이 설치하였고, 한에서 그대로 따랐다. 왕망이 新光縣으로 개명하였는데, 치소는 오늘날 섬서성 眉縣 동쪽 20km의 위수 남쪽 기슭에 있었다. 王先謙의 『漢書補注』 권28 「地理志補注」에서 吳卓信은 "한의 武功은 실제 지금의 郿縣이기에 지금의 武功은 漢縣·美陽 두 현이다"라 말했다고 인용하였다.

62 『校釋』에 따르면, 郁夷는 전한 때 설치한 현으로, 치소는 오늘날 寶鷄市 동쪽의 千河와 渭河가 만나는 곳이다. 후한 시기에 폐하였다.

63 『校釋』에 따르면, 茂陵은 한 초에 茂鄉이라 하였고, 槐里縣에 속한다. 무제 건원 2년에 처음으로 茂鄉에 茂陵을 만들고 동시에 현을 설치하였다. 무제가 죽

은 후 곧 여기에 장사 지냈는데, 오늘날 興平縣 동북쪽에 있다. 槐里縣은 廢丘
의 주에 보인다.

64 『校釋』에 따르면, 汧은 본래 춘추시대 진의 도읍 중 하나이다. 진 양공 2년에
이곳에 도읍하였고, 헌공 2년에 平陽으로 도읍을 옮긴 후 현을 설치하였다. 치
소는 오늘날 섬서성 隴縣의 동남쪽에 있다.

65 『校釋』에 따르면, 長陵은 한고조 12년에 능을 만들고 縣을 설치하였다. 치소는
오늘날 함양시 동북쪽에 있다. 고조가 죽은 후 이곳에 장사 지냈다.

66 『校釋』에 따르면, 池陽은 한 혜제 4년에 설치한 현이다. 池水의 북쪽에 있기 때
문에 池陽이라 이름하였다. 故城은 오늘날 섬서성 涇陽縣 서북쪽에 있다.

67 『校釋』에 따르면, 殺栩는 한의 현이다. 경제 2년에 설치하였고 좌풍익에 속하
였다. 故城은 오늘날 섬서성 淳化縣 서북쪽에 있다.

68 『校釋』에 따르면, 이 구절은 潘岳의 『關中記』에 근거하였다. 『續漢書』 「郡國志」의
좌풍익의 주에서 『關中記』를 인용하여, "삼보는 예전에 장안성 안을 다스렸고,
長吏는 각 소속 현에서 민을 다스렸다. 광무제가 동쪽으로 도성을 옮긴 후 扶風
은 도성에서 나와 槐里를 다스렸고, 馮翊도 나와서 高陵을 다스렸다"고 하였다.

69 畢沅은 "이 '案'이라는 말은 누가 추가하였는지 알지 못한다"고 하였다. 『校釋』
에 따르면, 原注의 이 條에만 '案' 자가 추가되어 특히 의심스럽다고 하였다.
『校證』에서는 그대로 原注에 속한 것으로 보았다.

함양 고성(咸陽故城)

在今咸陽東二十里
지금의 함양에서 동쪽으로 20리 떨어진 곳에 있다.

自秦孝公至始皇帝 · 胡亥, 竝都此城. 案孝公十二年作咸陽, 築
冀闕, 徙都之.

진 효공부터 시황제 및 호해에 이르기까지 모두 이 성에 도읍하
였다. 기록에 따르면 (진은) 효공 12년(기원전 350년)에 함양을 조성
하여[70] 기궐을 쌓고,[71] 옮겨와 이곳에 도읍하였다.[72]

始皇二十六年, 徙天下高貲富豪於咸陽十二萬戶, 諸廟及臺 ·
苑, 皆在渭南. 秦每破諸侯, 徹其宮室, 作之咸陽北坂上. 南臨渭,
自雍門以東至涇 · 渭, 殿屋複道周閣相屬, 所得諸侯美人鐘[73]鼓以
充之.

진시황 26년(기원전 221년)에 전국의 재산이 많은 부호 12만 호를
함양으로 이주시키고, 모든 묘[74]와 장대궁 · 상림원[75]은 위수 남쪽

에 두었다.[76] 진은 제후를 쳐부술 때마다[77] 그들의 궁실을 철거하여 함양 북쪽 비탈 위에 그것을 (옮겨) 지었다.[78] 남쪽으로 위수에 이르 기까지 옹문에서[79] 동쪽으로 경수와 위수까지[80] 궁전과 복도 및 주 각으로 서로 연결되었고 제후들로부터 빼앗은 미인과 종고로 그곳 을 채웠다.[81]

二十七年作信宮渭南, 已而更命信宮爲極廟, 象天極. 自極廟道 通驪山, 作甘泉前殿, 築甬道, 自咸陽屬之.

(진시황) 27년(기원전 220년)에 위수 남쪽에 신궁을 만들었다. 얼 마 후 (진시황은) 신궁을 극묘로 바꾸라고 명하였고,[82] 북극성을 본 떠서 (극묘를) 만들었다.[83] 극묘에서 여산까지 길을 내고,[84] 감천 전 전을 짓고는[85] 용도를 쌓아[86] 함양까지 연결하였다.[87]

始皇窮極奢侈, 築咸陽宮, 因北陵營殿, 端門四達, 以則[88]紫宮, 象帝居. 渭水貫都[89], 以象天漢. 橫橋南渡, 以法牽牛.

진시황은 사치를 부리며 함양궁을 건축하였다.[90] 북릉을 이용하 여 궁전을 조영하되[91] (함양궁) 정문을 사통팔달로 통하게 하고[92] (천상의) 자미궁을 본떠서 마치 제(帝)가 거하는 곳처럼 만들었다.[93] 위수가 도읍을 관통하게 하여 은하를 본떴다.[94] 횡교를 (위수) 남쪽 으로 통과시켜 견우성을 본떴다.[95]

橋廣六丈, 南北二百八十步, 六十八間, 八百五十柱, 二百一十二
梁. 橋之南北堤, 激[96]立石柱.

다리는 너비 6장에 남북으로 280보 길이로, 68칸을 850개의 기
둥과 212개의 들보로 만들었고, 다리의 남북으로 제방을 만들고
돌기둥으로 막아 세웠다.[97]

咸陽北至九嵕 · 甘泉, 南至鄂 · 杜, 東至河, 西至汧 · 渭之交,
東西八百里, 南北四百里, 離宮別館, 相望聯屬. 木衣綈繡, 土被朱
紫, 宮人不移, 樂不改懸, 窮年忘歸, 猶不能遍.

함양은 북쪽으로 구종산[98] · 감천산[99]에 이르고, 남쪽으로 호읍[100] ·
두현[101]에 미치며, 동쪽으로 황하에 닿고 서쪽으로 견수와 위수가
만나는 곳까지 이르렀다.[102] 동서로 800리, 남북으로 400리에 이궁
과 별관이 서로 마주하여 붙어 있었다. 나무는 수놓은 비단옷을 입
힌 듯하고 땅은 붉은 자색을 덮은 듯하였으며,[103] 궁인은 옮겨가지
않았고 음악도 끊이지 않았으며 돌아가기를 잊고서 영원토록 (다녀
도) 두루 미칠 수 없을 것 같았다.[104]

---

70 『校釋』에 따르면, 효공 12년(기원전 350년)에 함양을 만들었다. 『사기』「진본기」
　　에 "十二年作爲咸陽"이라 하였는데, 인용문에는 '爲' 자가 빠졌다. '作爲咸陽'은
　　곧 함양성을 건설하였다는 의미인데, 아마 진 효공의 함양성 축조에 대한 명확

한 기재일 것이다. 다만, 학술계에서는 함양에 성이 있었는지, 성이 어떤 형태인지를 놓고 상당한 논란이 있다. 劉慶柱 선생의 장기간 고고 조사에 따르면, "진 함양성의 범위는 동쪽으로 柏家嘴村에서부터 서쪽으로 長陵車站 부근까지이며, 북으로 成國渠 故道(오늘날 渭惠渠 부근)에서 시작하여 남쪽으로 한 장안성 유지 북쪽의 약 3,275m에 이른다. 진 함양성은 동서로 약 7,220m, 남북으로 약 6,700m로 추정된다"(劉慶柱, 「論咸陽城布局形制及其相關問題」, 『文博』 1990년 5期). 이는 대략 효공 12년~24년까지 12년간 축조한 함양성의 규모이다. 북부는 오늘날 咸陽原 상·하에 있으며, 중요 건축 유지에는 오늘날 姬家道의 冀闕에 있는 바로 棘門이다. 棘門은 함양성의 북문일 가능성이 있다. 牛羊溝의 1·2·3호 궁전 유지는 이미 발굴되었는데, 이미 조사한 27곳의 궁전 유지가 아직 발굴되지 않고 있다고 한다. 城墻 유적은 분명하지 않은데, 항우의 수십만 대군이 3개월간 불태우고 파헤친 결과일 가능성이 있다. 함양은 정치·경제·군사·지리환경 등 방면에서 모두 櫟陽에 비해 우월하다. 단, 효공의 당초 예상에는 조금 미치지 못하였다. 이는 바로 위수에서 鐵嘴를 따라 서쪽으로 가면 高陵涇·渭匯가 만나는 곳에 이르는데, 이는 유동성이 있는 하천부지[河床]이다. 終南山 북쪽 기슭 선상지의 압박으로 말미암아, 위수는 끊임없이 북쪽으로 향해 치우쳐져 좁아졌다. 劉慶柱 선생의 고찰에 따르면, 진 함양의 段에서 2,000년 이상 위수는 북쪽으로 약 4km 옮겨졌고, 진 함양성 남부의 약 3,225m 길이의 지단은 위수에 의해 깎였는데 그 땅은 바로 오늘날 서안시 未央區 草灘農場 일대이다. 위수가 북쪽으로 이동하는 것은 혜문왕 때 이미 위협으로 인식했던 것 같으며, 그래서 그는 阿城을 수리하고 도성이 위수 남쪽으로 향하여 발전하도록 꾀하였다. 진 소왕 때 위수 남쪽에 궁실을 크게 축조하고 또한 위수 위로 길고도 넓은 橫橋를 놓아 '위수가 도성을 관통하는[渭水貫都]' 형세를 만들었다. 이로부터 위수 남쪽 궁전구는 곧 진 도성 함양과 나눌 수 없는 부분이 되었다.

71 『校釋』에 따르면, 冀闕은 진 도성 함양 궁정 밖에 법령을 공포하는 門闕이다. 이 점은 『사기』 「진본기」·「진시황본기」 외에 「상군열전」에도 "함양에 冀闕과 궁정을 지었다"고 기록되어 있다. 또 "기궐을 크게 축조하였다"고 하였다. 『索隱』 에서는 "기궐은 곧 魏闕이다. 冀는 '記'이다. 교령을 정하여 반포할 때 당연히

48

이 門闕에 기록하였다"고 하였다. 瀧川資言의 『史記會注考證』 인용에 따르면 汪中은 "천자·제후의 궁성은 모두 사면인데, 그 남쪽을 열어 문을 만들며, 성은 남쪽의 문까지 이르기 때문에 闕이라 부른다", "闕은 우뚝 솟고 높기에 巍闕이라 부른다"고 하였다. 程大昌의 『雍錄』 권1 「冀闕」에는 "『사기』를 보면 '효공 11년에 衛鞅은 安邑을 포위하여 항복시켰다. 12년에 冀闕을 지었다'고 하였다. '冀'는 冀州이고, 安邑은 바로 冀州의 읍이다. 冀를 州로 만든 것은, 堯·舜·禹 모두 일찍이 도읍하였고 이제 효공이 冀州를 차지하고서 冀闕을 만들었으니, 필경 옛 궐의 남은 것을 모방하여 이 명칭으로 창립한 것이다"라고 하였는데, 一說이 될 만하다. 辛德勇은 "冀·棘은 음이 같고, 棘門은 곧 함양 冀闕에 해당한다. 棘門은 위수 북쪽 10여 리에 있다. ……오늘날 紀家道(또는 姬家道)라는 지명이 있는데 부근에서 항토 담장[墙]과 동서로 상호 거리 300여 m인 두 개의 夯土 堆가 발견되었다. 당연히 소위 冀闕에 해당하며 또한 바로 棘門이다. 紀家道는 본래 '冀道'가 되어야 하는데, 바로 冀闕과 통하는 길에 해당한다. 秦末에 함양이 불타버리자 결국 와전되어 棘門이 되었다. 세월이 지나면서 冀道는 끝내 紀家道로 변하였다"(「西漢至北周時期長安附近的陸路交通」, 『中國歷史地理論叢』 1988년 제3집)고 하였다. 이 설은 유적으로 증명되어 이미 다수의 학자들이 받아들이고 있다.

72 이 일은 『사기』 「진본기」에서 확인된다. 『校釋』에 따르면, 진 효공이 함양으로 천도한 시간에 대한 기록은 차이가 있다고 보았다. 만약 진 효공 13년(기원전 350년)에 함양으로 옮겼다고 계산하면 혜문왕·무왕·소양·효문왕·장양왕·진시황·이세·자영을 거치면서 모두 9대이다. 자영은 기원전 206년에 유방에 항복했다. 진이 함양에 도읍한 것은 모두 144년이다.

73 원문에는 '鍾'으로 되어 있으나, 『사기』 「진시황본기」에 따라 '鐘'으로 고쳤다. 이후 동일한 오류에 대해 '鐘'으로 수정하였다.

74 『校釋』에 따르면, 진 통일 전 위수 남쪽의 여러 廟 대부분은 그 장소를 모르며, 오직 昭王廟가 樗里子墓의 동쪽에 있다는 것을 알 뿐이다. 『水經』 「渭水注」에 樗里疾는 "소왕 廟의 서쪽에 장사 지내고, 위수 남쪽 陰鄕 樗里라 이름하였다"고 하였다.

75 『校釋』에 따르면, 臺·苑은 곧 章臺宮·上林苑이다. 章臺宮은 약칭하여 章臺라

하는데, 진 혜문왕 시대에 축조했을 가능성이 있다. 진 소왕은 수차례 章臺에서 조회를 거행하였으며, 사신을 접견하였다. 가령 『사기』 권40 「초세가」에 소왕은 초 회왕을 인도하여 "서쪽으로 함양에 이르러 章臺에서 조회하였는데, 번신같이 대하였고 대등한 예[亢禮]로 하지 않았다"고 하였다. 『사기』 권88 「藺相如列傳」에는 "藺相如가 서쪽으로 秦에 들어갔는데, 秦王은 章臺에 앉아 相如를 보았다"고 하였다. 「진시황본기」의 기록에 따르면 그 위치는 "章臺 · 上林은 모두 위수 남쪽에 있다". 『論衡』 「實知篇」에 "樗里子가 죽자 위수 남쪽 章臺 동쪽에 장사 지냈다"고 하였다. 樗里子의 묘는 한 무고의 정남쪽에 있는데, 한 무고 유지는 오늘날 서안시 北郊 大劉寨 동쪽에 있고, 章臺宮은 한 무고의 서쪽에 해당한다. 劉慶柱의 『長安春秋』에서는 한 초에 秦 章臺의 기초 위에 미앙궁 前殿을 수축하였다고 했다.

76 『校釋』에 따르면, 위수 남쪽은 위수 북쪽 기슭의 진 도성과 마주 보는 위수 남쪽 기슭 지역을 가리킨다. 그곳에 진의 궁전 · 여러 廟 및 苑囿가 있으며, 진의 도성인 함양의 일부분으로 간주되었다.

77 『校釋』에 따르면, 徹은 治 · 營建이다. 『사기』 권6 「진시황본기」에는 '寫放'이라 하였는데, 본떠서 모방함이다. 진이 제후의 궁전을 모방하여 세웠음을 말한다.

78 『校釋』에 따르면, 함양 北坂은 王學理의 『秦都咸陽』에서 함양의 北坂은 "오직 지금의 함양 동쪽의 渭城灣에서 楊家灣 사이의 북쪽 언덕을 가리키는 것 같다"고 하였다. 坂은 언덕 위와 드러난 땅 사이의 경사진 비탈을 가리킨다. 마치 鴻門으로 들어가는 경사진 비탈을 鴻門坂라고 부르고, 驪山 서쪽 기슭의 완만한 비탈을 芷陽坂이라 부르는 것과 같다. 咸陽原은 하나의 거대한 黃土臺原으로서 언덕의 남쪽 가장자리에는 계단 형태의 여러 층계로 된 땅이 드러나 있다. 秦의 함양 궁성은 두 번째 층계 위에 세워졌는데 궁성의 서 · 동 · 북쪽 모두 경사진 비탈 형태로 드러나 있다. 이 때문에 '咸陽 北坂'이라 칭하였다. 제후이 궁실을 모방하여 바로 北坂 위에 세웠다. 고고 조사에 따르면 함양 궁성 서쪽의 聶家溝에서 진의 건축 유지 2座가 발견되었고 궁성 동쪽에서는 여러 座의 건축 유지가 발견되었으며 궁성 북쪽에도 건축 유지가 있어, 한 장릉 북쪽까지 이어질 가능성이 있다. 이들 유지는 비록 발굴되지 않았지만, 그 위치로 보아 6국 궁전 유지의 모방일 것이다. 王丕忠은 장릉 북쪽 怡魏村에서 3品의 동식물 花

紋이 그려진 와당을 채집하였는데, 齊의 도성 臨淄에서 출토된 와당과 서로 같아 怡魏村 일대에 齊의 궁전을 모방한 유지가 있음을 증명한다고 보았다(『秦咸陽官位置推測及其他問題』, 『中國史硏究』 1982年 第4期). 宋·元 시기 발견된 '衛' 자·'楚' 자 와당은 일찍이 衛와 楚의 궁전을 모방하는 데 사용하였던 와당으로 여겨졌는데, 현재로서는 불확실하다. '衛' 자 와당은 한성 미앙궁 大殿 유지 앞 永興堡에서 출토된 것으로 무척 많다. 『校證』에 따르면, 미앙궁 衛尉의 관서에서 사용한 瓦로 생각하였다. '楚' 자 와당 역시 진의 물건이 아닌데, 진시황의 부친 이름이 子楚로서 '楚'는 피휘하였기 때문에 '楚' 자 와당을 만들기는 불가능하였다. '楚' 자 와당은 아마 전한 楚 원왕의 후대인 누군가가 京에서 궁실을 지을 때 사용했을 것이다.

79 『校釋』에 따르면, 雍門은 진의 성문 명칭이다. 何漢南의 『漢長安城門考』에서는 "이 雍門은 秦 함양 성문을 가리키며, 秦의 서문이 맞는다. 그 문은 서쪽으로 진의 옛 도성인 雍으로 통하기 때문에 雍門이라 이름하였다"고 하였다. 『사기』 「白起王翦列傳」에는 "진왕이 이에 백기에게 사람을 보내어 함양 중에 머물지 못하게 하였다. 武安君은 이미 출발하여 함양의 서문을 나가 10리를 가서 杜郵에 이르렀다"고 하였다. 백기는 핍박을 받아 杜郵亭에서 죽었다. 杜郵亭은 오늘날 함양시 渭城區 任家嘴 동남쪽에 있으며, 멀지 않은 곳에 전설적인 백기의 묘와 사당이 있다. 『한서』 「백관공경표」에 따르면, "큰 경우 10리 1亭을 거느린다"고 하였다. 杜郵는 함양의 서문에서 딱 10리 떨어졌는데, 杜郵가 있는 任家嘴에서 동쪽으로 10리로 추정되는 곳은 오늘날 함양시 渭城區 店上村으로서 진 함양성 서문은 바로 오늘날 店上村 일대에 있었음을 알 수 있다. 『사기』 「진시황본기」 『集解』의 인용에서 徐廣은 "雍門은 高陵에 있다"고 하였고, 『正義』에서는 唐代 "岐州 雍雍의 동쪽에" 있다고 하였다.

80 『校釋』에 따르면, 동쪽으로 涇·渭水까지는 진의 도성 서문 동쪽에서부터 경수가 위수로 들어가는 곳까지이며, 진의 궁이 밀집한 지역이다.

81 이 일은 『사기』 권6 「진시황본기」 26년 조에 보인다. 『校釋』에 따르면, 『사기』와 글자가 조금 다른데 가령 『삼보황도』는 '富豪' 앞에 자주 '高貲' 2자를 붙이고, 章臺·上林은 '臺·苑'으로 약칭하며 '寫放'은 '徙'로 바꾸었다.

82 『校釋』에 따르면 信宮이 언제 '極廟'로 개명하였는지에 대하여 『사기』 권15 「육

국연표」 중 시황 28년에 "太極廟로 하였다"고 기록되었다. 太極廟는 곧 極廟이
다. 본문의 '已而'는 오래되지 않았음을 표시하며, 1년 사이에 개명한 일과 '已
而'가 서로 부합한다. 極廟는 일종의 宮殿式의 종묘로서, 宮廟라고도 한다. 『索
隱』에서 "天極을 본따서 宮廟를 만들었기 때문에 極廟라 한다"고 하였다. 시황
이 죽은 후 진 2세는 極廟를 고쳐 始皇廟라 하였다. 『사기』 권6 「진시황본기」에
"2세 황제가 詔를 내리기를, 始皇 寢廟의 犧牲 및 산천의 모든 제사 의례를 늘
려라. 군신들에게 명하여 始皇廟로 높이는 문제를 의논하게 하라고 하였다. 군
신들이 모두 머리를 조아리고 아뢰기를, '……이제 始皇(廟)을 極廟로 하여 사
해 안에 있는 이들이 모두 貢賦를 바치고 犧牲을 더하여 예가 모두 갖추어졌으
니 더할 것이 없습니다. 선왕의 廟는 西雍, 또는 함양에 있습니다. 천자의 예법
은 마땅히 始皇廟에만 술을 받들어 제사해야 합니다. 양공부터 그 이하의 廟는
순차에 따라 폐해졌습니다. 설치된 것은 모두 7廟입니다. 군신들이 예에 따라
廟에 들어가 始皇廟를 높여 황제의 祖廟로 삼았습니다'라고 하였다". 군신들이
아첨하며 올린 말에 따라 2세 황제는 원래 雍城에 있던 종묘와 위수 남쪽에 있
던 '여러 廟' 중 진 양공 이후의 신주를 모두 바꾸어 없애고 始皇廟를 황제의 祖
廟로 만들었다.

83 『校釋』에 따르면, '象天極'은 極廟가 천상의 天極 星座의 형상을 취한 것이다.
天極星은 곧 북극성으로, 여러 별들이 주위를 두르는 가장 존귀한 별이다. 진
시황은 鄒衍의 음양오행설을 채택하여 천상의 별자리를 지상의 군신에 서로
빗대었다. 『사기』 권27 「천관서」를 보면, "中宮은 天極星이다". 『索隱』에 인용된
文耀鉤는 "中宮大帝는 그 별[精]이 북극성이다"라 하였다. 天極星은 天球의 중
앙에 있고 中宮大帝의 별이자, 또한 天宮에서 세속 황제에 대한 상징이다.

84 『校釋』에 따르면, 驪山은 곧 驪山園으로, 진시황릉의 원래 명칭이다. 시황은 죽
은 후에 영혼이 驪山園을 따라 위수의 남쪽 極廟까지 가서 제사를 받을 수 있
다고 믿었기 때문에, 極廟와 능묘 사이에 한 갈래의 甬道를 만들어 영혼이 왕
래하기 편하게 하였다.

85 『校釋』에 따르면, 甘泉前殿은 당연히 감천궁 안에 있다. 진 소왕 때 이미 감천
궁이 있었다. 『후한서』 권87 「西羌傳」에 소왕 때 "宣太后는 義渠王을 감천궁에
서 죽이기를 꾀하였다"고 하였다. 『사기』 권6 「진시황본기」에서 진왕 政이 茅焦

의 권면을 받아들여 그의 모친을 雍으로부터 맞아 돌아오게 하니 "(그의 모친은) 함양에 들어와 다시 감천궁에 거하였다". 『集解』에 인용된 徐廣은 "『表』에서 咸陽南宮이라 하였다"라 하였으니, 감천궁이 咸陽南宮임을 알 수 있다. 李斯가 일차로 2세 황제를 알현하기 구한 "그때 2세 황제는 甘泉에 있었고 바야흐로 角抵·優俳의 觀을 지으려고 하였다". 이 甘泉은 감천궁의 줄임말로, 감천궁 안에 황가의 游樂 장소가 있었음을 알 수 있다.

86 『校釋』에 따르면, 甬道는 일종의 양측에 담을 쌓은 통로이다. 『正義』에 인용된 應劭는 "길 밖에 담을 쌓아 천자가 가운데로 행할 때 외부인이 보지 못함을 말한다"라 하였다. 무릇 궁전으로 통하는 馳道는 도로 중간에 모두 양쪽으로 담을 쌓아 오직 황제가 金銀 거마를 타고 통행할 때만 사용하였다.

87 『사기』 권6 「진시황본기」 27년 조의 내용과 동일하다.

88 『校正』에 따르면, '則'은 원래 '制'로 썼으나, 畢本에서 『藝文類聚』·『初學記』·『長安志』에 근거하여 고쳐서 '則'이라 하였는데, 이를 따랐다.

89 『校正』과 『校釋』에 따르면, '渭水貫都'는 원문에 '引渭水灌都'로 되어 있다. 畢沅은 "『수경주』·『藝文類聚』·『初學記』 및 『長安志』 등의 책에 모두 '引' 자가 없다고 하였다. '灌'은 『수경주』·『雍錄』 모두 '貫'이라 썼다"라고 하였는데, 이에 근거하여 원문을 수정하였다.

90 『校釋』에 따르면, 함양궁은 전국시대 중·후기에서 진 통일 전까지 줄곧 진의 도성 함양에 장기간 형성된 하나의 거대한 궁전군이다. 진 소왕 때 이미 함양궁의 명칭이 있었다. 『二酉堂叢書』의 張澍가 輯한 『三輔舊事』에 "진의 위수 남쪽에는 興樂宮이 있고 위수 북쪽에는 함양궁이 있는데, 진 소왕은 두 궁 사이를 통하게 하고자 橫橋를 만들었다"고 하였다. 진시황은 함양궁에 대규모 확장 건설을 진행하였다. 함양궁의 구조는 대궁에 소궁이 결합되었으며 그 안에 諸王이 朝儀를 거행하는 朝堂·寢宮·后妃가 거주하는 궁실 및 府庫 등 부속된 건물이 포함되었으며, 六英宮·曲臺宮 역시 그 안에 있었을 것이다. 秦 통일 전후로 일련의 정치 활동은 모두 이 궁에서 거행하였고, 진시황 말기까지 줄곧 "聽事와 군신들이 결재를 받는 일은 모두 함양궁에서 하였다"(『사기』 권6 「진시황본기」). 고고 조사에 의하면, 오늘날 함양시 渭城區 窯占鄕 동북쪽과 남쪽으로 위수에서 3km 떨어진 함양의 첫 번째 언덕 아래위와 서쪽으로는 13호 公路

동쪽으로 劉家溝까지 길이 3km 범위 내에서 27座의 궁전 유지가 발견되었다. 유지는 하나의 담장으로 둘러싸인 안쪽에 있는데, 둘러싼 담장은 동북·서남 방향으로 향하고 있는 장방형이며 주위 둘레는 약 2,747m인데 아마도 함양궁의 궁성일 것이다. 이미 牛羊村 북쪽 언덕 위에서 3座의 유지가 발굴되었는데, 1호 궁전 유지(부록 [그림 2] 참조)는 다층의 高臺 건축이며, 殿堂·過廳·露臺·臥室·盥洗室·浴室·迴廊 등의 부분으로 조성되었다. 난방에 사용한 壁爐, 냉장용의 窯穴이나, 저수와 배수 시설이 있으며, 실내는 통풍과 채광까지 신경을 썼다. 유지에서 나온 동물 문양과 해바라기 문양의 와당은 원형만 보일 뿐 오각형의 송수관은 보이지 않는데, 이는 전국 중기에 처음으로 건축했음을 설명해 준다. 대량의 각종 雲紋 와당과 전서체와 예서체가 함께 찍힌 陶文의 출토는 다 지은 후부터 진시황 시대까지 일찍이 여러 차례 대규모로 修繕을 진행했음을 증명한다. 2호 유지는 1座의 夯土에 기초한 대형 臺榭 건축으로서, 대 위에 서쪽 절반 부분에 길이·너비 각각 20m의 방형 전당이 있다. 대 아래에는 회랑 하나가 있으며 1·3호 유지의 회랑과 서로 통한다. 회랑과 庭院 안에는 18곳에 세로 管이 있는데, 旗를 꽂아두는 杅으로 쓰기 위해 만들었을 것이다. 함양궁 안의 정무 처리 장소 중 하나였던 것 같다. 3호 궁전 유지 역시 高臺 건축에 속하며 규모가 거대한데, 다만 심하게 파괴되었다. 총면적의 9%만이 발굴되었다. 廊의 동서 벽에는 모두 벽화가 장식되어 있는데, 일찍이 식별 가능한 것으로는 車馬出行國·儀仗圖·麥穗圖·殿堂建築圖 등이 있다. 이 3座 유지는 모두 여전히 함양궁의 주요 건축은 아니다(『陝西考古重大發現』 참조).

91 『校釋』에 따르면, '因北陵營殿'은 곧 북쪽 咸陽原을 의지하여 궁전을 건설함이다. 北陵은 당연히 위수 북쪽의 咸陽原을 가리킨다. 함양궁은 함양의 첫 번째 언덕에 조영되었음을 볼 수 있다. 13호 도로에서 劉家溝까지 3km 길이에서 발견된 27座 궁전 유지는 모두 첫 번째 언덕에 있다.

92 『校釋』에 따르면, 端門은 궁전의 정문이며, 또한 함양궁의 남문이기도 하다. 정문은 당연히 언덕 아래 평탄한 곳에 있으며, 문을 나가면 사통팔달이 가능하다. 端門에서 사방으로 도달하는 곳은 곧 함양궁의 정문과 위수 북쪽 궁전 구역 동서남북의 대도와 서로 연결된다.

93 '以則紫宮象帝居'는 왕권에 대한 신격화이다. 紫宮은 곧 紫微宮으로, 天帝가 거

하는 궁실이다. 함양궁의 설계가 천상의 紫微宮을 모방한 것은 인간의 제왕이 거하는 궁실이 신민을 주재하는 정치적 중추임을 뜻한다. 또한 바로 인간의 천궁이다.

94 『校釋』에 따르면, 天漢은 곧 은하로서 天河라고도 한다. 『詩』 「小雅 · 大東」의 傳에서 "漢은 天河이다"라 하였다. 위수를 도성 중간으로 흘러 지나게 하여 천상의 은하에 빗대어 만든 것이다.

95 견우는 별자리 명칭으로, 은하를 사이에 두고 직녀성과 마주한다. 고대 신화에서 견우와 직녀는 결혼하여 부부가 되었는데, 매년 7월 7일 까치가 만든 다리를 지나 은하를 건너 한 번 서로 만난다. 『校證』에 따르면, 『사기』 「刺客列傳 · 荊軻傳」 "연의 사자를 함양궁에 보냈다" 조 중 『正義』에 『삼보황도』가 인용되었으며, 또 『文選』 「西都賦」 李善의 주에 『삼보황도』가 인용되었는데, 今本과 모두 같다.

96 '激'은 원래 '繳'으로 썼으나 『校證』에서 '繳'을 '激'으로 바꾸었기에 이를 따랐다.

97 『校證』에 따르면, 『수경주』 「渭水」에 인용된 『삼보황도』에는 "渭水貫都以象天漢, 橫橋南度以法牽牛. 橋廣六丈, 南北三百八十步. 橋之南北有堤, 激立石柱, 枉南京兆主之, 柱北馮翊主之, 有令丞各領徒千五百人."이라 하여 다소 차이가 있다. 또 『初學記』 권5에 인용된 『三輔故事』에는 "石柱 이남은 京兆에 속하고 이북은 우부풍에 속한다"고 하였다. 『사기』 「문제기」 索隱에 인용된 『關中記』 역시 동일하다. 『校釋』에 따르면, 『수경주』에 인용된 『삼보황도』에는 橫橋의 "기둥 남쪽은 京兆에서 관할하고, 기둥 북쪽은 풍익에서 관할한다"라고 하였는데, 분명 잘못이다. 秦의 橫橋는 위수 북쪽의 함양궁과 위수 남쪽의 興樂宮 사이를 연결하는 다리이고, 다리의 터는 劉慶柱의 조사에 의하면 지금의 서안시 未央區 六村堡鄕 相家巷 서북쪽에서 1,300m 지점에 있다. 한대 다리의 남쪽은 장안성 서북의 橫門을 마주하였고 다리의 북쪽은 渭城縣에 속하였다. 『한서』 권28 「지리지」에 따르면 渭城縣은 右扶風에 속한다". 『二西堂叢書』 張澍 輯 『三輔舊事』에는 "진은 橫橋를 만들어 설치하였고 한은 그것을 계승하였다. 슈 · 丞을 두었으며, 石柱 이남은 京兆에 속하였고 이북은 우부풍에 속하여 각각 그 반을 나누었다" (『太平寰宇記』 권25 「萬年縣」 조의 인용문과 대략 같음)라고 하였는데, 이는 정확한 것이다. 『수경주』의 인용문은 아마도 진대와 한대 橫橋를 서로 섞은 것으

로 보인다.

98 '九嵕'은 곧 九嵕山으로, 지금의 禮泉縣 동북쪽에 있다.

99 '甘泉'은 곧 '甘泉山'으로, 지금의 淳化縣 서북쪽에 있다.

100 '鄠'는 옛 扈國의 땅으로, 秦이 鄠邑으로 고치고 漢은 鄠縣을 설치했다. 바로 지금의 戶縣이다.

101 '杜'는 杜縣으로, 진 무공이 설치하였고 지금의 서안시 雁塔區 남쪽에서 長安 區·柞水縣 서부 및 寧陝縣 동북부까지를 관할하였다. 치소는 지금의 서안시 雁塔區 山門口鄉 杜城村에 있었다.

102 『校釋』에 따르면, 견수와 위수가 만나는 곳은 견수가 위수를 만나 유입되는 곳 으로서, 지금의 寶鷄縣 千河가 위수로 유입되는 동쪽 연안에 있으며 魏家崖 일 대이다.

103 『校證』에 따르면, '木衣綈繡' 이하의 문구는 모두 張衡의 『西京賦』의 내용이다. 『校釋』에 따르면, '木衣綈綉'는 궁전의 들보 기둥 모두에 곱고 아름다운 비단 휘 장이 걸려 있음을 말한 것이다. '土被朱紫'는 담장 벽과 지면 모두 오색으로 화 려하게 수놓은 비단으로 덮이었음을 가리킨다.

104 『校證』에 따르면, 『사기』「진시황본기」26년 조 『正義』에서 인용한 『廟記』는 『太 平寰宇記』권26에 인용된 『廟記』와 이 段에서 거의 서로 같으며, 자구만 약간 다르다. 『元和郡縣圖志』권1 역시 본문과 대략 같은데, 단지 함양은 旁 200리 이내이고 官觀은 270이라 하였다. 그리고 『長安志』권1 敍分野에 인용된 『三輔 黃圖』에 "시황제는 황하를 진의 동문으로 삼고, 汧水를 秦의 西門으로 삼았다" 고 하였는데, 今本에는 없는 내용이다. 『사기』「진시황본기」26년 조 『正義』· 『初學記』권6, 『太平御覽』권164 모두 『三輔舊事』를 인용하였다. 또 진대 함양성 유지는 지금의 咸陽縣 동북쪽 灘毛村·窰店 일대에 있으며 '咸里某某' 4자가 새 겨진 印文 도기가 다수 출토되었다. 『校釋』에 따르면, 진 효공이 함양으로 천도 하였을 때 함양은 단지 위수 북쪽에 있었을 뿐이었고, 진 소왕 이래로 진의 도 읍을 위수 남쪽까지 넓히고 위수에 橫橋를 가설하여 '渭水貫都'의 형세를 갖추 었다. 이후의 秦의 도읍인 함양은 위수 北區와 위수 南區를 포괄하게 되었다. 고고 조사와 試掘 결과에 따르면 위수 北區의 진 궁전 유지는 주로 함양시 渭 城區 窰店鎭 동북의 牛羊村·姬家道·賽家溝·劉家溝·山家溝와 窰店鎭 북변

의 畾家溝 일대에 분포하고 있다. 수공업 작방은 지금의 窯店鎭 서쪽의 長陵車
站 · 灘毛村 · 孫家村 일대에 많다. 중소 규모의 墓葬區는 지금의 黃家溝 부근
(陝省考古所,「秦都咸陽故城遺址的調査和試掘」,『考古』1962년 6期 참조)에 있
다. 위수 南區에는 諸廟 및 상림원 외에 章臺宮 · 興樂宮 · 信官 · 甘泉宮 · 阿房
宮 등의 궁전 또한 있으며, 지금의 위수 남쪽의 서안시 未央區 · 三橋鎭 일대는
모두 진의 도읍 범위 안에 속한다.

진궁(秦[105]宮)

馳道闕附[106]

치도 · 각을 첨부하였다.

萯陽宮, 秦文王所起, 在今鄠縣西南二十三里.

부양궁은 진 문왕이 세운 것으로,[107] 지금의 호현 서남쪽 23리에
있었다.[108]

棫楊宮, 秦昭王所作, 在今岐州扶風縣東北.

역양궁은 진 소왕이 세운 것으로,[109] 지금의 기주 부풍현 동북쪽
에 있었다.[110]

西垂宮, 文公元年居西垂宮.

서수궁은, (진) 문공 원년(기원전 765년)에 (문공이) 서수궁에 거하
였다.[111]

平陽封宮, 武公元年伐彭戲氏, 至于華山下. 居於平陽封宮.

평양봉궁[112]은, (진) 무공 원년(기원전 697년)에 (무공은) 팽희씨를 쳐서 화산 아래에 이르렀을 때, (무공이) 평양봉궁에 거하였다.[113]

槖泉宮,『皇覽』曰, "秦穆公冢, 在槖泉宮祈年觀下."

탁천궁[114]은『황람』[115]에 "진 목공의 무덤은 탁천궁의 기년관 아래에 있다"라고 하였다.[116]

步高宮, 在新豐縣, 亦名市丘城.

보고궁은 신풍현에 있었으며,[117] 시구성이라고도 한다.[118]

步壽宮, 在新豐縣步高宮西.

보수궁은 신풍현의 보고궁 서쪽에 있었다.[119]

虢宮, 秦宣太后起, 在今岐州虢縣界.

괵궁은 진의 선태후가 세웠으며, 지금의 기주 괵현 경계에 있었다.[120]

長楊宮, 在今盩厔縣東南三十里, 本秦舊宮, 至漢修飾之以備行幸. 宮中有垂楊數畝, 因爲宮名, 門曰射熊觀, 秦·漢游獵之所.

장양궁[121]은 지금의 주질현 동남쪽 30리에 있었다.[122] 원래 진의 옛 궁이었으나, 한대에 수리하고 정돈하여 황제의 행차를 위해 예비하였다.[123] 궁 안에 버드나무 몇 무(畝)가 있어 이를 궁의 명칭으로 삼았다. 문은 사웅관이라 칭하였으며,[124] 진·한 시기 (황실의) 사냥 장소였다.[125]

蘄年宮, 穆公所造. 「廟記」曰, "蘄年宮在城外." 「秦始皇本紀」, "蘄年宮在雍."

기년궁은 (진) 목공이 지었다.[126] 『묘기』[127]에 "기년궁은 성 밖에 있다"라고 하였고, (『사기』) 「진시황본기」에는 "기년궁은 옹에 있다"[128]라고 하였다.

梁山宮, 始皇幸梁山, 在好畤.

양산궁[129]은 (진)시황이 양산으로 행차할 때[130] (옹주) 호치현에 있었다.[131]

信宮, 亦曰咸陽宮. 解在前.

신궁은 함양궁이라고도 하였다.[132] 앞서 설명하였다.[133]

興樂宮, 秦始皇造, 漢修飾之, 周迴二十餘里, 漢太后常居之.

흥락궁은 진시황이 지었으며,[134] 한대에 이를 수리하고 정돈하였다. (궁의) 둘레는 20여 리이고, 한의 태후가 항상 거주하였다.[135]

朝宮, 始皇三十五年, 以咸陽人多, 先王之宮庭小, 曰, "吾聞周文王都豐, 武王都鎬, 豐 · 鎬之間, 帝王之都也." 乃營朝宮於渭南上林苑. 庭中可受十萬人, 車行酒, 騎行炙, 千人唱, 萬人和.

조궁[136]은, (진)시황 25년(기원전 222년)에 함양의 인구는 많고 선왕의 궁정은 작아서, (진시황은) "내 들으니 주 문왕은 풍에 도읍하였고, 무왕은 호에 도읍하였다. (따라서) 풍 · 호의 사이는 제왕의 도읍이다"라 하고는, 이에 위수 남쪽 상림원에 조궁을 조영하였다.[137] 궁정 안에 10만 명을 수용할 수 있었고, 수레로 술을 나르고 말을 타고 고기구이를 날랐으며 천 명이 노래하고 만 명이 악기를 불었다.[138]

收天下兵, 古以銅爲兵. 聚之咸陽, 銷以爲鐘鐻, 高三丈. 鐘小者皆千石也.

천하의 무기를 거두어 예전에는 동으로 무기를 만들었다. 함양으로 모아, (모두) 녹여 종거를 만들었는데 그 높이가 3장이었다.[139] 종은 작은 것도 모두 천 석이나 되었다.[140]

銷鋒鏑以爲金人十二, 以弱天下之人, 立於宮門. 『三輔舊事』云, "鑄金狄人, 立阿房殿前." 坐高三丈, 銘其後曰, "皇帝二十六年, 初兼天下, 改諸侯爲郡縣, 一法律, 同度量, 大人來見臨洮, 其大五丈, 足跡六尺." 銘李斯篆, 蒙恬書.

무기를 녹여[141] 동상 12개를 만들고 이로써 천하 사람을 (무기를 제거하여) 약하게 하였으며, (동상은) 궁문에 세웠다. 『삼보구사』에 "쇠로 적인(狄人)을 주조하여, 아방궁 전 앞에 세웠다"라 하였다.[142] (동상은) 앉은 높이가 3장으로, 그 뒤에 "(시)황제 26년(기원전 221년), 천하를 처음으로 겸병하고 제후(국)를 바꾸어 (진의) 군현으로 삼고, 법률을 일원화하고 도량(형)을 통일했다. 대인이 와서 임조에 나타났는데, 그 키는 5장이고 발자국은 6척이었다"라고 새겼다.[143] 명문은 이사가 전(篆)하였고, 몽염이 기록하였다.[144]

董卓悉椎破銅人・銅臺, 以爲小錢. 『英雄記』曰, "昔大人見臨洮而銅人鑄, 臨洮生卓而銅人毁." 天下大亂, 卓身滅, 抑有以也. 餘二人, 魏明帝欲徙詣洛陽淸明門裏, 載至霸城, 重不可致, 便留之.

동탁은 동상과 동으로 만든 대를 완전히 격파하여 (그 동으로) 소전을 만들었다.[145] 『영웅기』[146]에 "옛적에 대인이 임조에 알현하여 동상을 주조하였으나, 임조에 동탁이 나타나 동상을 부수었다"라고 하였다. 천하가 크게 어지러워 동탁도 사망하였으니, 이는 당연지사였다. 남은 (동상) 2개는 위 명제가[147] 낙양 청명문 안에 옮겨 놓고자 하여, 패성까지 실어 옮겼으나[148] 무거워 보낼 수 없게 되자 곧 그곳에 두었다.[149]

阿房宮, 亦曰阿城. 惠文王造, 宮未成而亡. 始皇廣其宮, 規恢三百餘里. 離宮別館, 彌山跨谷, 輦道相屬, 閣道通驪山八十餘里. 表南山之顚以爲闕, 絡樊川以爲池.

아방궁은 아성이라고도 하였다.[150] (진) 혜문왕이 지었는데, (혜문왕은) 궁이 완성되기 전에 죽었다. (진)시황이 그 궁을 넓혔으며, (궁의) 규모와 너비는 300여 리였다.[151] 이궁과 별관은 산을 두르고 골짜기를 넘어 연도로 서로 이어졌으며,[152] 각도는 여산을 관통하여 80여 리였다.[153] 남산 꼭대기에 표하여 궐로 삼고, 번천을 둘러싸 못으로 삼았다.

作阿房前殿, 東西五十步, 南北五十丈, 上可坐萬人, 下建五丈旗.

아방에 전전(前殿)을 만들었는데, 동서로 50보, 남북으로 50장이었다. (전) 위에는 만 명이 앉을 수 있었고,[154] (전) 아래 5장의 기를 꽂아 세웠다.[155]

以木蘭爲梁, 以磁石爲門. 磁石門, 乃阿房北闕門也. 門在阿房前, 悉以磁石爲之, 故專其目, 令四夷朝者, 有隱甲懷刃, 入門而脅止, 以示神. 亦曰却胡門.

목란으로 대들보를 만들고 자석으로 문을 만들었다.[156] 자석문은 곧 아방의 북쪽 궐문이다. 문은 아방 앞에 있고 모두 자석으로 만들었다. 이에 그 (출입자를) 주시하는 일을 관장하여, 사이(四夷)의 알현하는 자가 갑옷을 숨기고 무기를 품고서 문에 들어오면 (그를) 위협해 출입을 금함으로써 (진의) 신통함을 보여주었다. 각호문이라고도 한다.

周馳爲複道, 度渭屬之咸陽, 以象太極閣道抵營室也. 阿房宮未成, 成[157]欲更擇令名名之. 作宮阿基旁, 故天下謂之阿房宮. 隱官[158]徒刑者七十餘萬人, 乃分作阿房宮, 或作驪山[159].

구불구불 이어지는 복도를 만들어,[160] (그것을) 위수를 지나 함양까지 연결시켜 북극성[太極]과 각도성이 영실성[161]에 이르는 것을 상징하게 하였다. 아방궁이 완성되지 않아 완성되면 다시 명칭을 택하여 이름 짓고자 하였다. 아방(阿房)[162]에 터를 잡아 궁을 지었기 때문에 천하 사람들이 아방궁이라 불렀다. 은관과 형도 70여 만 명[163]이 나뉘어 아방궁을 짓거나 혹은 여산(릉)을 지었다.

蘭池宮, 始皇三十一年, 爲微行咸陽, 與武士四人俱, 夜出逢盜蘭池. 注渭城縣有蘭池宮.

난지궁은, (진)시황 31년(기원전 216년)에 (진시황이) 함양을 잠행하려고 무사 네 명과 함께 밤에 (황궁을) 나왔다가 난지[164]에서 도적을 만났다. (『한서』 「지리지」 위성현) 주에 "위성현에 난지궁이 있다"[165]라고 하였다.

鐘官,[166] 在鄠縣東北二十五里, 始皇收天下兵銷爲鍾鐻, 此或其處也.

종관은 호현의 동북쪽 25리에 있었다. (진)시황이 천하의 무기를 거두어 녹여서 종거를 만들었는데, 이곳이 그 장소일 수 있다.[167]

馳道, 案「秦始皇本紀[168]」, "始皇二十七年治馳道." 注曰, "馳道, 天子道也." 蔡邕曰, "馳道, 天子所行道也. 若[169]今之中道然."『漢書』「賈山傳」曰, "秦爲馳道於天下, 東窮燕·齊, 南極吳·楚, 江湖之上, 濱海之觀畢至. 道廣五十步, 三丈而樹, 厚築其外, 隱以金椎, 樹以靑松."「漢令」, 諸侯有制, 得行馳道中者, 行旁道, 無得行中央三丈也. 不如令, 沒入其車馬.

치도는, 『사기』「진시황본기」에 "진시황 27년(기원전 220년)에 치도를 만들었다"[170]라고 하였다. 주에 "치도는 천자의 길이다"라고 하였다. 채옹은 "치도는 천자가 다니는 길이다. 마치 지금의 중도와 같다"[171]고 하였다. 『한서』「가산전」에 "진이 천하에 치도를 만들었는데, 동단은 연·제까지 이르고, 남단은 오·초까지 미쳤으며, 강(江)·호(湖) 연안과 연해의 관에도 모두 이르렀다.[172] 도로의 너비는 50보였고[173] 3장 높이로 나무를 심고는[174] 그 밖으로 두꺼운 벽을 쌓았다. 철추를 숨겨두었으며[175] 푸른 소나무를 심었다"라고 하였다. 「한령」에 제후는 (치도에 대한) 제한이 있어, 치도로 다닐 수 있는 자도 옆 길[旁道]로 다녀야 하고, 가운데 3장 (나무가 심겨진) 길로는 다닐 수 없다고 하였다. 영에 따르지 않으면, 그 거마를 몰수하였다.[176]

雲閣, 二世所造, 起雲閣欲與南山齊.

운각은 (진) 2세가 지었는데, 운각에서부터 남산 중앙을 향하고

자 하였다.[177]

望夷宮, 在涇陽縣界長平觀道東, 北臨涇水, 以望北夷, 以爲宮名.

망이궁[178]은 경양현 경계의 장평관 길 동쪽에 있었다. 북쪽으로 경수에 이르고 북쪽 오랑캐를 바라보기에, 이를 궁의 명칭으로 삼았다.[179]

林光宮, 胡亥所造, 從廣各五里, 在雲陽縣界.

임광궁은 (2세 황제) 호해가 지었다.[180] 종횡으로 각 5리였으며 운양현의 경계에 있었다.[181]

---

105 『校釋』에 따르면, '秦'은 원래 빠졌으나, 본서의 목록에 근거하여 보충하였다. 궁은 원래 房屋의 통칭으로서 일반인들의 房屋 역시 궁이라 칭하였다. 진시황 때부터 '宮'은 제왕이 거하는 건물의 전용어가 되기 시작했다. 진은 개국부터 진시황 시대까지 "관중의 궁은 300개였다". 다만, "함양 사방 200리 이내의 宮觀은 270개였다".

106 '附' 자는 원래 없으나, 『校釋』에 따라 보충하였다.

107 『校證』에 따르면, 『한서』 「선제기」에 "감로 2년 겨울 12월에 萯陽宮에 속한 玉觀으로 行幸하였다"에 대해 응소 주에서 "궁은 鄠에 있으며, 진 문왕이 세운 곳이다"라 하여 본문과 같다. 「지리지」 鄠縣 주에 '萯陽宮'이 보인다. 「東方朔傳」은 바로 '倍陽'이라 하였다. 『수경주』 「渭水」 조에는 "또 동으로 甘水와 합하며 북으로 秦 文王의 萯陽宮 서쪽으로 흐른다"고 하였다. 『校釋』에 따르면, '萯'과 '倍'

는 음이 같기 때문에 倍陽宮이라고도 한다. 秦 惠文王 때 세웠다. 『한서』 권28 「지리지」 鄠縣 注에 "萯陽宮은 秦 文王이 세웠다"고 하였다. 수本 『삼보황도』·『수경주』·『雍錄』도 같다. 다만, 진에는 문왕이 없었으며, 단지 혜문왕과 효문왕이 있었을 뿐이다. 효문왕은 1년 3일간 재위에 있었을 뿐이며, 진 소왕의 服喪이 끝나기도 전에 붕어하였기에 궁을 건축한 일은 없었다. 혜문왕은 27년간 재위에 있었고 일찍이 "岐·雍의 큰 자재를 취하여 새로 궁실을 지었다"(『三輔黃圖序』). 萯陽宮을 짓기 시작한 문왕은 당연히 진 혜문왕이다. 또 『한서』 王先謙 補注의 인용을 보면 吳卓信은 "『說苑』에 진시황은 태후를 萯陽宮으로 옮겼다"고 하였다. 이는 진시황이 茅焦의 충간을 받아들여 그 모친을 雍으로부터 맞이하고 이곳으로 돌려보내 안치하였음을 말한다. 다만 수本 『說苑』에는 없으며, 『說苑』의 佚文일 가능성도 있다. 이 궁은 함양으로부터 멀리 떨어져 있었기 때문에 진말의 전란을 피할 수 있었고 전한 때까지 보존되었다. 『한서』 기록에 따르면 "한 무제·선제 모두 일찍이 '萯陽宮'으로 行幸하였다"고 하였다.

108 『校釋』에 따르면, 萯陽宮이 鄠縣에 위치하였다는 사실은 분명하나, 鄠縣이 어디인가에 대해서는 설명 방법이 일치하지 않는다. 『수경주』 「渭水」에 甘水는 "南山 甘谷에서 나와 북으로 진 문왕 萯陽宮의 서쪽을 지나고 또 북으로 五作宮의 동쪽으로 흐른다"고 하였다. 甘水는 바로 지금의 戶縣 서부의 甘河이며, 甘谷은 곧 지금의 終南山 북쪽 기슭의 甘峪溝이다. 甘河는 甘峪溝로부터 흘러나와 북으로 萯陽宮의 서쪽을 지나는데, 이를 근거로 하면 萯陽宮은 지금의 甘河 중류의 동쪽에 있었다고 추정할 수 있다. 『元和郡縣圖志』 「關內道」에 "秦의 萯陽宮은 (鄠)縣 서남쪽 23리에 있다" 하였는데, 『삼보황도』와 동일하다. 궁은 鄠縣 서남쪽에 있으며, 『수경주』의 방향과 일치하는 것으로 보인다. 궁과 현성의 거리는 당대 23리로서 대략 지금의 20km에 해당하며 오늘날 甘峪口 부근까지로 추정할 수 있다. 단, 아직 고고 조사를 거치지 않았으므로 확정하기는 어렵다. 청 강희 21년에 편수한 『鄠縣志』에 "秦 萯陽宮은 현의 서쪽 3리에 있다. ……父老들이 서로 전하기를 지금의 陂頭東嶽宮이 바로 그 옛터라고 한다. 舊志에서 서남쪽 23리라 한 것은 잘못이다"고 하였다. 건륭 『鄠縣新志』에서는 이설을 따랐다. 오늘날 戶縣에서는 陂頭村 渼陂湖 부근의 東嶽宮은 진 萯陽宮 옛터라고 이미 확정하였고, 그 안에 진열실이 있지만 진시황이 모친을 맞이하고

이어서 돌려보내는 그림만 있을 뿐이다. 전설에 근거했을 뿐이고 비교적 이른 시기 문헌 기록이나 혹은 출토 문물을 증거로 삼지 않았기 때문에 신뢰하기 어렵다.

109 『校釋』에 따르면, 『한서』 권28 「지리지」 雍縣에서 "棫陽宮은 昭王이 세웠다"고 하였다. 『한서』 권4 「文帝紀」 張晏 주와 송대에 기록된 『長安志』도 동일하다. 『校證』에서는 "程大昌의 『雍錄』에서만 진 목공이 지었다고 하였다"고 하였다. 『雍錄』 권1 「秦宮雜名」을 살펴보면 "소왕의 棫陽宮은 岐州 扶風에 있다"고 하였고 목공이 지었다는 말은 없으므로 『校證』의 설명은 틀렸다. 棫陽宮의 위치에 대해서는 『사기』 권85 「여불위열전」에 진왕 정이 嫪毐의 반란을 평정한 후 "태후를 雍으로 옮기게 했다"고 하였다. 『索隱』에서 인용한 『說苑』에는 "태후를 棫陽宮으로 옮기게 했다"고 하였다. 진의 棫陽宮이 옹에 있었음을 알 수 있다. 또 『한서』 권54 「蘇武傳」에서 蘇武의 형인 蘇嘉는 일찍이 한 무제를 따라 "雍의 棫陽宮에 이르렀다"고 하였다. 『한서』 권25 「교사지」에 기록되기를 한 무제 정화 4년에 한 차례 운석이 떨어졌는데, "雍縣에는 구름이 없었는데 우레와 같은 것이 세 차례 있었다. 혹 虹氣와 같고 푸르고 누런 기운이 새가 나는 듯 棫陽宮의 남쪽으로 모였으며 소리는 400리까지 들렸다"고 하였다. 『校證』에서는 "『小校經閣金文』 권11에 '雍棫陽宮共廚鼎'이다"고 하였는데, 棫陽宮이 전한 시기까지 존재하였음을 알 수 있다. 『陝西省考古學會第一屆年會論文集』 「蘄年棫陽年宮考」에 따르면, 진의 雍城 유지는 南郊에 있는데 지금의 鳳翔縣城 남쪽 東社의 大片이 발견된 전국 · 진 · 한의 건축 유지이다. 사슴 문양의 와당 · '獵人[?] 獸' 와당과 분명 전국 · 진에 속하는 건축 재료, 또한 정면에 '棫陽' 2자가 있는 와당 잔편이 채집되었는데, 아마 전한 중기 棫陽宮을 수리하고 지붕을 새로 일 때 사용한 기와일 것이다. 이는 棫陽宮이 지금의 鳳翔縣城 남쪽에 있었음을 증명한다.

110 『校釋』에 따르면, 『括地志』에서도 "棫陽宮은 岐州 扶風縣의 동북쪽에 있다"고 하였다. 『長安志』 · 『雍錄』 · 『淸一統志』는 이 설을 따랐다. 『中國歷史地圖集』 제2책, 1986년판 『中國歷史地名辭典』 모두 이에 근거하여 棫陽宮은 지금의 섬서성 扶風縣 동북쪽에 있다고 정하였다. 岐州는 武德 2년에 설치되었고, 扶風縣은 정관 8년에 설치되었으므로, 이 설은 당대 사람들의 추측에 속하며 『사기』 · 『한서』

의 기록과 서로 어긋나는 내용은 맞지 않다.

111 『사기』 권5 「진본기」에 "문공 원년, 西垂宮에 거하였다"고 하였다.

112 『校釋』에 따르면, 平陽宮이라고도 부른다. 춘추시대 진 무공이 늘 거하였던 궁실이다. 『사기』 권6 「진시황본기」, "武公享國二十年, 居平陽封宮." 『正義』에서 平陽封宮은 "岐州 平陽城 안에 있다"고 하였다. 진 헌공 2년에 平陽으로 천도하여 出子ㆍ武公을 거치며 모두 37년 동안 이 궁은 도성 중의 朝宮이었으며, 옛 명칭이다. 그 명칭을 '封宮'이라 한 것은 高臺 위에 세웠기 때문일 수 있는데, 『주례』 「地官」 封人 注에 "흙을 쌓는 것을 封이라 한다"고 하였다. 혹은 제사와 관련될 수 있는데, 『예기』 「祭法」 주에 "封은 단이다. 흙을 쌓아 제단을 만든 것이다"라 하였다.

113 『校證』에 따르면, 이 일은 『사기』 「진본기」에 보인다. 『積古齋鍾鼎款識』 권9에 '平陽封宮'이라는 작은 銅器가 있다. 『小校經閣金文』 권11에 '平陽宮鼎'이 있다. 또 『陝西通志』 권72에서 '平陽封宮은 郿縣에 있다'고 하였다. 『校釋』에 따르면, 德公이 平陽에 세웠고 다시 도성을 건설하지는 않았다. 단 이때부터 전한 시기까지 平陽封宮은 이궁으로서 장기간 남아 있었다. 『積古齋鍾鼎彝器款識』 권9에 平陽封宮 銅器 1건이 있는데, 진대 전서체로 '平陽封宮' 4자가 새겨져 있다. 阮元은 平陽封宮 중의 기물이라고 비정하였는데 시황 혹은 2세 황제 때 만든 것이다. 또 衡器인 '平陽斤'이 있는데, 상부에 진시황 26년 조서와 진 2세 때 추가한 刻辭가 새겨져 있으며 平陽宮 혹은 平陽城 중의 물건에 해당한다. 『한서』 권25 「교사지」에 한 성제 때 "雍에 큰비가 내려 平陽宮의 담장이 무너졌다"고 하였다. 平陽宮의 북쪽은 지금의 鳳翔原에 의지하였는데, 옛 궁의 담장은 언덕 위로부터 내려온 홍수로 인해 붕괴되었다. 또 盧連成의 「平陽雍都地望確定與秦先公徒都迹略」에 따르면, 1978년에 寶鷄縣 楊家溝鄕 太公廟村에서 춘추 및 진대 銅鎛 5건이 출토되었는데, 銅鎛 3건에는 모두 서로 같은 내용의 명문이 있었다. '百緣(蠻)具卽其服' 등의 용어로 보건대, 진 무공이 隴西와 관중의 여러 융을 토벌하여 승리를 거둔 후 주조하여 조상에 제사하고 하늘에 고하였던 예기에 해당한다. 이 때문에 그 명칭을 진 무공 鐘ㆍ鎛이라 정하였다. 태공묘로부터 동쪽으로 平陽鎭까지는 북으로 高原을 의지하고 남으로 위수를 끼고 있는 臺地로서, 초기 秦墓 및 진의 유물이 여러 차례 발견되었다. 진 平陽 故城은

분명하게 이 범위 안에 있었으며, 平陽封宮도 바로 太公廟 부근에 있었을 가능성이 있다. 진 平陽 故城은 여러 縣의 경계가 만나는 중간에 위치하여 그 소속은 자주 바뀌었다. 『한서』 권25 「교사지」에 "雍에 큰비가 내려 平陽宮의 담장이 무너졌다"고 하였는데, 진대에는 郁夷縣이 없었고 平陽城은 이미 북쪽으로 鳳翔原에 의지하고 있었기에 당연히 雍縣에 속하였다. 『수경주』 「渭水注」에 汧水는 "郁夷縣을 지나 平陽故城 남쪽을 지난다"고 하였는데, 이를 근거로 전한 시기 郁夷縣에 속하였을 것으로 볼 수 있다. 『續漢書』 「군국지」 郿縣에 대해 劉昭注에 인용된 『帝王世紀』에서, "秦 出公이 平陽으로 옮겼다"라 하였다. 『한서』 권28 「지리지」 王先謙 補注에 인용된 「地道記」에서 (후한) "郁夷는 郿에 병합되었다. 대개 왕망의 난 때 郁夷 사람들이 郿界를 장악하였기 때문에 郿에 병합되었을 것이다"고 하여, 후한 시기 郿縣에 속하였음을 알 수 있다. 『括地志輯校』 권1에 "平陽故城은 岐州 岐山縣 서쪽 46리에 있다"고 하여, 당대 岐山縣에 속하였음을 알 수 있다. 청대 『陝西通志』 권72 「古蹟」에 "平陽封宮은 郿縣의 옛 平陽城 안에 있다"고 하여, 청대 다시 郿縣에 속하게 되었음을 알 수 있다. 소속은 다르지만, 실제로는 한곳으로 바로 지금의 寶鷄縣 楊家溝鄕 太公廟에서 陽平鎭 일대이다. 平陽封宮의 위치 역시 郁夷였다가, 갑자기 岐山이었다가 돌연 郿縣에 있었지만, 이 역시 실제로는 한곳으로서 바로 寶鷄縣 太公廟 부근이다. 그리고 程大昌의 『雍錄』 권1 「秦宮雜名」에서 "武公의 平陽宮은 華山 아래에 있다"고 하였다. 이 근거는 『사기』 권5 「진본기」, "武公 원년에 彭戲氏를 정벌하고 華山 아래에 이르렀다. 平陽宮에 거하였다"이다. 언뜻 보기에 武公이 마치 華山 아래의 平陽封宮에서 彭戲氏를 정벌하는 전쟁을 지휘하는 것 같지만, 실제로는 틀렸다. 彭戲氏는 원래 지금의 白水 일대의 戎族으로서 '百蠻'의 일종에 속한다. 진 무공 원년에 彭戲氏에 대한 대규모 공격은 白水에서부터 華山 아래까지 추격한 것이다. 이때 秦은 華山 아래 지역에서 아직 안정적으로 점유하여 뿌리내리시 못했으며 대형 궁실을 건설했을 가능성은 절대로 없다. 진 무공이 다시 11년간 경영하고 나서야 華山 아래에 鄭縣을 설치하였다. 『사기』의 이 조의 기록은 '華山下'에서 구절이 끊기며 무공이 "平陽封宮에 거하였다"와 연결되지 않는다. 「진시황본기」에서 분명히 무공은 20년간 재위에 있었으며 줄곧 平陽封宮에 거하였다고 언급하였는데, 宮은 平陽에 있었지 華山 아래에 있지 않았다.

114 『校證』에 따르면, 본문은 『사기』「진본기」裴駰『集解』에서 인용한 『皇覽』과 같다. 『正義』에서 인용한 『廟記』에 "橐泉宮은 秦 孝公이 지었다"고 하였다. 『한서』「지리지」雍縣 注에 "橐泉宮은 孝公이 세웠다"고 하였고, 『小校經閣金文』 권11에 "橐泉銷은 원강 원년에 만들었다"는 기록이 있다. 『秦漢瓦當文字』 권1에 '橐泉宮當' 기와가 있다. 『校釋』에 따르면, 秦의 橐泉宮은 한대에도 여전히 사용하였다. 『長安獲古編』 권2에 실린 橐泉銅銷의 명문에 "橐泉 銅 1斗 絹은 무게가 3근이며 元康 원년에 만들었다"고 하였다. 또 橐泉宮銅鼎의 명문이 실려 있는데, "雕(雍)橐泉宮金鼎蓋로서 1容 2升이며, 무게는 1근 8량이고 명칭은 142이다. 杜陽 54근 14"라 하였다. 『小校經閣金文』 권11에는 橐泉宮鐙의 명문이 실려 있는데, "橐泉宮銅鐙으로 무게는 1근 12량이고, 원강 2년 考工令史 孺가 감독하여 監省하였다"라 하였다. 원강은 漢 선제 시기 연호로서 橐泉宮絹 · 橐泉宮鼎 · 橐泉宮鐙 세 기물은 모두 선제 때 橐泉宮에서 사용한 물건이다. 전한 시기 내지에 설치한 官馬厩 中 橐泉厩가 있었는데, 『한서』 권19 「백관공경표」 주에서 인용한 如淳은 "橐泉厩는 橐泉宮 아래에 있다"고 하였다. 馬厩를 橐泉宮 아래에 설치했기 때문에 그 명칭이 정해졌다.

115 『校釋』에 따르면, 삼국 위의 諸臣들은 스스로 오경의 여러 서적을 모아 편으로 분류하여 황제가 열독하도록 바쳤기 때문에 『皇覽』이라고 칭하였다. 찬자는 劉劭 · 王象이라고도 하고, 혹은 王象 · 繆襲이라고도 한다. 『위략』에 따르면 書를 40여 부로 나누어 칭하였으며, 각 부는 10편으로 모두 800만여 자였다. 이후 南朝의 何承天 · 徐爰 각각 『皇覽』을 가지고 있었는데, 모두 수당 시대 이후 소실되어 청대 孫馮翼에게 輯本 1권이 있었으나 오직 「逸禮」· 「冢墓地」 2類 80여 조만 남아 있었다.

116 『校釋』에 따르면, 『한서』 권36 「劉向傳」에는 "秦 穆公을 雍의 橐泉宮 祈年館 아래에 장사 지냈다"라고 하여 『皇覽』과 다소 차이가 있다. 『皇覽』에는 '冢'이라 하였으나, 「劉向傳」에는 "雍에 장사 지냈다"고 하였다. 穆公 때는 아직 冢이 없었으므로, 「劉向傳」이 맞는다. 『皇覽』에는 '觀'이라 하였는데, 「劉向傳」에서는 '館'이라 하였다. 館은 머물러 숙박하는 곳으로 한대 '觀'과 同音 通假字이다. 이를 통해 橐泉宮은 秦 穆公의 葬地에서 멀지 않게 떨어져 있었음을 알 수 있다. 옛

설에 穆公의 冢은 지금의 鳳翔師範 동쪽의 높은 土堆를 가리켰으며, 청대 畢沅
은 일찍이 이곳에 '秦 穆公 冢'이라는 석비를 세웠다. 이후 이것이 와전되었다.
고고 조사대의 鑽探을 통해 이것은 穆公의 冢이 아님이 분명해졌고, 秦 雍城
북쪽 담 한 곳의 高臺 건축 혹은 門址일 가능성이 있다. 당시 '不封不樹'의 禮制
에 미루어 볼 때 穆公의 冢이 있을 가능성은 없다. 지금의 鳳翔縣城 서남쪽 수
십 리의 범위 안에서 秦公陵園 14座가 발견되었는데, 그중 대형 墓葬 34개가
있으며 地表는 모두 土堆을 쌓아 올리지 않았다. 秦公 1호 大墓는 이미 발굴되
었는데, 이는 목공 이후 제4대째인 진 경공의 묘로서 진 목공의 묘는 1호 大墓
의 남쪽에 있었을 것으로 추정된다. 祈年觀은 바로 蘄年宮의 宮門 樓觀으로서,
橐泉宮과 蘄年宮은 하나의 궁성 안에 함께 있었을 가능성이 있다. 蘄年宮 유지
는 이미 지금의 鳳翔縣 서남쪽과 千河 동쪽 연안의 孫家南頭村에 있는 것으로
알려졌으며, 橐泉宮도 이곳에 있었을 것이다. 이곳은 동쪽으로 秦公陵園과 접
하고 목공의 묘와 비교적 가깝게 떨어져 있다(陝西省雍城考古隊, 「秦都雍城穆
鑽探試掘簡報」, 『考古與文物』 1985년 7期 참조).

117 『校正』에서는 "『初學記』에서 인용하기를 京兆에 步高宮이 있다고 하였다"고 하
였으나, 『校釋』에서는 어느 시기의 京兆인지 명확하지 않다고 하였다. 한대 경
조윤이 있었고, 新豐縣를 관할하였다. 당대 京兆府가 있었고 渭南縣을 관할하
였다. 步高宮은 漢 新豐縣, 唐 渭南縣 안에 있었다. 漢 新豐縣은 바로 秦 麗邑
이다. 기원전 200년에 유방이 부친을 기쁘게 하기 위해 택하여 麗邑 안을 그 고
향 豐邑을 모방하여 新豐城을 세웠다. 3년이 지나 부친이 사망하자, 부친을 기
념하기 위하여 마침내 麗邑을 新豐縣이라 하였다. 漢 新豐縣의 관할 지역은 다
소 넓은데, 동쪽으로 赤水河에 이르러 鄭縣(지금의 華縣)과 이웃하였으며 남쪽
으로는 終南山까지로 藍田縣과 경계를 접하였다. 지금의 渭南市 위수 이남은
모두 漢 新豐縣에 속하였다. 北魏 孝昌 3년(527년) 그 땅에 南新豐縣을 설치하
였으며, 西魏 廢帝 2년(553년)에 南新豐을 渭南縣으로 고쳤다. 『元和郡縣圖志』
에 隋・唐 시기 "渭南縣은 본래 漢 新豐縣 땅이다"라고 하였다.

118 『校證』에 따르면, 『수경주』 「渭水」에 "秦 步高宮 동쪽을 지나면 세간에서 부르는
市邱城이다"고 하였다. 『長安志』 「乾佑縣」에 "秦 步高宮은 縣의 서남쪽 30리에
있다"고 하였다. 『元和郡縣志』에는 '20리'라 하였다. 『校釋』에 따르면, 『長安志』

권17에 乾祐縣은 渭南縣으로 고쳐야 하는데 이는 陳直이 잘못 쓴 것이다. 『校釋』에 따르면, 실물 자료와 문헌 기록으로 보건대 張胡村 일대가 秦 步高宮 유지이다. 또 『元和郡縣圖志』권1 「渭南縣」에서 "秦 步高宮은 縣의 서남쪽 20리에 있다"고 하였고, 『長安志』권17 「渭南縣」에는 "秦 步高宮은 市邱城이라고도 부르며, 縣의 서남쪽 30리에 있다"고 하였다. 청 옹정 시기 『陝西通志』권72 「古蹟」에서 인용한 『雍勝略』에도 "步高宮의 옛터는 渭南縣 서남쪽 30리에 있다"고 하여 『長安志』와 같다. 이들 세 책에 모두 秦 步高宮이 渭南縣 서남쪽에 있다고 하여 크게 볼 때 위치는 같으며, 오직 떨어진 거리에서 20리와 30리로 차이가 있다. 張胡村의 秦 步高宮 유지는 옛 渭南縣城에서 서남쪽으로 14km에 있으며, 이쪽 도로가 구부러졌기에 실제로는 15km 정도에 있을 것이다. 『長安志』·『陝西通志』·『雍勝略』의 내용은 맞으며, 『元和郡縣圖志』는 약간 적은데, 아마 李吉甫의 추측에 의한 것으로 실측하지 않았을 것이다.

119 『校釋』에 따르면, '西'는 '東'의 오류이다. 『수경주』 「渭水注」에 首水는 "步高宮의 동쪽을 지나 新豐原 동쪽과 북쪽을 거쳐 步高宮의 서쪽을 지나 위수로 들어간다"고 하였다. 首水는 步高宮으로부터 동쪽으로 흘러 지나가므로 步高宮은 首水의 서쪽에 있어야 하며, 전술한 대로 이는 확실하다. 그러면 首水가 步壽宮의 서쪽으로도 흘러 지나가니 步壽宮 역시 首水의 동쪽에 있어야 한다. 『삼보황도』의 이 조는 본래 『수경주』의 내용이나, 抄寫하여 전할 때 오류가 생겼으며 步壽宮은 步高宮의 동쪽에 있어야 한다. 左忠誠의 설에 따르면, 秦의 步壽宮은 風門·蔣家村 남쪽 일대에 있었을 가능성이 있다. 『太平寰宇記』권29 「渭南縣」에서 風門의 "양쪽 언덕은 서로 마주하고 있으며 바람이 많이 부는 곳이다"라고 하였다. 또 1988년 11월 18일 『西安晩報』 報道에 섬서성 고고 발굴자가 渭南地區에서 규모가 광대한 진시황 行宮 유지를 발견하였다고 한다. 이 궁전 유지는 渭南市 남쪽의 崇凝鄕 靳尙村에 위치하고 있다. 유지의 범위는 동서로 길이 약 600m, 남북으로 너비 약 300m이다. 遺址區의 중심은 동서로 나란히 세워진 두 채의 건물 基址이고, 東邊은 길이 28m, 너비 36m이며, 西邊은 길이 40m, 너비 35m로서 모두 평평하게 정돈된 臺地 위에 세워졌다. 그 南面 및 西面 둘레로 깊게 도랑을 팠다. 基址 단면의 夯土層은 일정하고 촘촘하며, 각 층의 높이는 약 5~7cm이다. 夯土 단면과 부근 지면에는 대량의 진대 건축 재료

가 드러나 있다. 그중에는 龍鳳紋 空心磚·几何紋方磚·雲紋方磚 등이 있다. 이러한 재료들은 秦 함양 진궁 유지와 진시황릉에서 출토된 것과 완전히 같으므로, 이는 진시황의 행궁 중 하나에 해당하는데 그 명칭은 아직 정설이 없다. 다만, 앞에서 인용한 『수경주』를 볼 때 步壽宮이 步高宮의 동쪽 및 沈河의 동편에 있어, 이 유지와 『수경주』의 기록은 기본적으로 서로 부합한다. 따라서 秦 步壽宮 유지 여부인지 고려해 볼 수 있다고 하였다.

120 『校證』에 따르면, 『한서』 「지리지」 虢縣 주에 "虢宮은 진 선태후가 세웠다"라 하였다. 또 『사기』 「진본기」에서 "昭襄의 모친은 초나라 사람으로 성은 羋氏이고 선태후라고 불렀다"라 하였다. 『校釋』에 따르면, 岐州는 북위 태화 11년(487년)에 설치하였고 치소는 雍縣에 있으며, 수 대업 3년(607년)에 扶風郡으로 改置하였고, 당 무덕 원년(618년)에 다시 岐州라 하였다. 虢縣은 춘추 진 무공이 설치하였으며, 전한 시기에도 이를 계승하였다. 후한 시기 廢置하였다. 북주 때 고쳐서 洛邑縣이라 하였다. 수 대업 3년에 다시 洛色縣을 고쳐서 虢縣이라 하였다. 당 정관 8년(634년)에 廢置하였다가, 무측천 천수 2년(691년)에 다시 虢縣을 설치하였으며, 치소는 지금의 寶鷄縣 虢鎭에 있었다. '지금의 岐州 虢縣'은 당대 지명이다. 虢宮의 위치는 지금의 虢鎭 부근에 해당한다.

121 『校釋』에 따르면, 長楊宮의 위치는 『수경주』 「渭水注」에 "동쪽으로 漏水가 있는데, 南山 赤谷에서 나와서 동북쪽으로 흘러 長楊宮의 동쪽을 지난다. 궁에 長陽樹가 있어 그 이름이 長陽宮이다"라 하였다. 漏水는 바로 지금의 周至縣 동쪽의 赤峪河인데, 秦嶺 북쪽 기슭의 赤峪으로부터 흘러나와 동북으로 흘러 지금의 終南鎭 동쪽을 지나 북쪽으로 흘러 黑河로 들어간다. 이에 따르면 長楊宮은 終南鎭 동쪽에 있는 것이 된다. 『수경주』 「渭水注」에는 "田鷄水는 南山 田谷에서 나와 북쪽으로 長楊宮 서쪽으로 흐르며, 또 북쪽으로 盩厔縣 故城의 서쪽을 지난다"라고 하였다. 田谿水는 지금의 周至縣 동쪽의 田峪河인데, 秦嶺 북쪽 기슭의 田峪에서 발원하여 북쪽으로 흘러 終南鎭 서쪽을 지나 다시 북쪽으로 흘러 黑河로 들어간다. 盩厔縣 故城은 前漢 盩厔縣城의 終南鎭을 가리킨다. 『사기』 권117 「司馬相如列傳」 「正義」에서 인용한 『括地志』에 "長楊宮은 雍州 盩厔縣 동남쪽 2리에 있다"고 하였다. 이는 바로 한의 縣城 終南鎭을 가리킨다. 이에 따르면 長楊宮은 田峪河의 서쪽 終南鎭의 동남쪽에 있어야 한다.

조사한 바에 따르면 지금의 周至縣 終南鎭 동남쪽 3km에는 竹園頭村이 있으며, 村 남쪽으로 圪塔頂이라는 지명이 있는데 언덕에 높이 3m 이상 되는 대형 夯土 臺基가 있다. 『新編秦漢瓦當圖錄』에는 秦雲紋瓦當, 漢雲紋瓦當, 白虎 · 朱雀 · 玄武瓦當 정도만 수록되었지만, 그 밖에 '漢幷天下' · '與天毋極' · '長樂未央' · '宮' 자 등의 문자 와당도 있었다. 圪塔頂 土堆 아래에서 몇 군데 크게 쌓인 秦 · 漢 시대 깨진 벽돌과 기와 조각도 발견되었고, 부근 지역 농민의 한 화장실 담장 위에 덮인 수십 개의 秦 · 漢 시대 繩紋板瓦가 발견되기도 하였다. 赤峪河 하류는 수리관개상의 필요로 인해 물길이 여러 차례 바뀌었다. 1968년 출판된 지도에는 아직 赤峪河의 지류가 竹園頭村의 남동쪽에서부터 북쪽으로 향해 흐르는 것으로 표기하였지만, 현재 이 지류는 이미 촌 서쪽으로 1km에 있는 赤峪河의 본류로 합쳐져 흐른다. 이 때문에 竹園頭村 남쪽의 秦 · 漢 궁전 유지는 長楊宮 유지로 정하였으며, 기본상『수경주』의 기록에 부합한다.

122 『校釋』에 따르면, 『元和郡縣圖志』권2「關內道」에 "秦의 長楊宮은 縣의 동남쪽 33里에 있다"고 하였다. 『삼보황도』와 비교할 때 1.5km 더 먼데, 추산한 기점이 성의 동쪽인지 서쪽인지에 따라 차이가 있으므로 이 정도 차이는 실제로 일치한다고 볼 수 있다. 이 盩厔縣城은 바로 지금의 縣城이며, 여기서부터 竹園頭村 남쪽까지 딱 15km로서 당대 기준으로 약 30여 리이다.

123 『校釋』에 따르면, 長楊宮은 秦 소왕 때 진령 북쪽에 세운 이궁이다. 『한서』권28「지리지」盩厔縣 注에 "長楊宮과 射熊館이 있는데, 秦 昭王이 세웠다"고 하였다. 『사기』권6「진시황본기」26년『正義』에서 인용한『廟記』에 秦宮의 분포는 "남쪽으로 長楊 · 五柞까지이다"라고 하였다. 『小校經閣金文』권11에 長楊宮鼎이 있는데, 長楊宮의 器物에 해당한다. 이 궁은 함양으로부터 멀리 떨어져 있기 때문에 秦末에 불타 훼손되는 일을 피할 수 있었고, 전한 시기 황제는 항상 游幸하였다.

124 『校正』에 따르면, "程大昌의『雍錄』및『長安志』에 모두 '舘'으로 인용하였다"라고 하였다. 『校證』에서는『文選』「長楊賦」에 "長楊을 射熊館으로 실어 나른다"라 하였고, 李善 注에 인용된『삼보황도』에는 "長楊宮에 射熊館이 있고 盩厔에 위치한다"고 하였는데, 대개 그 문장을 생략한 것으로 보았다. 『校釋』에 따르면, 射熊館은 바로 射熊觀으로, '觀'과 '舘'은 通假字이다. 궁문 앞의 雙闕을 가리킨

다. 『爾雅』「釋宮」에 "觀은 闕을 일컫는다"라 하였고, 『삼보황도』에 "문을 射熊觀라 일컫는다" 하였다. 그 觀은 궁문 위의 누각 건축으로서 황제가 여기에 올라가 활로 곰을 쐈기 때문에 射熊觀이라 불렀다. 이 역시 竹圓頭附 남쪽 長陽宮 유지 안에 있다.

125 『校釋』에 따르면, 長陽宮은 남산 耿峪口로부터 단지 4km 떨어졌으며, 진령 북쪽 기슭 근처이다. 秦嶺 북쪽 기슭은 산봉우리가 錯雜하게 배열되어 있고 계곡이 서로 연결되어 나무숲이 푸르고 울창하며 짐승들도 아주 많아 이 안은 이미 진한시대 황실의 사냥 지역이자 練兵場이었다. 屬玉舘은 賁陽宮에 있고, 長陽樹는 長陽宮에 있으니 이는 두 궁의 高臺 건축이다. "가을과 겨울에 그 아래서 사냥을 가르치니 武士에 명하여 짐승들을 활로 쏴 잡게 하고 천자께서 이곳에 오르시어 보시었다"고 하였다. 3軍의 殺獲 후에 황제는 공에 따라 상으로써 제사 지낸 고기를 하사하였다. 한 무제·원제·성제 등은 항상 長陽宮으로 游幸하여 사냥을 하였다. 성제 때 '胡人'을 향해 長陽宮 부근에 짐승이 많다는 것을 과시하기 위하여, 관중 사람들을 징발하여 남산에 들어가 곰·큰 곰[羆]·호랑이·표범·여우·토끼 등을 포획하여 우리 수레[檻車]에 넣은 후 長陽宮 射熊舘 앞까지 보내게 하였다. "짐승들을 그 안에 풀어놓고, 胡人들로 하여금 손으로 그것들을 잡게 하였다." 이는 백성들의 원성이 들끓게 만들었다. 揚雄은 이 때문에 「長楊賦」를 지어 이를 諫하였다.

126 『校釋』에 따르면, 蘄年宮은 祈年宮이라고도 쓴다. '蘄'은 '祈'와 통하며 하늘을 향해 풍년을 기원하는 의미를 가지며 또한 祈年觀이라고도 한다. 『爾雅』「釋宮」에서 "觀은 闕을 일컫는다"라 하였는데, 특히 祈年宮 문 앞 양측의 望樓를 가리킨다. 건축한 시대는 설명 방법이 서로 다르다. 『사기』권5「진본기」「正義」에서 인용한 『廟記』에 "祈年觀은 德公이 지었다"고 하였고 본서에서는 "穆公이 지은 것이다"라 하였으며, 『한서』권28「지리지」雍縣 注에서는 "祈年宮은 惠公이 지었다"라 했고, 『수경주』「渭水注」에서는 祈年宮은 "대개 秦 惠公의 故居이다"라고 하였다. 고고 조사에 의하면, 이 궁은 秦 惠公 때 건설되기 시작했을 가능성이 있다. 혜공은 기원전 399년~기원전 387년에 재위에 있었으며, 그 시기는 전국 중기에 해당한다(『陝西省考古學會第一屆年會論文集』「蘄年咸陽年宮考」참조).

127 『校釋』에 따르면, 『廟記』는 『隋書』「經籍志」에 著錄되어 있으며 1권으로서 撰者
가 적혀 있지 않다. 『新·舊唐書』「經籍志」와 「藝文志」에도 동일하다. 내용은 진
한 시기 관중의 궁전·陵墓 등이다. 作者에 대해서는 양설이 존재한다. 『梁書』
권49 「吳均傳」에 吳均이 『廟記』10권을 지었다고 하였다. 吳均은 南朝 梁의 文
學家이다. 『冊府元龜』권560 「國史部」 地理에서는 楊衒之가 『廟記』1권을 撰하
였다고 하였다. 楊衒之는 북위 사람이다.

128 『校證』에 따르면, 『사기』「진본기」「正義」에서 인용한 『廟記』에 "橐泉宮은 秦 孝
公이 만들었으며, 祈年觀은 德公이 세웠다. 雍州 城 안에 있다"고 하였다. 그
리고 「진시황본기」 9년 조에, "長信侯 嫪毐가 반란을 일으키려다 발각되자 王
의 御璽와 태후의 璽를 위조하여 縣卒 및 衛卒·官騎·戎翟君公·舍人을 동원
하여 蘄年宮을 공격하여 반란을 일으키고자 하였다". 裴駰의 『集解』에 "蘄年宮
은 雍에 있다"고 하였다. 본문은 裴駰의 설명을 따른 것으로, 『사기』의 원문이
아니다. 또 『한서』「지리지」 雍縣 注에 "祈年宮은 惠公이 세웠다"라 하였다. 아
울러 최근 鳳翔縣에서 '年宮' 2자가 적힌 기와가 출토되었는데, 바로 '蘄年宮'
의 줄임말이라고 하였다. 『校釋』에 따르면, '年宮' 와당은 雍城 南郊의 東社·南
古村 일대에서 출토되었는데, 이는 史籍에 기록되지 않은 진·한 궁전 중 하나
로 보이며 '蘄年宮'의 줄임말이 아니다. '年宮'과 '蘄年宮'이 적힌 두 와당의 출
토 지점은 다르며, 하나의 궁전이 아니다. 고고 발굴 담당자들은 지금의 鳳翔
縣 長青鄉 孫家南頭에서 약 2만 m²의 秦·漢 건축 유지 한 곳을 발견하였다.
유지로부터 서남쪽의 절벽 위를 보면, 농토 아래층은 한대 건축 夯土層인데 두
께가 약 1.2m이다. 그 아래는 두께 약 70cm의 진 문화층이며, 그 안에 전국·
진의 繩紋陶片·雲紋瓦當 깨진 조각·陶水管 등이 포함되어 있다. 지면에서는
秦의 雲紋·花紋·渦紋瓦當 5건과 한대 문자 와당 2건을 채집하였다. 그중에
는 '蘄年宮當'이 있었는데, 자체의 폭이 넓고 표면의 직경이 크며 邊의 가로 너
비가 넓어 전한 중기 와당의 스타일로서 武·昭·宣帝 시기 몇 차례 蘄年宮을
重修할 때 사용한 기와로 추정된다(馬振智·焦南峰, 「蘄年槭陽年宮考」, 『陝西
省考古第一屆年會編文集』). 이 유지는 마치 雍城의 南郊에 있는 듯하다. 秦 文
公·宣公·靈公에서 漢 고조까지 하늘에 제사 지내는 단을 설치한 五時原 위
는 동쪽으로 秦公陵園과 접하며 秦의 蘄年宮이 있는 곳에 해당한다. 전한 시기

에는 이 궁에 대해 여러 차례 수리 및 확장 공사를 하였다. 또 蘄年宮은 雍都의 郊祀 祈年하는 齋宮으로서, 진한시대 제왕들은 여러 차례 이곳에서 五時와 先公에 제사 지냈다. 『한서』의 기록에 따르면, 전한 고조부터 성제까지 황제가 雍에 가서 五時에 제사한 일은 모두 18번인데, 역시 많은 경우 蘄年宮에서 숙박하였다.

129 『校釋』에 따르면, 梁山宮은 진시황 때 지금의 乾縣 梁山에 세운 것으로, 梁山에 있어 梁山宮이라 불렸다. 梁山은 지금의 乾縣 서북쪽에 있으며, 서남쪽은 지금의 扶風縣 북쪽 경계로 이어진다. 『元和郡縣圖志』권1 『奉天縣』에 "古公亶父가 梁山을 넘어 岐 아래에 이르렀고, 秦이 梁山宮을 세웠는데 모두 이 산이다"라고 하였다.

130 『校證』에 따르면, 이에 대한 기록으로는 『사기』「진시황본기」35년 조 『正義』에서 인용한 『括地志』에 "속칭 望宮山으로 雍州 好時縣 서쪽 12리에 있으며, 북쪽으로 梁山과 9리 떨어져 있다"고 하였다. 『한서』「지리지」好時縣 注에 "梁山宮이 있으며, 진시황이 세웠다"라고 하였다. 『長安志』에서 인용한 『三秦記』에 "梁山宮城은 모두 文石으로서, 織錦城이라 부른다"라고 하였다.

131 『校釋』에 따르면, 梁山宮의 위치는 『수경주』「渭水注」에 "莫水는 好時縣 梁山의 큰 봉우리 동남쪽에서 나와서, 梁山宮의 서쪽을 지난다. 옛 『地里志』에 '好時에 梁山宮이 있는데, 시황이 세웠다'라고 하였다. 莫水 동쪽에 好時縣 故城이 있다"고 하였다. 莫水는 지금의 漠西河로서, 梁山의 두 봉우리 사이를 통과하여 남쪽으로 흐른다. 梁山의 主峰은 지금의 乾陵에 위치한 山丘에 속하며 漠西河 동쪽에 있다. 큰 봉우리는 漠西河 서쪽편의 산봉우리를 가리킨다. 秦이 好時縣을 설치했고, 故城은 지금의 乾縣城 동쪽 好時村 부근에 있다. 이를 근거로 梁山宮은 漠西河의 동쪽 연안이자 梁山의 큰 봉우리 동남쪽의 秦 好時縣 故城의 서쪽에 있었음을 알 수 있다. 이곳에 梁山宮의 주요 궁전이 위치했을 가능성이 있다. 그리고 『括地志』에 "梁山宮은 속칭 望宮山이라 하며 雍州 好時縣의 서쪽 12리에 있고 북쪽으로 梁山과 9리 떨어져 있다"고 하였다. 唐의 好時縣은 정관 연간에 이미 지금의 永壽縣 서남쪽 好時河鎭으로 치소를 옮겼는데, 이 好時縣을 관습에 따라 秦 好時縣 故城이라 하였으니 바로 好時村이다. 唐代 기준으로 好時村으로부터 서쪽으로 12리, 梁山 큰 봉우리에서 남쪽으로 9리 떨어진 곳

은 지금의 乾縣城의 서쪽에 해당하며 漠西河 동쪽의 일정한 범위 이내에 해당한다. 이곳에 梁山宮 宮城의 南門이 위치했을 가능성이 있다.

또한 梁山宮은 배산임수에 숲과 협곡이 매우 아름다우며 여름철에 시원하여 피서를 위한 명소 중 하나이다. 宮門과 山 사이의 거리는 4.5km인데, 아마 그 사이에 苑囿를 만들고 황제 및 대신들이 항상 와서 거기서 즐겼을 것이다. 『사기』권6 「진시황본기」에 기록되기를, 진시황 35년에 "梁山宮으로 행차하여 산 위에서 丞相 車騎가 많은 것을 보고, 좋아하지 않았다". 후에 수종하는 자가 이를 알려주니 승상 이사는 다시 출행할 때 車騎의 숫자를 줄였고, 시황제는 이로 인해 당시 수종하였던 많은 자들을 죽였다. 이를 통해 황제가 산 위에서 내려다볼 수 있었으며, 대신들 역시 車騎를 끌고 산 아래에서 유람할 수 있었음을 알 수 있다. 궁성에는 황제와 대신들에게 제공하였던 즐기며 피서할 수 있는 苑囿가 있었던 것 같다. 또한 梁山宮은 불에 훼파되지 않아 전한 시기까지 계속 남아 있었다.

『金石索』에는 梁山鐗 1건이 수록되어 있는데, '元康元年造'가 鑱刻되어 있으며 한 선제 때 梁山宮에서 사용한 銅器에 해당한다(馮雲鵬·馮雲鵷 編, 『金石索』, 商務印書館, 1934년). 西安市文物局 庫房에서는 '梁山宮蒸爐' 1건을 소장하고 있는데, 이 기물은 腹内 銘文에 근거하여 볼 때 한 소제 원봉 5년(기원전 76년)에 만든 것이다. 또 관중의 梁山은 두 군데에 있는데, 지금의 乾縣 경내의 梁山 외에 지금의 韓城縣 경내에도 梁山이 있다.

132 『校釋』에서는 만약 이 말의 의미가 "信宮은 바로 咸陽宮이다"라면 분명 틀렸다고 보았다. 함양궁은 진이 이어서 사용한 꽤 오래된 朝宮으로서, 진 통일 이전까지 쭉 수차례 확장 공사를 하였다. 그러나 信宮은 진시황 27년(기원전 220년), 바로 진 통일 후 2년째에 처음으로 세웠다. 함양궁은 위수 북쪽에 있으나 信宮은 위수 남쪽에 있다. 어떻게 두 궁을 합하여 하나의 궁을 만들 수 있겠는가? 만약 "信宮은 咸陽宮이라 부를 수도 있다"로 이해한다면 그나마 설명이 가능하다. 함양궁이 위치한 위수 북쪽 궁전 구역은 지세가 비좁고 수원이 부족하여 발전하기에 불리하다. 진시황은 통일 후 바로 정치 중심을 남쪽으로 옮기려는 의도를 가지고 있었고, 그 때문에 信宮을 建造하는 일을 추진하였다. 信宮 역시 한때 함양궁을 대체하는 朝宮이기도 하였으므로, 어떤 시기에는 信宮

도 함양궁이라 불릴 수 있는 것이다. 또 晶新民의 「秦始皇信宮考」(油印稿)에서
는 信宮은 진시황 생전의 '神宮'으로서 驪山園와의 사이에 甬道 형식의 衣冠道
가 있으며 지금의 西安市 北郊 閻家寺에 해당한다고 한다. 이에 따르면 이곳은
일찍이 기초를 세우는 시공을 할 때 큰 고대 건축 유지가 발견되어, 信宮 유지
를 포괄할 수도 있다고 하는데 설득력 있는 설명이다.

133 『校釋』에 따르면, 1996년 이래 西安市 漢 장안성 유지 안 북측의 相家巷村에서
秦 封泥 2,000여 枚 300여 종이 잇달아 발견되었다. 봉니 상의 인장에는 가령
'秦厩丞印'·'中廐丞印'·'下廐丞印' 등 황제에 속한 말을 기르는 각급 廐의 관이
있는가 하면, '樂府丞印'·'泰行'·'宗正'·'西方謁者' 등 종묘와 의례와 직접 관
계된 관직도 있다. 또 '左丞相印'·'右丞相印'·'廷尉之印'·'少府'·'四川太守'·
'雍丞之印'·'咸陽丞印'·'藍田丞印' 등 중앙·지방의 관직도 있다. 이들은 분명
각종 각급의 관리들이 황제의 종묘에 예물을 바칠 때 포장을 싸고 묶은 후 교
차 지점에 점토를 올려 봉한 후 찍은 인장이다. 공품을 수납한 후 이들 봉니는
바로 부근의 폐기하는 구덩이로 버려졌다. 信宮을 極廟로 명칭을 바꾼 후 『사
기』 「진시황본기」의 기록에 따르면, "지금 시황의 묘를 極廟라 하여 천하에서
[四海之內] 모두 공물을 헌상하고 犧牲을 늘리고 예를 모두 갖추어 이에 더할
것이 없습니다"라고 하여 모든 공물을 極廟에 바쳤음을 알 수 있다. 버려진 봉
니를 폐기한 구덩이가 역시 極廟 부근에 있을 것이다. 그렇다면 信宮의 위치는
바로 진 봉니가 출토된 서안시 漢 장안성 유지 안 북측, 지금의 相家巷村 부근
에 해당한다.

134 『校證』에 따르면, 『사기』 「孝文紀」의 "至高陵休止" 『正義』에서 인용한 『三輔舊
事』에서 "秦代 위수 남쪽에 興樂宮이 있었고 위수 북쪽에는 함양궁이 있었다.
진 소왕은 두 궁 사이를 통하게 하고자 길이 380보의 橫橋를 만들었다"고 하였
다. 『校釋』에 따르면 『三輔舊事』에 소왕 때 이미 興樂宮이 있었다. 그렇다면 이
궁은 昭王 때나 혹은 昭王 이전에 세운 것이다. 『삼보황도』에서 진시황이 지었
다고 한 것은 진시황 때 이 궁을 확장하여 세웠다고 이해할 수도 있다. 기록에
의하면, 진시황은 興樂宮 안에 높이 40장의 鴻臺를 세운 적이 있는데, 臺 위에
樓觀을 만들어 두었다. 일찍이 진시황은 여기서 큰 기러기를 쏘아 떨어뜨렸는
데, 이로 인해 鴻臺라고 불렀다. 또 大夏展과 酒池臺 등을 세웠다.

135 『校證』에 따르면, 『사기』 「叔孫通傳」의 "孝惠帝爲東朝長樂宮." 『集解』에서 인용한 『關中記』에서, "長樂宮은 본래 秦의 興樂宮이다. 漢의 태후가 항상 거기 거하였다"고 하였다. 『校釋』에 따르면, 興樂宮은 秦의 都邑인 위수 남쪽 궁전 구역인 長安鄉에 세웠는데 바로 지금의 西安市 北郊의 龍首原 북부이다. 『雍錄』 권2 「長安宮及城」에서 "장안이라는 것은 그 현에 長安鄉이 있어 그 이름을 딴 것이다. 그곳에 秦의 興樂宮이 있으며, 고조는 그것을 改修하여 거기 거하였는데 바로 長樂宮이다"고 하였다. 혜제 劉盈 이후 황제는 미앙궁으로 옮겨와 거하였으며, 長樂宮은 태후의 거처가 되었다.

136 『校釋』에 따르면, 朝宮은 황제가 조회 의식을 거행했던 궁전으로 여기서는 아방궁을 가리킨다.

137 『校證』에 따르면, 이 일은 『사기』 「진시황본기」에 보인다. 阿房을 朝宮으로 하여 우선 그 前殿을 만들었는데, 본문에서는 2개의 궁으로 나누었는데 이는 틀린 것이다.

138 『校證』에 따르면, 『長安志』 「阿房宮」에 『三輔舊事』가 인용되었는데 본문과 서로 같다.

139 『校證』에 따르면, "천하의 무기를 거두어 함양에 모으고 모두 녹여 鐘鐻를 만들었다"는 구절은 『사기』 「진시황본기」 26년의 문장을 쓴 것이다. 原注는 "옛날에는 銅을 兵이라 하였다"고 하여 『集解』에서 인용한 應劭의 注를 썼다.

140 石은 진한시대 중량의 단위이다. 『한서』 권21 「律曆志」 上에서 "30근을 鈞, 4鈞을 석이라 한다"고 하였다. 1석은 120근이고, 1,000석은 12만 근이다. 秦의 1근은 지금의 250g과 같다. 秦의 1석은 지금의 30kg과 같고 1,000석은 지금의 3만 kg과 같다.

141 『校釋』에 따르면, 鋒鏑은 鋒으로 칼날이며, 鏑은 화살촉으로서 刀箭과 비슷한 말이다. 여기서는 무기를 두루 가리킨 것이다. 『사기』 권16 「秦楚之際月表」에도 진시황이 "鏑鋒을 녹였다"고 하였다.

142 『校證』에 따르면, 『長安志』에서 인용한 『三輔舊事』에 "秦에서 銅人을 만들어 阿房殿 앞에 세웠는데, 漢에서 長樂宮 大夏殿 앞으로 옮겨다 세웠다"라고 하였다. 『校釋』에 따르면, 『한서』 권27 「오행지」에 "시황 26년에 大人이 있었는데 5장의 키에 신발은 6척이었으며 모두 夷狄의 옷을 입었다. 모두 12명으로 臨洮

에 나타났다. 이해에 진시황이 처음으로 6국을 통일하였다. …… 진시황은 도리어 기뻐하며 이를 상서롭게 여기며 천하의 무기를 녹여 金人 12개를 만들어 그들을 본뜨게 하였다"라고 하였다. 銅人의 이름은 翁仲이라 하였다.『사기』권 6「진시황본기」『正義』에서 인용한 謝承의『후한서』에 "銅人은 翁仲이 그 이름이다"라고 하였다. 翁仲은 臨洮를 지키던 진의 將領이다.『古今圖書集成』「坤輿典」家墓部에 인용된『假曝談餘』에 "시황이 천하를 통일하고 翁仲으로 하여금 병사들을 이끌고 臨洮를 지키게 하였는데, 흉노에까지 그 명성을 떨쳤다. 秦人은 이를 상서롭게 여겨 翁仲이 죽자 그 동상을 주조하여 함양궁 司馬門 밖에 두었다. 흉노 중 그것을 본 자들은 마치 살아 있는 것처럼 여겨 옛날 묘 사이에는 모두 이것을 사용하였고"고 하였다. 銅人은 이미 진시황 26년(기원전 221년)에 주조하였는데, 이때 아방궁은 아직 건축되지 않았다. 그래서 銅人을 함양궁 司馬門 밖에 두었다. 진시황 35년(기원전 213년) 이후에는 아방궁 前殿이 완성되었기 때문에 아마도 銅人을 阿房殿 앞으로 옮겼을 것이다.

143 『校證』에 따르면,『한서』「왕망전」에 "왕망이 長樂宮 銅人 5개가 기립하는 꿈을 꾸었다. 왕망이 그것을 싫어하며 銅人의 명문에 '황제가 처음으로 천하를 통일하였다'는 문장이 있었음을 떠올리고는 즉시 尙方工을 시켜 꿈에서 본 銅人의 가슴에 있는 문장을 파내어 없애버리게 하였다"고 하였다.『校釋』에 따르면, 銅人 가슴 앞의 명문에 대해『校證』에서 '同度量'까지를 끝나는 것으로 생각하고 여기서부터 段을 나누었으나, '足迹六尺'까지 끊어야 한다고 하였다.『수경주』「河水注」에 "(銅人은) 모두 그 가슴에 '황제 26년, 처음으로 천하를 통일하고 군현을 설치하였으며, 법률을 정하고 도량을 통일하였다. 大人이 와서 臨洮에 나타났는데, 그 키는 5장이고 발은 6척이었'라는 명문이 있다. 이사가 썼다"고 하였다. 문장은 대동소이하며 그 명문 역시 '六尺'으로 끝난다. 명문을 새긴 부위는『삼보황도』에 "그 뒤에 새겼다"고 하였는데, 바로 그 등에 새겼다는 것이다.「왕망전」에는 '銅人膺文'이라 하였는데, '膺'은 곧 가슴이다.『수경주』에는 銘文이 가슴에 있다고 하였다.

144 『校證』에 따르면,『長安志』에서 인용한『關中記』에 "長樂宮의 殿 앞의 銅人은 그 가슴 앞에 명문을 새겼는데, 李斯가 篆하였고 蒙恬이 기록하였다"고 하였다.

145 『校釋』에 따르면, 동탁이 銅人을 부수어 小錢을 주조한 일은『후한서』권72「董

82

卓列傳」에 보이는데, "또 五銖錢을 없애고 小錢을 새롭게 주조하였는데, 모두 낙양 및 장안의 銅人 · 銅虞 · 飛廉 · 銅馬의 부속품에서 취하여 주조하는 데 충당하였다"고 하였다.

146 『校釋』에 따르면, 『英雄記』는 『漢末英雄記』라고도 부른다. 삼국시대 魏의 王粲이 撰하였다. 후한 말기 인물들의 전기를 기술하였다. 이미 전하지 않는다. 현재는 청대 黃奭의 輯本이 있는데, 『王粲英雄記』라고 칭하며 『漢學堂叢書』에 편입되어 있다. 『漢魏叢書』 · 『說郛』 · 『五朝小說』에도 輯本이 있다.

147 『校釋』에 따르면, 『삼국지』 권3 『魏書』 明帝紀의 裴松之 注에 인용된 『위략』에 "이해에 모든 鐘虞 · 駱駝 · 銅人 · 承露盤을 장안으로 옮겼다. 盤은 잘랐고, 銅人은 무거워 보낼 수 없어 霸城에 두었다"고 하였다.

148 『校釋』에 따르면, 霸城은 바로 秦 芷陽 故城으로, 지금의 臨潼縣 韓峪鄕 油王村 일대에 있다. 그곳은 驪山 서쪽 기슭의 芷陽坂 위에 있으며, 灞河와 白鹿原의 동쪽이다. 魏 明帝가 銅人을 여기서 옮기고자 하였으나 무거워서 가져갈 수 없자 결국 芷陽坂에 銅人을 두게 되었다. 그래서 芷陽坂을 銅人原이라 불렀다.

149 『校證』에 따르면, 『수경주』 「渭水」에 "魏 明帝 景初 원년(237년)에 장안으로 金狄을 옮겼으나, 무거워서 옮길 수 없어 霸城 남쪽에 두었다"라고 하였다. 또 『사기』 「진시황본기」 26년 「正義」에서 인용한 「關中記」에 "동탁이 銅人을 부수었고 남은 2枚를 淸門 안에 옮겼다. 魏 명제가 낙양으로 가지고 가려고 하였으나, 霸城까지 싣고 갔으나 무거워서 가져갈 수 없었다. 후에 石季龍이 鄴으로 옮겼고, 苻堅이 또한 그것을 옮겨 장안으로 들인 후 녹였다"(『文選』 「西征賦」 李善 注에서 인용한 「關中記」, 「正義」와도 동일)라고 하였다. 또 『후한서』 「方術 · 薊子訓傳」에 "後人이 다시 장안 동쪽 霸城에서 그것을 보고는 한 老公과 함께 銅人을 琢磨하였다"라고 하였는데, 바로 銅人이 霸城에 머물러 있었다는 증거가 된다. 章懷 注에 인용된 『水經』 注에 銅人은 魏 문제 황초 원년(220년)에 옮겨졌다고 하여 今本 『수경주』와 다르다. 실제로는 魏 명제 경초 원년에 옮겨졌으며 그 일은 『魏志』 「明帝紀」 裴駰이 인용한 『위략』에도 보인다. 章懷가 근거로 한 『수경주』는 아마 唐初 별도의 한 판본일 것이다(여기서 '裴駰'은 裴松之를 잘못 쓴 것이다).

150 『校釋』에 따르면, 아방궁은 크고 높은 궁성이 있었을 가능성이 있으며, 이 때문

에 阿城이라고도 부르는데 문헌에도 여러 번 기록되어 있다. 『한서』 권65 「동
방삭전」을 보면 한 무제는 阿城 남쪽의 땅을 상림원으로 확장하여 들이고자 하
였다. 안사고 주에 "그 담장 벽을 높고 넓게 만들었기 때문에 속칭 阿城이라 하
였다". 전진의 부견은 일찍이 阿城에 오동나무 수천 그루를 심었다(『十六國春
秋』). 李世民이 초기에 태원에서 관중에 들어갈 때도 일찍이 阿城에 주둔하였
었다(『舊唐書』 권1 「高祖本紀」). 宋敏求의 『長安志』 권12 「長安縣」에는 "진의 아
방궁은 阿城이라고도 하며, (長安)縣 서쪽 20리에 있다. 서쪽·북쪽·(동쪽) 삼
면에 담이 있으며, 남쪽에는 담이 없다. 둘레는 5리 140보이고 높이는 8척이며,
위 넓이는 4척 5촌, 아래 넓이는 1장 5척인데 현재 모두 民田이다"라고 기록되
어 있다. 송 이래 궁성은 허물어 무너져 이미 평평한 경작지가 되었다.

151 『校釋』에 따르면, 아방궁은 진이 위수 남쪽 상림원 안에 건설한 가장 거대한 집
체 건축이다. 진 효공이 위수 북쪽에 세운 '冀闕宮庭'은 뒤로 大原을 의지하였
고 수원이 짧고 부족하여, 혜문왕은 상림원 안에 新宮을 조영하기 시작하였다.
궁이 완성되지 못한 채 혜문왕이 죽자 결국 건설이 중단되었다. 昭王 시기까지
阿城에서 위수 북쪽의 궁전 구역과의 거리는 비교적 멀고 왕래하기 불편하다
고 여겨졌기 때문에 阿城은 방기되었고 長安鄕에 興樂宮 등의 궁전이 확장되
어 세워졌다. 진시황이 전국 통일의 대업을 완성한 후 정치 중심을 땅이 크고
넓고 用水에 편리하며 교통이 편리한 豊·鎬 부근으로 옮기기 위해, 혜문왕의
기초 위에 아방궁을 확장 건설하기로 결정하였다. 이를 새로운 朝宮으로 삼아,
통일 제국의 首府의 거대한 몸체와 정신을 체현하고자 하였다. 그는 아방궁을
중심으로 規劃하여 함양 및 그 주위 300여 리의 '離宮別館'을 輦道로 연결시킴
으로써 규모가 확대된 제국의 수도를 구성하였다.

152 『校釋』에 따르면, 輦道에서 輦은 본래 사람이 타는 수레를 가리켰으나 진시황
때부터 특별히 황제가 타는 수레만을 지칭하기 시작하였다. 『통전』 권66 「輦輿」
에 "夏氏末代製輦"이라 하였고, "진에서 군주가 타는 것이라 하였고 한은 그것
을 따랐다"고 하였다. 이후 무릇 황제의 輦車가 통행하도록 전용으로 제공되는
도로는 바로 輦道라 칭하였다. 이러한 진시황의 輦車 통행을 위해 전용으로 제
공되는 甬道·複道·閣道는 모두 輦道라 통칭할 수 있다.

153 『校釋』에 따르면, 閣道는 韋昭의 해석에 따르면 바로 복도이다. 실제로는 복도

의 일종의 변형인데, 나무로 짠 橋梁 위에 덮개와 목책을 붙인 공중 樓廊이다. 이런 종류의 도로는 기밀을 보호할 수 있고 또 바람과 비를 막고 피할 수 있다. 진시황 때 두 갈래의 閣道를 건축하였는데, 한 갈래는 아방궁 前殿의 "馳道 사방으로 閣道를 만들어 전 아래에서 남산 아래까지 곧바로 이어지게 하였다"(『사기』 권6 「진시황본기」). 또 한 갈래는 阿房으로부터 "閣道는 驪山으로 80여 리 통하였다"(『三輔黃圖』). 이 한 갈래는 원래 甬道였으나 후에 閣道로 바뀌었으며, 朝宮을 驪山陵園과 연결시켜 주었다.

154 『校證』에 따르면, 이 段은 『사기』 「진시황본기」 35년의 문장을 사용하였다. 『수경주』 「渭水」에서 인용한 『關中記』에 "阿房殿은 장안의 서남쪽 20리에 있으며, 전의 동쪽은 4,000보이고 남북은 300보이며 정 안에 10만 명을 수용할 수 있다"고 하였다. 『한서』 「賈山傳」에는 "동서로 5리이고 남북으로 1,000보이다"라고 기록했다. 『史記正義』에서 인용한 『三輔舊事』에 "동서로 3리이고 남북으로 500보이며, 정 안에 만 명을 수용할 수 있다"고 하였다. 『博物志』권6 「地理考」에서는 "殿은 동서로 1,000보이고 남북으로 1,000보이며, 그 위에 만 명이 앉을 수 있다"고 하였다.

155 『사기』 권6 「진시황본기」 35년(기원전 212년) 기록에, "이에 위수 남쪽 상림원 안에 朝宮을 만들었다. 우선 前殿을 만들었는데, 阿房은 동서로 500보이고 남북으로 50장이며 그 위에 만 명이 앉을 수 있었으며, 그 아래에는 5장의 기를 세울 수 있다"고 하였다. 『校釋』에 따르면, 『삼보황도』에 "동서로 50보이다"는 잘못이다. 「진시황본기」를 보면, 동서로 500보로 지금의 693m이며 남북으로 50장으로 지금의 116.5m이고 높이는 5장의 기를 세울 수 있으므로 지금의 11.65m이다. 현존하는 前殿 유지는 지금의 서안시 西郊에 있으며, 서쪽으로 古城村에서 시작하여 동쪽으로 巨家莊까지 이른다. 남아 있는 거대한 장방형 夯土 臺基는 동서로 너비 약 1,300m이고 남북으로 길이 500m이며, 臺의 높이는 약 7m이고 면적은 약 16만 m²이다. 이 夯土臺는 「진시황본기」에 기록된 前殿과 비교할 때 훨씬 큰데, 동서로 너비 약 707m, 남북으로 길이 383.5m 남짓이다. 아마도 이 高臺는 前殿의 基座를 포괄하는 것으로, 殿 사방의 回廊과 臺의 계단 및 기타 활동 장소가 그 안에 있었을 것이다. 이후의 저작은 아마 대부분이 이 夯土 臺基를 기준으로 추측할 수 있다. 가령 『한서』 권51 「賈山傳」

에 "동서로 5리이며 남북으로 1,000보이다"라고 하였고, 『關中記』에는 "동서로 1,000보이고 남북으로 300보이다"라고 하였으며, 『三輔故事』에서는 "동서로 3리이고, 남북으로 300보이다"라고 하는 등등이다. 실측하지 않았기 때문에 차이가 많이 나고, 대부분 실제보다 크게 기록하였다. 前殿의 규모는 「진시황본기」를 기준으로 삼아야 한다. 前殿의 공사는 비교적 빨리 시작하여 진이 망하기 전에 이미 사용하기 시작했던 것으로 보인다.

156 『校證』에 따르면, 『文選』 중 潘嶽의 「西征賦」 李善 注에서 인용한 『삼보황도』에 "阿房의 前殿은 목란으로 梁을 만들고 磁石으로 문을 만들어 칼을 품은 자를 그치게 했다"라고 하여 今本과 비교하여 끝에 한 구절이 더 많다. 『사기』 「진시황본기」 35년, 「正義」에서 인용한 『三輔舊事』에 "磁石으로 문을 만들었다는 것은 아방궁의 북쪽 궐문을 말한 것이다"라고 하였다. 또 原注의 문장은 『수경주』 「渭水」 중 "又東北與鎬水合磁石門" 조를 사용한 것이다. 『校釋』에 따르면, 磁石門 유지에 대해 黃盛璋은 지금의 雙樓村(『中國古代地理名著選讀』, 116쪽)에 있다고 설명하지만, 姜開任은 아방궁 前殿에서 正北으로 4km 지점인 新軍寨 부근에 있다고 여긴다. 옛 제왕의 궁전 건축 제도를 고려하면, 新軍寨의 지점은 아방궁의 중추선상에 위치하며 남쪽으로 아방궁 前殿 유지를 마주 대한다. 옛 磁石門은 아방궁의 北闕門이다. 新軍寨 부근에서 발견된 秦의 夯土層은 깊이가 수 m에 달하는데, 이는 증거로 삼을 만한 자료가 된다(『中國歷史文化名城詞典』, 826쪽).

157 원래 '成' 자가 없으나, 『校證』에서 『사기』를 근거로 보충하였으며, 이를 따랐다.

158 『校釋』에 따르면, 馬非百은 '隱宮'이 '隱官'의 오류라고 보았는데, 이를 따랐다.

159 『校正』에 따르면, '或作驪山' 4자는 원래 아래 조의 맨 앞에 있었으나, 畢本에 따라 수정하였다.

160 『校釋』에 따르면, 複道는 진시황 26년에 6국의 궁전을 세울 때 "雍門에서부터 동쪽으로 涇水·渭水까지 殿屋, 複道, 周閣이 서로 연이어져 있다"고 하였다. 35년 아방궁을 세울 때도 "複道를 만들어 아방궁에서부터 위수를 건너 함양까지 이어졌다"(『사기』 권6 「진시황본기」)라고 하였다. 裴駰의 『集解』에서 인용한 如淳의 해석은 "상하에 길이 있어서 複道라고 부른다"라고 하였다. 바로 궁전 樓閣 사이에 상하 두 겹으로 통로가 있는데, 상부는 목재로 가설한 공중 통

로로서 지금의 육교와 비슷하다. 杜牧의 말한바, "複道는 공중으로 다니니 날이 개지 않았는데 웬 무지개인가"와 같으니, 複道는 슬쩍 보면 마치 공중에 높이 떠 있는 한 줄기 무지개와 같다. 진의 위수 북쪽에서 궁전 유지 사이에는 아직도 帶 형태의 夯土가 연속되어 있는 흔적이 보이는데, 아랫면은 흙을 다져서 만들었고 윗면은 나무로 만들었다. 複道의 木構 부분은 바로 夯土 위에 있으며, 複道를 통과하면 궁전의 고층으로 바로 도달할 수 있다.

161 『校釋』에 따르면, 閣道는 별자리 이름으로 奎宿에 속하며 6星이 있다. 『사기』 권27 「天官書」에 "(紫宮)後六星絶漢抵營室, 曰閣道"라 하였는데, 張守節의 『正義』에 "閣道의 6星은 王良의 북쪽에 있으며 飛閣의 길은 천자가 별궁으로 거닐고자 한 길이다"라고 하였다. 營室은 별자리 이름으로, 室宿이라고도 하며 定星이다. 28수 중 하나로, 玄武 7宿의 제6宿이다. 『爾雅』 「釋天」에 "營室을 定이라 부른다"고 하였는데, 注에 "'定'은 '正'이다. 궁실을 지을 때는 모두 營室을 가운데로 하여 正을 삼는다"고 하였다. 이는 複道의 건설은 天極星이 閣道星을 지나 營室星에 도달하는 것을 상징한다는 말이다.

162 『校釋』에 따르면, '阿房'의 함의는 지금까지 서로 다른 설명이 존재한다. 朱駿聲의 『說文通訓定聲遺補』에는 "阿房은 傍의 가차이다. 秦의 아방궁은 阿基의 傍에 있는데, 궁이 완성되지 못하여 秦이 망하였고 이름을 짓지 않아 옛 사람들이 아방궁이라 불렀다"고 하였다. 안사고는 세 가지 설로 귀결시켰는데, "阿宮은 殿의 네 阿 모두에 房을 만들었다는 말이다. 일설에 큰 陵을 '阿'라고 부르며 그 殿이 높음을 말한다고 하는데, 마치 큰 陵 위에 房을 만들었다는 것이다. '房'은 '旁'이라고도 쓰는데, 진시황이 이 전을 만들 때 이름이 없었다. 이곳이 함양 근처에 떨어져 있기 때문에 '阿房'이라 불렀는데, '阿'는 가까움을 의미한다"고 하였다. 馬非百은 "阿房은 하나의 지명으로, 옛날에는 천하 사람들이 모두 이 지명으로 불렀다. 『사기』에서 阿房에 궁을 만들었다고 하였기에 천하 사람들이 그것을 아방궁이라 부르게 된 것이다"(『秦集史』 下冊)라고 하였다.

163 『校釋』에 따르면, 아방궁은 진시황 35년 착수한 공사로 건설되었으며, 驪山陵의 공사와 동시에 진행되었다. 형도 70만 명을 동원하여 부렸으며, 진시황 생전에 前殿만을 준공하였을 것이다. 기원전 209년 진 2세 호해가 제위를 계승한 후 驪山陵의 覆土를 완전히 끝낸 후 노동력을 집중시켜 계속적으로 修建하

였다. 3년 후에 항우가 관중에 들어와서 거의 대부분을 불태워 버렸다. 2002년
10월에서 2003년 12월까지 中國社會科學院考古所와 西安市考古所에서는 秦阿
房宮考古工作隊를 조직 구성하여, 우선 아방궁 前殿 유지에 대한 勘探과 발굴
을 진행하였다. 西安市考古所 소장 孫福喜가 秦兵馬俑第六屆硏討會에서 발표
한 내용에 따르면, 시굴한 자료에 의하면 前殿 유지의 夯土 臺基는 동서로 길
이 1270m, 남북으로 너비 426m, 현재 남아 있는 최대 높이는 12m, 夯土의 면
적은 54만 1020m²이다. 이 범위 안에서는 불에 탄 흙을 발견하지 못했는데, 이
는 아방궁이 큰 화재에 파괴되지 않았음을 증명한다. 사마천이 『사기』에 기록
한, 항우가 불태운 '秦 宮室'은 원래 진의 함양궁을 가리키며 아방궁이 아니다.

164 『校釋』에 따르면, 蘭池는 지금의 咸陽市 동북쪽의 楊家灣으로 키[簸箕] 형태를
띤 큰 灣으로서, 북·서·동쪽 세 면에 높이 약 5m 되는 강변이 있고 남쪽 면
은 평평하고 넓게 트였으며 위수 물가까지 이른다. 陳國英은 "50년대에 토지
를 平整할 때 灣 안에서 매우 두꺼운 진흙층이 발견되었다. 최근 渭河發電廠을
擴建할 때 시추하면서 진·한 이래의 覆蓋層에 20개의 문화층이 있음을 알게
되었는데, 남아 있는 곳에서 30m로 생토를 볼 수 있으며, 깊은 곳은 70m에서
겨우 생토층에 도달한다. 이를 통해 당시 강이 70m까지 깊었음을 알 수 있고
이는 진의 蘭池 유적에 해당한다"고 말해주었다. 이곳은 현재 위수에서 비교
적 수평선이 높은 곳으로 당시 河道에 蓬萊山을 세우는 등의 조치로 수위가 높
아져 위수의 물이 蘭池로 유입되지 못했을 수 있다. 또 다른 설명으로는 楊家
灣 서북 연안가에서 龍山 문화 유지 하나가 발견되었는데, 이는 신석기시대 사
람들 다수가 강을 따라 와서 살았음을 의미한다. 이를 근거로 추측해 보면 약
5,000년 전에 한 줄기의 古河가 함양으로 통과하여 흘렀고 이것이 원류인데,
후에 물길이 바뀌어 蘭池로 남게 되었던 것이다. 蘭池가 어떻게 형성되었는가
와 상관없이 후대의 규모는 분명히 인공적인 개착에 의해 이루어진 것이다. 蘭
池는 하나의 인공 호수인데, 수면에는 배를 띄울 수 있었고 蓬萊山·鯨魚石 등
의 경관이 어우러졌으며 秦의 도성과 꽤 가까운 곳으로 황실의 游樂 장소였다.

165 『校證』에 따르면, 본 문단은 『사기』 「진시황본기」 31년의 문장을 썼고 注文은 裴
駰의 『集解』이다. 『한서』 「지리지」 渭城縣 注에 '蘭池宮'이 있다. 『史記正義』에 인
용된 『括地志』에 "蘭池陂는 바로 옛 蘭池이며, 咸陽縣의 경계에 있다"고 하였

다. 『秦記』에 "시황이 장안에 도읍하여, 위수를 끌어 池를 만들고 蓬·瀛을 세웠는데 刻石에 鯨이라 하였으며 길이 200장이다. 도적을 만난 곳이다"(刻鯨事 『太平寰宇記』 권26 동일)라고 하였다. 『文選』 「西征賦」에 "蘭池·周曲"이라 하였다. 李善의 주에 인용된 『삼보황도』에는 "蘭池觀은 성 밖에 있다"고 하여 今本과 다르다. 『長安志』에 의하면 "周氏曲은 咸陽縣 동남쪽 30리에 있으며, 현재 이름은 周氏陂이다. 비탈에서 남쪽으로 1리에 漢代 蘭池宮이 있었다". 『元和郡縣圖志』 권1에 의하면 "秦의 蘭池宮은 (咸陽)縣 동쪽 25里에 있다". 또 『한서』 「楊僕傳」의 如淳 注에 "蘭池宮은 渭城에 있다"고 하였다. 또 『鐃歌十八曲』 「芳樹」에 "蘭池 근처로 갔다"고 하였다. 『秦漢瓦當文字』 권1의 8쪽에 '蘭池宮當' 瓦가 있는데, 그 形制를 살펴보면 한대 물건이다. 『校釋』에 따르면, 蘭池宮은 蘭池 근처에 지었기 때문에 붙여진 이름으로, 蘭池에 놀러 왔을 때 휴식하였던 이궁이다. 진시황은 종종 蘭池에 놀러 갔으며, 어떤 때는 밤에 蘭池宮에서 숙박하였다. 『사기』 권6 「진시황본기」에 기록하기를, 31년에 "시황은 함양에서 암행하였는데, 무사 4명을 동반하여 밤에 나갔다가 蘭池에서 도둑을 만나 곤경에 처하였으나 무사들이 도둑을 공격하여 죽였다"고 하였는데, 바로 이곳이다. 『한서』 권28 「지리지」 渭城縣 注에 '蘭池宮'이 있다. 진은 咸陽을 도읍으로 삼았고 전한 때 고쳐 渭城縣을 설치하였는데, 관할 경계는 동쪽으로 楊家灣 일대까지 이르렀다. 『元和郡縣圖志』 권1 「關內道」 1에 "秦의 蘭池宮은 (咸陽)縣 동쪽 25里에 있다"고 하였다. 唐의 咸陽縣城은 지금의 咸陽市 동북쪽 擺旗寨에 있으며, 唐의 1리는 지금의 523m이므로 25리는 지금의 13,065m로서 3km 이상이다. 그 방향이나 거리로 볼 때 蘭池宮은 지금의 楊家灣 부근에 해당한다.

166 원문에는 '鐘宮'으로 되어 있으나, '鐘官'으로 고쳐야 한다. 『校證』에 따르면, 『元和郡縣圖志』 권2에서, "鐘官故城은 일명 灌鐘城으로, (鄠)縣 동북쪽 25리에 있다. 진시황이 천하의 무기를 거두어 녹인 후 鐘鐻를 만든 곳이다". 『太平寰宇記』 권26에도 동일하다. 『元和郡縣圖志』에서 鐘官이라 썼는데, 정확하다. 대개 水衡都尉 鍾官令의 錢을 주조하는 곳이자, 上林의 錢을 주조하는 3官 중 하나이다. 본문에서 '鐘宮'으로 잘못 기록하였고, 결국 진대 궁전으로 나열되었다. 『校釋』에서는 『한서』 권19 「백관공경표」에 "鐘官은 水衡都尉의 속관으로 赤側錢의 주조를 맡았다"라고 하였으며, 진시황이 鐘鐻를 주조한 鐘官城은 지금의 戶

縣 동북쪽에 있다고 하였다.

167 『校釋』에 따르면, 최근 문물 조사를 통해 戶縣文管會에서 소장하고 있는 '鐘官
錢丞' 봉니가 戶縣 兆倫村 鑄錢 유지에서 출토되었음을 알게 되었다. 이 유지
는 蒼龍河 옛 물길의 양쪽 언덕에 있으며, 남북으로 약 1,500m 길이에 동서로
약 600m 너비이며 면적은 대략 90만 m²에 달한다. 兆倫村 가운데와 동남쪽은
당시의 錢範을 만들었던 구역으로서, 전한 시기 다양한 양식의 五銖錢範과 왕
망 시기의 錢範이 대량으로 발견되었다. 兆倫村 북쪽의 新開河 연안은 冶鑄 구
역으로서 陶窯甚이 다수 발견되었으며, 화폐로는 진의 半兩 · 한의 半兩 · 한의
오수 · 왕망 시기 貨泉 · 大泉 50 등이 발견되었다. 兆倫村의 서쪽은 관서가 있
었던 구역으로 대량의 筒瓦 · 板瓦 · 空心磚 · 回紋方磚 · 葵紋瓦當 · 四神瓦當
과 '上林' · '千秋萬歲' 등의 문자가 새겨진 와당이 출토되었다. 兆倫村은 마침
戶縣 동북쪽 20여 리에 있으며 鐘官의 위치와 일치한다. 종관은 秦代 처음으로
설치되어 황실용 鐘鼎葬器 제작을 담당하였고, 錢도 주조하였을 것이다. 전한
때 錢 주조를 위주로 하였으며 왕망 때까지도 연용하였다(吳鎭烽, 「再論上林三
官鑄錢遺址」, 『中國錢幣』 1999年 1期).

168 원문에는 「秦本紀」로 되어 있으나, 「秦始皇本紀」로 고쳐야 한다.

169 『校證』에서는 「史記正義」에 근거하여 '若' 자를 보충하였는데, 이를 따랐다.

170 『校釋』에 따르면, 秦이 馳道를 세운 일은 『사기』 권15 「육국연표」에도 보인다.
진시황 28년에 "衡山을 가서, 馳道를 닦았다". 『사기』 권87 「이사열전」에 진 2
세는 "또 阿房의 궁을 만들었고 直道와 馳道를 닦았다"라고 하였다. 이사는 옥
중에서 2세 황제에게 상서하기를, "馳道를 닦고, 游觀을 일으켜 황제로 하여금
得意하게 한 것이 6번째 죄입니다"라고 하였다.

171 『校證』에 따르면, 주는 裴駰의 『集解』에서 인용한 應劭의 설명이다. 蔡邕의 설
명은 「獨斷」에 보인다. 『校釋』에 따르면, 應劭는 "馳道는 천자의 길이다. 길이
마치 지금의 中道와 같다"라고 하였다.

172 『校釋』에 따르면, 馳道는 함양을 방사선의 중심으로 삼아 전국으로 통행할 수
있도록 조성된 교통 幹綫이다. 관중으로부터 동쪽으로 해변을 가리키는 三川
東海道, 關中에서 武關의 동남쪽을 거쳐 漢江流域을 향해 통과하는 南陽 南郡
道, 華北 平原과 연결되는 邯鄲의 廣陽道, 關中에서 서북쪽으로 통하는 朧西

北地道, 남쪽으로 秦嶺을 넘어 서남쪽으로 통하는 漢中 巴蜀道, 咸陽에서 정북쪽으로 연결된 九原의 直道, 長城과 나란히 놓인 北邊道 및 남북으로 연해 지역을 관통하는 竝海道 등등이 있다(王子今,「秦漢時代的竝海道」,「中國歷史地理論叢」1988年 第2輯).

173 1보 6척은 각 척이 지금의 0.23m에 해당하므로, 50보는 지금의 69m이다. 이는 馳道의 너비이다.

174 「校釋」에 따르면, 3장마다 나무를 심었는데, 馳道 중앙의 너비 3장은 황제만 전용으로 통행하였다.「漢書補注」에서 인용한 王先愼은 "3장 중앙의 땅은 오직 황제만이 지날 수 있으며 나무를 심어 경계를 만들었다"고 하였다. 3장은 지금의 6.9m이다. 이런 제도는 함양 및 그 주위에서만 실행될 수 있고 關外에서는 황제가 순행을 나갔을 때 실행되었고 평상시에는 아마도 전국의 馳道에서 실행되지는 않았을 것이다.

175 「校釋」에 따르면, 隱은「漢書補注」에 인용된 周壽昌이 "隱은 바로 穩字로, 金椎로 그것을 만들어 堅穩하게 한다"고 하였다.「校證」에 따르면, '隱'은 '穩' 자의 가차이다.

176 「校證」에 따르면,「한서」「鮑宣傳」如淳 注에 인용된 漢令과 本文은 같으며 단지 말미의 두 구절이 적다.「校釋」에 따르면, 如淳 注에 "令諸使有制, 得行馳道中者行旁道, 無得行中央三丈也"라 하였다. 이 令을 범하면 '没入其車馬'하였다. 이는 바로 '漢令'으로서 또한 모두 실행되었다. 가령 승상 孔光이 "四時로 園陵에 갈 때 官屬들이 令에 따라 馳道의 가운데로 행하였는데, (鮑)宣이 나가서 그들과 만나자 吏로 하여금 승상 掾史를 鉤止하게 하고 그 거마를 몰수하였다"(「한서」권72「鮑宣傳」)고 하였다. 翟方進은 "甘泉으로 갈 때 馳道의 가운데로 행하였다. 司隸校尉 陳慶이 方進을 탄핵하여 그 거마를 몰수하였다"(「한서」권84「翟方進傳」).

177 「校證」에 따르면,「文選」「東京賦」에 "結雲閣"이라 하였고, 李善 注에 인용된「三輔故事」에 "진 2세 호해가 雲閣을 지어 南山과 나란히 하고자 하였다"라고 하였다.「太平御覽」권184의 기록 역시 같다.「長安志」에 인용된「漢宮殿疏」에서는 淩云閣이라 칭하였다.「校釋」에 따르면, 張衡의「東京賦」에 "(秦이) 이에 阿房을 짓고 甘泉을 세웠으며 雲閣을 연결하여 南山에 씌웠다"라고 하였다. '閣'

은 진한시대에 높은 토대를 기초로 한 누각이다. 『淮南子』「主術訓」에 "高臺層樹, 接屋連閣."이라 하였다. 또 戶縣 동남쪽 丫髻山은 산 위에 몇 개의 無量洞이 있는데, 洞 아래 산 개울에서 명 만력 10년에 세운 옛 碑가 발견되었다. 碑文에 "그 사이에 洞이 있는데, 洞을 雲閣이라 불렀다"라고 하였다. 이를 근거로 추정하면 無量洞은 秦 2세가 세운 雲閣의 옛터에 해당한다. 丫髻山은 秦代 상림원의 범위에 속하고 南山 입구로부터 멀지 않아, 진 2세가 이곳에 雲閣을 세워 "南山과 나란히 하고자 한 것"(『西安晚報』 2002년 11월 22일 제1판)과 이치에 맞는다.

178 『校釋』에 따르면, 진시황 시대 진의 북방에 대한 흉노의 위협은 더욱 극심해졌고, 京城인 함양의 안전을 보위하기 위하여 경수 남쪽 연안의 高地 위에 이 궁전을 건조하였다. 궁 안에는 높이 50장의 樓가 있었으며(王楓林, 「咸陽古迹略設」), 궁 담장 주위에는 廬舍가 있어 衛令이 병졸을 거느리고 수위를 하였다. 여기서 北夷의 동정을 瞭望하였기 때문에 望夷宮이라 불렸으나, 사실상 당시 함양 북쪽 경계의 초소였다. 진 2세 3년(기원전 207년), 유방이 農民 起義軍을 거느리고 관중으로 들이닥칠 때 진 2세는 "이에 望夷宮에서 재계하고" 涇水 神의 保佑를 구하고자 하였다. 趙高는 그의 사위인 閻樂을 파견하여 병사를 거느리고 望夷宮에 들어가 진 2세 호해를 자살하도록 위협하였다(『사기』 권6 「진시황본기」).

179 『校證』에 따르면, 이 궁 유지는 지금 함양 順陵村 동북쪽에 있다. 『校釋』에 따르면, 望夷宮의 위치는 『사기』 권6 「진시황본기」 2세 3년 「集解」에서 인용한 張晏은 "望夷宮은 長陵 서북쪽 長平觀 길 동쪽에 있으며, 옛 亭이 있던 곳이다. 경수 인근에 지어 이곳에서 北夷를 조망하였다"라고 하여 今本의 설명과 대략 같다. 裴駰이 인용한 張晏의 말은 모두 한의 지명을 사용하였다. 『삼보황도』의 이 조는 張晏의 말을 채용한 것으로 보인다. 다만, 涇陽縣은 전진 부견이 처음으로 설치하여 수·당대에도 그대로 따랐는데, 이는 今本의 成書 시기가 확실히 수·당 시기였음을 말해준다. 長平觀은 한고조 長陵의 서북쪽에 있으며, 涇陽縣에서 "동남쪽으로 9리이다"(『長安志』 권17 涇陽). 옛 亭은 당연히 전한 시기 望夷宮의 폐허 부근에 세운 驛亭이다. 『元和郡縣圖志』 권2 「涇陽縣」 下에도 이르기를, "秦의 望夷宮은 縣의 동남쪽 8리에 있다. 북쪽으로 涇水에 임하였다"

고 하였는데, 문헌에 모두 "북쪽으로 涇水에 임하였다"고 되어 있다. 또 高地 위에 있어 北夷를 조망하였다고 하였는데, 지금의 涇陽縣 동남쪽 涇河 河谷의 남쪽인 바로 咸陽原 북단 언덕 가장자리에 해당한다. 그리고 어떤 이들은 望夷 宮이 지금의 涇陽縣 동남쪽, 蔣劉鄉 徐家堡 동북 언덕 가장자리에 있었다고 여 긴다. 그곳은 북쪽으로 涇河 河谷에 임하고 여기서부터 오랫동안 경수가 남측 으로 침식되어 언덕 가장자리는 붕괴하였는데, 절벽 부근에서 대형 궁전 夯土 基址 하나가 발견되기도 하였다.

180 『校釋』에 따르면, 姚生民은 "진시황 30년에 황하 남쪽 땅을 거둬들여 九原郡을 설치하고 장성을 쌓고 林光宮을 세웠다. 이는 진시황이 시행한 일련의 전략적 조치였고, 그 목적은 外患을 막는 데 있었다. 秦代 북변의 형세에 따라 雲陽 甘 泉山에 秦 林光宮을 營建하였으며, 2세 시기로 미룰 수 없으며 시황의 조치에 해당한다. 2세가 林光宮을 개축하였다는 것은 가능한 일이다"(姚生民, 「雲陽宮 林光宮甘泉宮」, 『文博』 2002년 4期)라고 간주하였는데, 일리가 있는 설이다.

181 雲陽縣은 진에서 설치하였고, 전한에서도 그대로 따랐으며 후한 때 폐지하였 다. 치소는 지금의 섬서성 淳化縣 서북쪽에 있다. 여기서는 진·한의 지명을 썼다. 『校證』에 따르면, 본서 권2 甘泉宮에서 인용한 『關輔記』에 "林光宮은 또 한 甘泉宮이라고 부르며, 秦에서 만들었다"고 하였다. 또 『文選』 「西都賦」 李善 注에 인용된 『漢宮闕疏』에 "甘泉 林光宮은 秦 2세가 만들었다"고 하였으며, 『長 安志』 역시 동일하다. 또 『한서』 「郊祀志」에 "3월 갑자일, 林光宮門에 천둥 번개 의 재화가 발생하였다"라고 하였다. 『校釋』에 따르면, 林光宮은 秦末에 "불에 타지 않았으며" 한 무제는 그 근처에 甘泉宮을 영건하고 후에 다시 궁성을 쌓 아 두 궁을 둘러 보호하였다. 이로부터 두 궁은 하나의 궁성 안에 함께 있게 되 었는데, 사람들은 종종 둘을 하나로 혼동하였다. 程大昌의 『雍錄』 권2 「甘泉宮」 에 이를 밝히기를, "秦의 林光(宮)은 한대까지 여전히 남아 있었으며, 한 무제 원봉 2년에 처음으로 磨盤嶺山(지금은 車盤嶺이라 칭함) 秦宮의 옆에 궁을 만 들었는데 이것이 한의 甘泉(宮)이다. 孟康의 「郊祀志」 주에 이르기를, '甘泉은 林光이라고도 한다'고 하였다. 안사고는 '한은 진의 林光 옆에 甘泉宮을 세웠으 며, 하나의 명칭이 아니다'라고 하였는데, 안사고의 설명이 맞는다"고 하였다. 林光宮과 甘泉宮은 인접하여 병존하고 있다. 또한 고고 조사에 따르면, 漢武帝

村·董家村·城前頭村 일대에 궁성의 성벽 夯土 흔적이 있는데, 실측 결과 총 둘레 길이 5,668m로 약 5.7km인데 甘泉山과 林光宮의 궁성에 해당한다. 董家村 부근에서 출토된 두꺼비·옥토끼 문양의 와당과 龜·蛇·雁 문양의 와당은 전형적인 진대 도상 와당으로(姚生民,「漢甘泉宮遺址勘査記」,『考古與文物』1980년 2期), 진 林光宮에 사용되었던 건축 재료에 해당한다. 한편 林光宮의 본체 건축은 董家村 일대에 있었고, 甘泉宮의 본체 건축은 涼武帝村 일대에 있었을 가능성이 있다. 그리고 孫相武의 조사에 따르면, "英烈山 남쪽 기슭에 길이 300m, 너비 17m의 直道 유적이 있다. 東邊의 산 아래가 바로 秦 林光宮 유지이다"(「秦直道綱査記」,『文博』1988년 4期). 英烈山 東邊의 산 아래는 董家村 일대를 가리키는 것이다.

한 장안 고성(漢長安故城)

漢之故都, 高祖七年方修長安宮城, 自櫟陽徙居此城, 本秦離宮也. 初置長安城, 本狹小, 至惠帝更築之.

한의 옛 도읍은 고조 7년(기원전 200년)에 비로소 장안의 궁성을 수리하여, 역양에서 이 성으로 옮겨와 거하였는데, (이 궁성은) 원래 진의 이궁이었다. 처음 장안성을 건립하였을 때 원래부터 협소하였고 혜제 때 다시 건축하였다.[182]

按惠帝元年正月, 初城長安城. 三年春, 發長安六百里內男女十四萬六千人, 三十日罷. 城高三丈五尺, 下闊一丈五尺, 六月發徒隸二萬人常役. 至五年, 復發十四萬五千人, 三十日乃罷. 九月城成, 高三丈五尺, 下闊一丈五尺, 上闊九尺, 雉高三坂, 周迴六十五里. 城南爲南斗形, 北爲北斗形, 至今人呼漢京城爲斗城是也.

혜제 원년(기원전 194년) 정월에 처음으로 장안성의 성을 쌓았다.
3년(기원전 192년) 봄에 장안 600리 이내[183]의 남녀 14만 6000명을
징발하여 30일 만에 해산하였다. 성의 높이는 3장 5척이고 아래 폭
은 1장 5척이었다. 6월에 형도와 관노비 2만 명을 동원하여 고정
적으로 노역을 시켰다.[184] 5년(기원전 190년)에 다시 14만 5000명을
징발하여 30일 만에 해산하였다.[185] 9월에 성을 완성하였는데,[186]
높이 3장 5척에 아래 폭은 1장 5척, 위의 폭은 9척이었고, 각 치는
높이가 3판이었고[187] 둘레 길이는 65리였다.[188] 성의 남쪽은 남두
의 모양으로 만들었고, 북쪽은 북두의 모양으로 만들었다. 지금까
지 사람들이 한의 경성(京城)을 두성이라 하는데 (바로) 이 때문이
다.[189]

『漢舊儀』曰: "長安城中, 經緯各長三十二里十八步, 地
九百七十三頃, 八街九陌, 三宮九府, 三廟, 十二門, 九市, 十六
橋." 地皆黑壤, 今赤如火, 堅如石. 父老傳云, 盡鑿龍首山土爲城,
水泉深二十餘丈. 樹宜槐與楡, 松栢茂盛焉. 城下有池周繞, 廣三
丈, 深二丈, 石橋各六丈, 與街相直.

『한구의』[190]에 "장안성 안의 가로·세로 길이는 각각 32리 18보
이다.[191] 땅은 973경이고 대로 8개, 맥 9개, 궁이 3채, 부가 9곳, 묘
가 3곳, 문은 12개, 시는 9곳, 다리 16개이다"라고 하였다. 땅은 모
두 검은 흙으로 지금은 (그 색이) 불같이 붉고 돌처럼 단단하였다.

부로가 전하기를, 용수산의 흙을 모두 파서 성을 쌓았으며[192] 샘의 깊이는 20여 장이라 한다. 보기 좋은 느티나무와 느릅나무를 심었고, 소나무와 측백나무가 무성하였다. 성 아래로 성을 둘러싸는 못이 있었는데, 그 너비는 3장이고 깊이는 2장이었다. 돌다리는 각각 6장으로, 대로와 서로 만났다.[193]

---

182 『校證』에 따르면, 『사기』 「고조본기」에 "7년에 長樂宮이 완성되어 승상 이하는 장안으로 옮겨와 다스렸다"라 하였고, 「漢興以來將相名臣年表」 大事記에 "高祖 7년에 長樂宮이 완성되어 櫟陽으로부터 長安으로 옮겼다"라고 하였다. 또 『수경주』 「渭水」에 "長安에 秦의 離宮이 있는데, 원래 성벽이 없었기 때문에 惠帝가 그것을 쌓았다"라고 하였다. 『校釋』에 따르면, 한 고제 때 진대의 이궁 興樂宮을 改建하여 長樂宮을 만들고, 長樂宮의 서쪽면에 미앙궁을 興建하였다. 두 궁의 궁성을 구분하여 건축하였으며, 성벽은 없었다. 혜제 때에야 이어서 장안성의 벽을 세워 완성하였다.

183 『校釋』에 따르면, 葛劍雄은 한의 600리는 지금의 약 200km와 같으며, 일반적으로 노역은 행정 구획에 따라 징발하였을 것으로 보았다. 당시 함곡관은 아직 동쪽으로 옮기지 않아 징발 대상은 관내의 내사에 한정되었을 것인데, 바로 이후의 경조 · 좌풍익 · 우부풍의 삼보에 弘農郡의 弘農縣 4부분(弘農 · 上雒 · 商縣 3縣 포괄)을 더한 지역이다(『西漢人口地理』).

184 『校釋』에 따르면, 『한서』 권2 「혜제기」의 王先謙 補注에 인용된 何焯에서 "제후왕의 땅은 遠近이 서로 다르므로 미리 6월에 징발하여 각각 기일에 맞춰 도착하게 하였다. 그 축성은 春 정월에 하였다"고 하였다. 徒隸는 한대 노역에 종사하는 형도이며, 여기서는 특별히 제후왕 · 열후에 속하여 노역에 종사하는 형도를 가리킨다.

185 『校釋』에 따르면, 한대 모든 사람은 매년 지방 관부에서 1개월씩 무상 노역을 해야 했는데, 1개월을 1更이라 하여 '更卒'이라 칭하였다. 이 두 차례 대규모 징발은 모두 30일이고 그 이후 파하였으므로, 징발된 '更卒'에 해당한다. '更卒'은 일반적으로 男丁을 징발하는데, 여기서는 이미 부녀들까지 징발하였다.

186 『校證』에 따르면, 혜제가 장안성을 건축한 일은 『한서』 「혜제기」에 보인다. 『사기』 「여후본기」에 혜제 "3년에 장안성을 세우기 시작하여 4년에 반을 만들고 5~6년에 성을 완성하였다". 『索隱』에서 인용한 『漢宮闕疏』에 "4년에 동면을 세웠고, 5년에 북면을 세웠다"라 하였다. 또 『한서』 「혜제기」 鄭氏 注에 "3년에 城의 한 면을 만들었기에 속히 파하였다"고 하였다. 그리고 『金石萃編』 권118, 柳此 撰 『唐萬壽寺記』에 "3년 春에 長安 600里의 남녀 14만 5000명을 징발하였다가 30일 만에 파하였다. 성의 높이는 3장 5척이고 아래 너비는 1장 5척이다. 6월에 제후왕과 열후에 속한 徒隸 2만 명을 常役으로서 징발하였다. 5년에는 다시 장안 100리 이내에서 14만 5000명을 징발하였다가 30일 만에 파하였다"고 기록하였는데, 『한서』에 기록된 징발 내용과 차이가 있다. 또한 본 段과 『太平寰宇記』 권25의 長安故城에 대한 서술은 문자가 서로 같으나, 성벽 높이에 대한 언급은 없다. 『元和郡縣圖志』 권1 중 "本秦離宮也"에서 "北爲北斗形"까지는 본문과 완전히 같다. 『校釋』에 따르면, 한 장안성의 성벽은 혜제 원년~5년에 수축한 것이다. 『한서』 권2 「혜제기」의 기록에 따르면, 원년 "春 정월에 장안에 성을 쌓았다", "3년 春에 장안 600리 이내 남녀 14만 6000명을 징발하여 장안에 성을 쌓았고 30일 만에 파하였다", 3년 "6월에 제후왕·열후의 徒隸 1만 명을 징발하여 長安에 성을 쌓았다", 5년 "春 정월에 다시 장안 600리 이내의 남녀 14만 5000명을 징발하여 장안에 성을 쌓았고 30일 만에 파하였다", "9월에 장안성을 완성하였다"라고 하였다.

187 『校釋』에 따르면, 『中國建築史』 附表에 전한 시기 1장은 지금의 2.3m이다. 벽의 높이 3장 5척은 지금의 8.05m이고, 아래 너비 1장 5척은 지금의 3.45m, 위 너비 9척은 지금의 2.17m에 해당한다. 실측 결과, 성벽의 높이는 12m 이상이고 하부의 너비는 12m~16m이다. 벽은 이미 기울고 무너졌기 때문에 상부 너비는 구할 방법이 없으며, 성벽의 상하 경사도를 통해 추측해 보면 상부의 너비 역시 9척(지금의 2.17m)에 미치지 못할 것으로 보인다. 『삼보황도』 기록은

분명 사실과 차이가 있다. 雉는 고대 성 담장의 면적을 계산하는 단위로서, 길이 3장 높이 1장이 1雉이다. 坂은 곧 版이다. 각 雉의 높이는 3版으로서, 6.9m에 상당한다.

188 『校釋』에 따르면, 둘레 길이는 65리(漢代)로서 실측에 비해 크다. 王仲殊에 따르면, 考古工作者가 장안성 유지를 탐사할 때 대부분의 성벽은 지면 위로 높이 솟아 있으나 끊어지거나 무너진 곳이 적잖은데, 벽의 기초는 땅 아래에 남아 있다. 1957년~1962년 두 차례의 실측을 통해, 동쪽 면 성벽 길이는 약 6,000m, 남쪽 면 성벽 길이는 약 7,600m, 서쪽 면 성벽 길이는 약 4,900m, 북쪽 면 성벽 길이는 약 7,200m이고 사면의 총 성벽 길이는 25,700m로서 한대 62리 이상이다. 기본상 『사기』 권9 「여후본기」 『索隱』 및 『續漢書志』 19 「郡國志」 注에 인용된 『漢舊儀』에서 장안성의 둘레 길이는 63리라는 기록과 일치한다 (『漢代考古學概說』 4쪽 참조). 이들 수치는 1957『漢長安城考古工作的初步收獲』 중 공표한 수치보다 약간 큰데, 1962년에 조사한 결과에 해당한다.

189 『校釋』에 따르면, 이 설은 가장 먼저 『三輔舊事』에 보이는데, "장안성의 남쪽을 南斗城이라 하고, 북쪽을 北斗城이라 한다"고 하였다. 이 책은 대략 六朝 중기에 만들어졌는데, 원서는 이미 산일되었고 현존하는 것은 淸張澍, 『二西堂叢書』 輯本이다. 『元和郡縣圖志』 「長安志」 모두 이를 의심 없이 인용하였다. 元代 李好文이 이에 대해 회의를 표시하였다. 『長安志圖』 중에서 장안성의 남쪽은 南斗形이고 북쪽은 北斗形인데, 지금 성의 형태를 살펴보면 믿을 만하다는 것이다. 그러나 『漢志』 및 班・張의 2賦 모두에 이 說이 보이지 않는다. 대개 長樂・未央은 鄷侯(蕭何)가 만든 것으로, 모두 崗阜의 지세를 따랐고 둘레 20여 리에 궁전 구역이 수십여 곳이다. 혜제가 도성을 세우기 시작하였고 鄷侯는 이미 죽었다. 당시 도성 건축은 분명 두 궁 안을 포함했을 것이다. 지금 南城 및 西城 두 방향은 돌출되어 있는데, 두 궁의 위치에 해당하며 부득불 곡절시켜 궁을 피했던 것이다. 그 서쪽 두 문의 북쪽으로 위수가 서남쪽으로 흘러오며 그 하류 북쪽은 높은 고원인 것은 천고 불변하였다. 만약 동쪽 성이 정방형이었다면 크게 넓지는 않았을 것이며 위수의 중류에 해당할 것이다. 어떤 사람이 여기서 북성까지 이르렀다면 그 굽어 우회하는 모습에 대해 河流를 따르는 모습이라고 말했지 斗를 닮은 형태라고 하지는 않았을 것이다. 일본 학자인 伊

勝淸造는 「漢長安城考」(『考古學雜誌』 23)에서 "이 斗城의 의미는 천상의 南斗 · 北斗星座를 상징하여 건설한 曲折로 인해 결정되지 않는다. 斗城의 斗는 斗室의 斗로서, 바로 小城의 의미이다. 전술한 바와 같이 漢 멸망 후 六朝 시기에 많은 나라가 이곳에 도읍을 건설하였다. 비록 둘레 길이 60리는 이미 상당히 커졌지만, 도시의 발전이나 군사상의 수요로 말미암아 성 근처에 보조성의 小城을 건설하였다. …… 小城은 일반적으로 子城이라고도 부른다. …… (南斗 · 北斗의 전설은) 小城 · 子城을 가리키며, 이는 후대에 증축한 것이다"라고 설명하였다. 『校釋』에 따르면, 李好文의 설명이 맞는다. 답사 조사에 따르면, 한 장안성의 평면은 기본상 정방형이고 서북쪽 角이 어그러졌다. 동쪽 벽의 일직선에 속하는 부분 외에 남 · 서 · 북쪽 세 벽에도 모두 곡절이 있다. 북쪽 벽의 곡절이 가장 심하며 6곳 이상에서 확인된다. 남쪽 벽 가운데 부분은 바깥쪽으로 돌출하였고 동쪽 부분은 북쪽으로 수축되었다. 이는 하류 · 지형 · 宮殿制約의 이유 등을 수용해서 만들었기 때문이다. 성의 서북쪽은 위수이다. 지금의 위수 남쪽과 북쪽 벽의 거리는 이미 5km로 멀어졌지만, 한대에는 매우 가까웠다. 위수는 龍首山 북쪽 기슭에 바짝 붙어 서남 · 동북으로 향하여 흐른다. 만약 북쪽 벽이 하류를 따르지 않고 동북쪽으로 비스듬하게 지나고 억지로 동서를 직선으로 고쳐 만들었다면 성의 서북쪽 角은 바로 위수 중류에 놓일 수 있었다. 위수와 沈水의 河道로 옮기기 위하여 북쪽 벽은 반드시 여러 곳을 곡절시키거나 비뚤게 만들어야 했다. 남쪽 벽의 경우 이미 이전에 長樂 · 未央 두 宮이 있었고 후에 성벽을 세웠기 때문에 남쪽 벽은 궁 담장의 형세에 맞추어 옮기고 곡절시키지 않을 수 없었다. 남쪽 벽 가운데 부분은 바깥쪽으로 돌출하였는데, 이는 龍首原의 高地 지역을 성 안으로 포함시켜 방어에 유리하게 하기 위함이었다. 『사기』 · 『한서』 및 반고의 「西都賦」와 張衡의 「西京賦」에서 長安城의 形制를 서술할 때 모두 南斗形과 北斗形을 언급하지 않았다. 이는 소위 南斗形 · 北斗形이 후대 附會되었고 축성할 때는 천상의 星象을 모방하려는 의도가 없었음을 알 수 있다. 현재 남아 있는 곡절된 성벽 유적은 확실히 한대에 세운 것이며 후세에 증축한 것이 아니므로, 斗室 및 小城 · 子城이라는 설명 역시 성립할 수 없다. 王社敎는 한 장안성을 구부려서 만든 '斗城'의 형상이라고 여겼다. 주요 내용은 성 남쪽의 작은 地貌 형태 · 沈水의 하류 방향 등의 제약을 수용한

100

결과이며, 다만 성 건설 초기에 이미 '斗城'에 대한 설명 논리가 없었다고 단언할 수는 없다는 것이다(『漢長安城斗城來由再探』, 『文博』 2001년 1期).

190 『校釋』에 따르면, 『漢舊儀』는 『漢官舊儀』라고도 쓰며, 후한 衛宏이 撰하였다. 이 책에는 황제의 起居·官制·中宮 및 太子制度 등이 기록되어 있으며, 장안성의 건설에 대한 기록도 있다. 원서는 이미 산일되었으며, 今本은 청대 『사고전서』를 편수할 때 『영락대전』 중에서 모은 것으로 1권이며 『補遺』 1권이 있다.

191 『校釋』에 따르면, 실측한 결과 한 장안성의 총면적은 약 36km²이다. 王仲殊의 『漢代考古學槪說』 참조.

192 『校釋』에 따르면, 고고 탐사 결과 성벽은 모두 황토로 夯築하였는데 흙을 매우 단단하게 다졌기 때문에 단단한 정도가 벽돌담에 견줄 수 있다. 가장 잘 보존된 단락을 보면, 벽면 위에 진흙 보리 짚을 섞은 草泥 한 층을 칠하고 草泥 위에 다시 단단한 주홍색 細沙泥로 한 층을 칠하였다. 이런 종류의 주홍색은 성외벽에 남아 있는 잔편에서 항상 발견된다. 이것이 바로 소위 "불처럼 붉고, 돌처럼 단단하다"(步履, 「漢代的長安」, 『人文雜志』 1979년 1期 참조)는 것이다. 龍首山은 일명 龍首原으로, 西安市 北郊에 있다. 산의 서쪽은 위수 남쪽 연안의 한 장안성에서 시작하여 굽이쳐 동쪽으로 이어지며 灞河 서쪽 연안에 이르러 남쪽으로 뻗어 점차 杜陵의 언덕과 합하여 하나가 된다. 그 서쪽 끝은 우뚝 솟았는데 형세가 용의 머리와 같아서 龍首山이라 불렀다. 한이 龍首山 북쪽 기슭에 京城을 세웠기에 자연히 성벽은 여기서 흙을 취해 만들었다.

193 『校證』에서는 "城下有池, 周繞廣三丈, 深二丈."으로 끊어 읽었으나, 『校釋』에 따르면 斷句가 적절하지 않고 "城下有池周繞, 廣三丈, 深二丈."로 해야 한다고 하였다. 이는 성벽 바깥쪽에 壕溝가 둘러쳐 있음을 말하는데, 바로 護城河이다. 그 아래 내용은 壕溝의 너비와 깊이이기 때문에 '周繞'는 '城下有池'와 연결해야 한다. '廣三丈'에서 '廣'은 '寬'으로 이해할 수 있으며, 壕의 너비는 지금의 6.9m에 해당한다. 깊이 2장은 지금의 4.6m에 해당한다. 石橋는 각각 6장인데, 지금의 13.8m에 해당한다. '與街相直'은 護城河 위의 石橋와 성내의 거리가 끝을 마주하여 정직선이라는 말이다. 『補遺』에 인용된 『玉海』·『雍錄』에는 '與街等'이라 썼는데, '等'은 橋의 너비와 街의 너비가 서로 같음을 가리킨다. 탐사에 따르면, 성내에는 여덟 갈래의 大街가 있으며 街道의 너비는 수레 12대를 놓을 수 있는

정도이다. 수레 1대의 폭을 8척으로 계산하면 수레 12대의 폭은 모두 96척으로서 지금의 약 22m에 해당하며, 石橋 너비와 비교하면 橋와 街의 너비는 같지 않음을 알 수 있다. 성 바깥쪽에 둘러싼 壕溝에 관해서는 고고 탐사와 발굴을 거쳐 壕의 너비 약 8m, 깊이 3m로 확인되었는데, 『삼보황도』의 기록과 비슷하다. 또 護城河의 동면과 西南角은 王渠를 이용하였는데, 각 段의 너비와 깊이는 통일하기가 불가능하다. 壕溝 위의 石橋는 지금까지 발견되지 않았다. 王仲殊에 따르면, "1962년 章城門 밖 발굴에서 성문 전면에 있는 壕溝의 形制를 규명하여, 당시 壕溝 위에 木橋를 설치했다고 판단할 수 있게 되었다"(『漢代考古學槪說』 참조)고 한다.

『校證』에 따르면, 『長安志』에 인용된 『漢舊儀』에 "장안성은 사방 63리이며, 가로 세로 길이는 각각 15리이다. 12문이 있고 성안의 땅은 973頃이며 8街 9陌에 9府 3廟가 있다"고 하였다. 『사기』 「여후본기」 『索隱』에 인용된 『漢舊儀』에는 "성은 사방 63리이며 가로세로는 각각 12리이다"라고 하였다. 두 책에서 인용한 『漢舊儀』와 본서의 인용은 모두 조금씩 차이가 있다. 또 『長安志』에 인용된 『三輔舊事』에는 "장안성은 北斗와 비슷하다"고 하였고, 『周地圖記』에는 "장안성 남쪽은 南斗形이고, 북쪽은 北斗形이며, 주위 둘레는 65리이다. 8街 9陌 9市가 있다"고 하였다. 『續漢書』 「郡國志」에 "장안성은 사방 63리이고 가로세로 길이는 각각 15리이다. 성문이 12개이고, 너비는 973頃이다. 성안은 모두 長安令에 속한다"라고 하였다.

진한 풍속(秦漢風俗)[194]

『漢志』曰: 秦有四塞之固. 昔后稷封斄, 公劉處豳, 太王徒岐, 文王作豊, 武王治鎬, 其民有先王遺風, 好稼穡, 務[195]本業, 故豳詩言農桑衣食之業甚備. 秦都咸陽, 徙天下富豪十二萬戶. 漢高帝都長安, 徙諸齊田, 楚昭 · 屈 · 景[196]及諸功臣於長陵. 後世世徒吏二千石 · 高貲富人及豪傑兼幷之家於諸陵, 强本弱末, 以制天下. 是故五方錯雜, 風俗不一, 貴者崇侈靡, 賤者薄仁義, 富强則商賈爲利, 貧窶則盜賊不禁. 閭里嫁娶, 尤尙財貨, 送死過度, 故漢之京輔, 號爲難理, 古今之所同也.

『한서』「지리지」에서는 (다음과 같이) 말하였다. 진은 사방이 막혀 있어 견고함을 지니고 있다. 옛적에 후직이 태(斄)에 봉해졌고,[197] 공유는 빈(豳)에 거하였으며,[198] 태왕(고공단보)은 기(岐)로 옮겨왔다.[199] 문왕은 풍(豊)을 세웠으며, 무왕은 호(鎬)에서 다스렸다. 그 백성들은 선왕의 유풍이 있어 농사일을 좋아하고 본업에 힘썼다. 이런 까닭에 『시경』「빈풍」편에서 농사와 양잠, 의식을 위한 일을 매우 잘한다고 하였다.[200] 진은 함양에 도읍하여 천하의 부호 12만 호를 (함양으로) 이주시켰다.[201] 한고조는 장안에 도읍하고 제의 전씨, 초의 소·굴·경씨 모두와 모든 공신을 장릉으로 이주시켰다.[202] 이후 대대로 2,000석 관리를 지냈거나 재산이 많은 부자,[203] 그리고 (몇) 집을 겸병한 호걸들[204]을 여러 (황제) 능으로 이주시켰다.[205] (이렇게) 뿌리인 (도읍을) 강하게 하고 가지인 (지방을) 약하게 함으로써,[206] 천하를 제어하였다. 이 때문에 각처 사람들이 복잡하게 뒤섞여[207] 풍속이 일정하지 않았다. 현귀한 자는 사치를 숭상하고 미천한 자는 인의를 업신여기니, 부유하고 강하면 상인이 되어 이익을 추구하였고 가난하고 곤궁하면 도적질도 피하지 않았다.[208] 마을에서 혼인할 때 재화를 더욱 중시하게 되었고, 죽은 이를 장사할 때도 상도(常度)를 벗어나 후장하게 되었다.[209] 이에 한의 경보(京輔)는 다스리기 어려운 곳으로 불리었는데, (이는) 예나 지금이나 같다.

---

194 『校證』에 따르면, 本段은 『한서』「지리지」秦地의 문장을 따온 것이다. 맨 첫 구절인 "秦有四塞之固"는 본서에서 추가한 내용이다.

195 원문에 '務' 자가 없으나, 『校正』에서 "'漢志'에는 '本' 앞에 '務' 자가 있다"라고

104

하였고, 『校證』에서도 '本' 앞에 '務' 자를 보충하였기 때문에 그것을 따랐다.

196 원문에는 "徙諸齊田, 楚屈 · 昭 · 景"으로 되어 있지만, 『校正』에서 "『漢志』에 '齊諸田, 楚昭 · 屈 · 景'이라 썼다. 또 『한서』 「婁敬傳」에도 '齊諸田, 楚昭 · 屈 · 景'이라 썼다. 이 책은 순서를 뒤집어 잘못 썼다"고 하였다. 이에 『校正』에 따라 수정하였다.

197 후직은 주의 선조이다. 전해오기는 일찍이 그의 모친이 그를 버리고 기르지 않으려고 했기 때문에 '棄'라고 불렀다. 釐는 곧 邰로서, 지금의 섬서성 武功縣 서남쪽에 있다(『사기』 권4 「周本紀」 참조).

198 公劉는 周族의 수령으로서, 후직의 증손이라고 전한다. 夏末에 주족을 거느리고 豳으로 옮겼으며, 처음으로 정주하여 농업을 발전시키기 시작하였다(『詩』 「大雅 · 公劉」 참조). 豳은 邠과 같으며, 지금의 섬서성 旬邑縣 서남쪽에 있다.

199 大王은 곧 周 太王이며, 이름은 古公亶父로 후직의 12대손이라 전하고 周 문왕의 조부이다. 戎狄의 침입을 피하기 위하여 周族을 거느리고 豳을 버리고 岐로 옮겼다. 바로 岐山 아래의 周原으로 옮겨와서 지금의 岐山縣 동북쪽의 鳳雛村과 扶風縣 서북쪽의 少陳村 일대에 도읍을 정하였다.

200 『校釋』에 따르면, 『豳詩』는 『詩』 「豳風」 중 7월편을 가리킨다.

201 『사기』 권6 「진시황본기」 시황 26년, 곧 기원전 221년에 "천하의 富豪 12만 戶를 함양으로 천사시켰다"라고 하였다. 각 호를 5명으로 계산하면, 이때 천사된 인구는 약 60만 명이다.

202 『校釋』에 따르면, 『한서』 권28 「지리지」에 "한이 흥기하여 장안을 도읍으로 삼고 齊의 모든 田氏와 楚의 昭 · 屈 · 景氏 및 모든 공신 가문을 長陵으로 遷徙하였다"고 하였다. 장릉은 고제 12년에 능을 만들고 縣을 설치한 것으로, 史籍에는 陵을 만든 후 徙民시켰다는 기록은 없다. 단, 「高帝紀」의 기록에 따르면 이보다 3년 전, 바로 高帝 9년 11월에 "齊 · 楚의 大族인 昭氏 · 屈氏 · 景氏 · 懷氏 · 田氏 5성을 관중으로 천사시켰다"라고 하였다. 『사기』 · 『한서』 「劉敬傳」의 기록에 따르면, 5성 외에 燕 · 趙 · 韓 · 魏의 후예 및 豪傑과 명문가 등 모두 수십만 명이 천사되었다. 그중 일부분만 정하여 長陵에 안치시켰던 것이다.

203 『校釋』에 따르면, 『貲는 『한서』 권28 「지리지」에 '訾'라고 썼다. 안사고 주에 "訾와 貲의 독음이 같다. 高貲는 재물이 많음을 말한다"고 하였다. '貲'는 '資'와 같

으며, 자산이 매우 많은 부유한 사람이다. 자산의 액수는 시대에 따라 다른데, 무제 때 茂陵으로 천사하는 표준은 자산 300만 이상이었고, 선제 때 平陵으로 천사하는 표준은 자산 100만 이상이었다.

204 『校釋』에 따르면, 호걸은 본래 한 지역에서 횡행하며 법도를 준수하지 않는 豪強을 가리킨다. 그중에는 통치 집단에 반항하거나 민을 위하여 불공평한 일을 떠맡는 인물을 포괄하는데, 朱家・郭解 등과 같은 遊俠이다. '兼幷'은 소농민의 재산을 倂呑・侵佔하는 것을 가리킨다. 『한서』 권6 「무제기」에 "禁兼倂之塗", 안사고 주에 "李奇가 이르길, 大家들이 소농민을 兼役하고, 富者들이 평민들을 兼役하니 이를 공평하게 하고자 함이다"라고 하였다.

205 『校釋』에 따르면, 諸陵 중 주요한 것으로는 高帝長陵・惠帝安陵・景帝陽陵・武帝茂陵・昭帝平陵・文帝霸陵・宣帝杜陵 등 7개 陵縣이 있다. 고제 이후 諸陵으로 천사한 중요한 기록을 들어보면 다음과 같다. 혜제 7년에 "관동의 倡優樂人 5천 호를 (安陵으로) 천사시켰다"(『長安志』 권13 「咸陽安陵」 조에서 인용한 『關中記』 참조). 경제 5년에는 "민을 모집하여 陽陵으로 이주시키고, 20만 전을 하사하였다"(『한서』 권5 「景帝紀」 참조). 무제 원삭 2년에는 "또 군국의 호걸 및 자산 300만 이상인 자들을 茂陵으로 천사시켰다". 태시 원년에는 "군국의 吏民과 호걸을 茂陵으로 천사시켰다"(『한서』 권6 「무제기」 참조). 선제 본시 원년에는 "군국의 吏民 중 자산 100만 이상인 자들을 모집하여 平陵으로 천사시켰다". 선제 원강 원년에는 "승상・장군・열후・2,000석 吏・자산 100만인 자들을 杜陵으로 천사시켰다"(『한서』 권8 「宣帝紀」 참조).

206 『校釋』에 따르면, '强本弱末'은 전한 시기 사민의 방침이다. 『한서』 권28 「지리지」에 "强幹弱支"라 하였는데, 안사고 주에 "京師가 幹, 四方이 支라는 말이다"라고 하였다. '本'을 나무의 줄기에 비유하고, '末'을 나무의 가지에 비유하여 지방의 세력을 쇠약하게 하고 京師의 실력을 강하게 하여 '內重外輕'의 태세를 保持하려는 것을 비유한 것이다. 이는 바로 『한서』 권43 「婁敬傳」에서 "齊의 모든 田氏・楚의 昭・屈・景과 燕・趙・韓・魏의 후예 및 豪傑과 名家를 천사시켜 관중을 튼실하게 해야 평안히 거하며 胡를 대비하고, 제후국에 변고가 발생했을 때도 충분한 인력을 거느리고 동쪽을 정벌할 수 있습니다. 이것이 '强本弱末'의 術입니다"라고 한 것이다.

207 『校釋』에 따르면, 五方은 東·西·南·北·中이다. 이는 각지에서 온 인민들이 한 지역에 잡거함을 말한다.

208 『校釋』에 따르면, 窶는 貧寒함이다. 『詩』「邶風」北門에 "終窶且貧, 莫知我艱"이라 하였다. '貧窶' 구절은 빈궁하여 절박해진 인민들이 위험을 무릅쓰게 되는 것을 가리킨다.

209 『校釋』에 따르면, '是故' 이하 내용은 『한서』 권28 「지리지」에 근거하여 축약 서술한 것이다.

도성 십이문(都城十二門)[210]

長安城東出南頭第一門曰[211]霸城門, 民見門色青, 名曰青城門, 或曰青門. 門外舊出佳瓜. 廣陵人邵平, 爲秦東陵侯, 秦破爲布衣, 種瓜靑門外, 瓜美, 故時人謂之 '東陵瓜'.『廟記』曰: "霸城門, 亦曰 靑綺門."『漢書』王莽天鳳三年, 霸城門災, 莽更霸城門曰仁壽門無 疆亭.

　장안성의 동쪽으로 나가는 남쪽 방면의 제1[212]문은 패성문이라 하였다. 사람들이 문 색이 푸른 것을 보고 청성문 혹은 청문이라 불렀다.[213] 예전에 문밖에서 보기 좋은 오이가 자랐다. 광릉 사람 소[214]평은 진의 동릉후였으나, 진대 평민으로 폐위되었다. (그는) 청문 밖에 오이를 심었는데, 오이가 보기 좋게 자라니, 시인은 그 것을 '동릉의 오이'라 일컬었다.[215]『묘기』에는 "패성문은 또한 청기 문이라 한다"라고 하였다.『한서』에 (따르면) 왕망 천봉 3년(16년)에

108

패성문에 불이 났다. 왕망은 패성문을 인수문 무강정으로 개칭하였다.[216]

長安城東出第二門曰清明門, 一曰籍田門, 以門內有籍田倉, 一曰凱門.『漢書』平帝元始四年東風吹屋瓦且盡, 卽此門也.『漢宮殿疏』曰: "第二門名城東門." 莽更名曰宣德門布恩亭.

장안성의 동쪽으로 나가는 제2문은 청명문이라 한다.[217] 일설에 적전문이라 하는데, 문 안에 적전창이 있었기 때문이다.[218] 개문이라고도 하였다.『한서』에 따르면 평제 원시 4년(4년) 동풍이 불어 (장안성 동문의) 지붕 기와도 모두 날아갔다고 하는데,[219] 바로 이 문이다.『한궁전소』[220]에 "제2문은 성동문이라 부른다"라고 하였다. 왕망은 선덕문 포은정으로 개칭하였다.

長安城東出北頭第一門曰宣平門, 民間所謂東都門.『漢書』曰: "元[221]帝建昭[222]元年, 有白蛾羣飛蔽日, 從東都門至枳道." 又疏廣太傅 · 受少傅, 上疏乞骸骨歸, 公卿大夫爲設祖道, 供張東都門外, 卽此門也. 其郭門亦曰東郭[223], 卽逢萌掛冠處也. 王莽更名曰[224]春王門正月亭. 東都門至外郭亭十三里.

장안성의 동쪽으로 나가는 북쪽 방면의 제1문은 선평문이라 하였다. 민간에서는 동도문이라 불렀다.[225]『한서』에 "원제 건소 원년(기원전 38년), 흰 나방 떼가 폐일에 날아와 동도문에서 지도(枳道)

에 이르렀다"[226]라고 하였다. 또 소광 태부와 소수 소부가 상소하여 (물러나) 귀향하기를 구하자, 공경대부들이 길 제사를 지내고 동도문 밖에서 (전송하는) 연회를 베풀었는데, 바로 이 문이다.[227] 그 곽 문은 동곽이라고도 하였으며,[228] 바로 봉맹이 관을 벗어 걸었던 곳이다.[229] 왕망은 춘왕문 정월정[230]이라 개칭하였다. 동도문에서 외 곽의 정[231]까지는 13리였다.

長安城南出東頭第一門曰覆盎門, 一號杜門.『廟記』曰:"覆盎門與洛門, 相去十三里二百一十步, 門外有魯班輸所造橋, 工巧絶世."長樂宮在城中, 近東直杜門, 其南有下杜城.『漢書集註』云:"故杜陵之下聚落也, 故曰下杜[232]門." 又曰端門, 北對長樂宮.『漢書』曰:"戾太子所[233]斫覆盎門出奔湖."王莽更名曰永淸門長茂亭.

장안성의 남쪽으로 나가는 동쪽 방면 제1문은 복앙문이었다. 두 문이라 부르기도 하였다.[234] 『묘기』에 "복앙문과 낙문[235]은 서로 13 리 210보 떨어져 있다. 문밖에 노반수가 만든 다리가 있는데, (그 솜씨는) 세상에 비할 데 없이 공교하다"[236]라고 하였다. 장락궁은 성안에 있는데, 동쪽 근처에서 두문과 만났다. 그 남쪽에는 하두성 이 있었다.[237] 『한서집주』에 "옛 두릉 아래 취락이다. 이에 하두문 이라 부른다"라고 하였다. (하두문은) 단문이라고도 하며, 북쪽으로 장락궁과 마주한다.[238] 『한서』에 "여태자가 복앙문을 부수고 나가 호현으로 달아났다"[239]라고 하였다. 왕망은 영청문 장무정으로 개칭하였다.

長安城南出第二門曰安門, 亦曰鼎路門, 北對武庫. 王莽更名曰
光禮門顯樂亭.

장안성의 남쪽으로 나가는 제2문은 안문이었다. 정로문이라 부
르기도 하였다.[240] (안문은) 북쪽으로 무고와 마주하였다.[241] 왕망은
광례문 현락정으로 개칭하였다.[242]

長安城南出第三門曰西安門, 北對未央宮, 一曰便門, 卽平門
也. 古者 '平'·'便'皆同字. 武帝建元二年初作便門橋, 跨渡渭水上,
以趨茂陵, 其道易直.『三輔決錄』曰: "長安城西門曰便門[243], 橋北
與門對, 因號便橋." 王莽更名曰信平門誠正亭.

장안성의 남쪽으로 나가는 제3문은 서안문이었다. (서안문은) 북
쪽으로 미앙궁을 마주하였다.[244] 일설에는 편문이라고도 하였는데,
바로 평문이다. 옛 '평(平)'과 '편(便)'은 모두 같은 글자이다. 무제
건원 2년(기원전 139) 초에 편문의 다리를 만들어 위수 위로 건너
넘어가 무릉[245]으로 달려 나갔는데, 그 길이 평평하고 곧았다.[246]
『삼보결록』[247]에 "장안성의 서쪽 문은 편문으로, 다리의 북쪽과 문
이 마주한다. 그래서 편교라 부른다"[248]라고 하였다. 왕망은 신평
문 성정정으로 개칭하였다.

長安城西出南頭第一門曰章城門.『漢宮殿疏』曰：“章城門, 漢城
西面南頭第一門.”『三輔舊事』曰：“章城[249]門亦曰光華[250]門, 又曰
便門.”『漢書』成帝元延元年, 章城門牡自亡. 顔師古注云：牡所以下閉者
也, 亦以鐵爲之. 王莽改曰萬秋門億年亭.

장안성의 서쪽으로 나가는 남쪽 방면 제1문은 장성문이었다.[251]
『한궁전소』에 “장성문은 한의 (장안)성 서쪽의 남쪽 방면 제1문이
다”라고 하였다. 『삼보구사』[252]에 “장성문은 광화문이라고도 하며,
또 편문이라고도 한다[253]”라고 하였다. 『한서』 성제 원연 원년(기원
전 12년)에 장성문의 문빗장[254]이 저절로 사라졌다. 안사고의 주에 “牡
는 (성문의) 아래를 잠그는 것이다. 이 역시 철로 만든다”라고 하였다. 왕망은 만
추문 억년정으로 개칭하였다.[255]

長安城西出第二門曰直城門.『漢宮殿疏』曰：“西出南頭第二門
也.”亦曰故龍樓門, 門上有銅龍, 本名直門, 王莽更曰直道門端
路亭.

장안성의 서쪽으로 나가는 제2문은 직성문이었다.[256]『한궁전소』
에 “서쪽으로 나가는 남쪽 방면 제2문이다”[257]라고 하였다. 옛 용루
문이라고도 하였디. 문 위에 동으로 만든 용이 있었는데,[258] 원래
명칭은 직문이었다. 왕망은 직도문 단로정으로 개칭하였다.

長安城西出北頭第一門曰雍門. 本名西城門, 王莽改曰章義門

著誼[259]亭. 其水北入有函[260]里, 民呼曰函里門.

장안성의 서쪽으로 나가는 북쪽 방면의 제1문은 옹문이었다.[261] 원래 명칭은 서성문인데, 왕망이 장의문 저의정으로 개칭하였다. 위수가 북쪽으로 흘러 들어가면 함리가 나오므로, 사람들이 함리 문이라 불렀다.[262]

長安城北出東頭第一門曰洛城門, 又曰高門. 『漢宮殿疏』曰: "高門, 長安北門也, 又名鸛雀臺門, 外有漢武承露盤, 在臺上." 王莽更名曰進和門臨水亭.

장안성의 북쪽으로 나가는 동쪽 방면의 제1문은 낙성문이었다. 고문이라고도 하였다.[263] 『한궁전소』에 "고문은 장안의 북문이다. 관작대문이라고도 한다. 밖으로 한 무제가 이슬을 받았던 반이 대 위에 있다"[264]라고 하였다. 왕망은 진화문 임수정으로 개칭하였 다.[265]

長安城北第二門曰廚城門. 長安廚在門內, 因爲門名. 王莽更名 建子門廣世亭.

장안성의 북쪽 제2문은 주성문이었다.[266] 장안주가 문 안에 있 어, 이를 문의 이름으로 삼았다.[267] 왕망은 건자문 광세정으로 개칭 하였다.[268]

長安城北出西頭第一門曰橫門.『漢書』厲上小女陳持弓走入光
門, 卽此門也. 門外有橋曰橫橋.『漢書』作 "走入橫城門", 如淳曰 "橫音光."
王[269]莽更名朔都門左幽亭.[270]

장안성의 북쪽으로 나가는 서쪽 방면 제1문은 횡문이었다.[271]
『한서』에 사상의 소녀 진지궁이 광문을 달려 들어갔다고 하였는데,
(광문은) 바로 이 문이다. 문밖에 다리가 있었는데, 횡교라고 하였
다.[272] 『한서』에 "횡성문을 달려 들어갔다"라 하였는데, 여순의 (주에) "횡의 음은
광이다"라고 하였다. 왕망은 삭도문 좌유[273]정으로 개칭하였다.

漢城門皆有候, 門候主候時 · 謹啓閉也.『三輔決錄』曰: "長安
城, 面三門, 四面十二門, 皆通達九逵, 以相經緯, 衢路平正, 可並
列車軌. 十二門三塗洞闢, 隱以金椎, 周以林木. 左右出入, 爲往來
之徑, 行者升降, 有上下之別." 班固「西都賦」云 "披三條之廣路,
立十二之通門." 又張衡「西京賦」云 "城郭之制, 則旁開三門, 參塗
夷庭, 方軌十二, 街衢相經"是也.

한의 (장안) 성문에는 모두 후(候)가 있었는데, 문후는 시간에 따
라 삼가 (성문을) 개폐하는 것을 주관하였다.[274] 『삼보결록』에는 "장
안성은 한 면에 3개의 문이 있어, 사면에 12문이 있다.[275] 모두 9규
(逵)로 통달하며, 서로 종횡으로 구획되었고 교차로는 평평하고 곧
아 수레를 나란히 세울 수 있다. 12문에는 세 갈래로 도로가 나 있
는데, 철추를 숨겨두었고 주위에 나무숲을 만들었다. 오른쪽 · 왼

쪽으로 출입하여 왕래할 때의 길로 삼았고, 통행자가 (수레를) 오르고 내리는 데는 (신분에 따른) 상·하의 구별이 있었다"[276]라고 하였다. 반고의 「서도부」[277]에 "세 갈래의 넓은 길을 열어 12개로 통하는 문을 세웠다"[278]라고 하였다. 또 장형의 「서경부」[279]에 "성곽의 제도는 곧 각 면에 3개의 문을 만들었으며, (문 앞으로 만든) 세 갈래의 길은 곧고 바르게 뻗어, 수레 12대가 지날 수 있었으며 대로는 서로 통하였습니다"[280]라고 하였는데, (바로) 이것이다.

---

210 『校釋』에 따르면, 전체 성에는 모두 12개의 성문이 있었는데, 동서남북 사면에 고르게 분포하여 각 면마다 각각 3개의 성문이 있었다. 동면에는 북쪽에서 남쪽으로 宣平門·淸明門·霸城門이, 남면에는 동쪽에서 서쪽으로 覆盎門·安門·西安門이, 西面에는 남쪽에서 북쪽으로 章城門·直城門·雍門이, 북면에는 서쪽에서 동쪽으로 橫門·廚城門·洛城門이 있었다. 그중에서 宣平門·霸城門·西安門·直城門은 1957년에 발굴 작업을 거쳤다.

211 『校釋』에서는 吳·畢本에 근거하여 '曰' 자를 추가하였는데, 이를 따랐다.

212 『校正』에서는 "『수경주』의 인용에 '三'이라 하였다"고 하였다. 『校釋』에 따르면, 『수경주』「渭水注」는 북쪽에서 남쪽으로 서술하였기 때문에 '三'이라고 하였다. 『삼보황도』는 남쪽에서 북쪽으로 서술하기 때문에 '一'이라고 하였는데, 사실 양자는 일치한다. 王國維 校 『수경주』「渭水注」에 "장안성의 동쪽으로 나가는 북쪽 방면 제1문의 본명은 宣平門인데, 왕망이 春王門 正月亭이라 이름을 바꾸었고 東城門이라고도 부르며(그 郭門은 東都門이라고도 부른다), 바로 逢萌이 冠을 걸어놓았던 곳이다. 제2문의 본명은 淸明門이고 凱門이라고도 부르며, 왕망이 宣德門 布恩亭으로 이름을 바꾸었는데 안에 藉田倉이 있어 藉田門이라고

도 부른다. 제3문의 본명은 霸城門인데, 왕망이 仁壽門 無彊亭이라고 이름을 바꾸었다. 사람들이 문의 색깔이 푸른 것을 보고 靑城門이라고 불렀는데, 혹은 靑綺門 또는 靑門이라고 불렀다. 예전에 문밖으로 보기 좋은 오이가 자랐다. 옛날 廣陵 사람 邵平은 秦 東陵侯였으나, 진대 평민으로 폐위되었다. (그는) 이 문에 오이를 심었고, 오이가 보기 좋게 자라자 세상 사람들이 東陵瓜라 불렀다"라고 하였다.

213 『校釋』에 따르면, 霸城門의 유지는 지금의 樊寨 동쪽에 있으며, 부근 성벽의 보존 상태는 비교적 온전하다. 王仲殊에 따르면 霸域門은 동쪽 성벽 남쪽 첫 번째 성문으로서, 남쪽으로 성의 東南角과의 거리는 1,410m이다. 여기에는 하나의 넓고 깊은 大路溝가 있는데, 路溝의 남측에서 너비 8m의 門道 하나를 발견하였다. 문 부근의 성벽은 매우 잘 보존되어 있어 성문 양측의 벽이 각각 바깥쪽을 향하여 굽어 나와 있었음을 究明할 수 있는데, 후세의 甕城과 비슷하다. 밖으로 굽어 나온 벽 부분은 路溝 양측에 모두 존재하며 정밀 측정을 거치고 양면이 대칭이라는 가설하에 霸城門에는 분명히 3개의 門道가 있었음을 확인할 수 있었다. 물론 3개 門道가 있었을 수 있다는 말이며, 발견된 門道는 바로 3개 중 남측의 한 門道이다. 중앙과 북측의 門道는 路溝의 정중앙에 위치하였는데 이미 파괴되었으며, 溝 중에 남아 있는 礎石은 이들 문의 유적이다. 만약 이 두 門道의 너비 역시 8m라면, 門道와 門道 사이의 간격은 약 14m 남짓으로 西安門과 동일하다. …… 門道 사이의 간격은 더 넓으며, 모든 성문 역시 분명하게 더 광활하고 웅장하다. 이는 霸城門과 西安門이 長樂宮의 東門과 未央宮의 南門으로서 구별되었기 때문일 가능성이 있다(『漢長安城考古工作收獲續記』, 『考古通訊』 1958년 4期).

214 『校正』에서는 "『玉海』의 인용에 '召'라 하였다"고 하였다. 『校釋』에 따르면, 고대 '召'는 성으로 사용될 때 '邵'와 通假字이다.

215 『校釋』에 따르면, 『한서』 권39 「蕭何傳」에 "邵平은 옛 진의 東陵侯로서 진에서 그를 폐위시켜 평민으로 만들었다. 장안성 동쪽에 오이를 심었는데, 오이가 보기 좋게 자라나자 세상 사람들이 東陵瓜라고 불렀는데 邵平이 그 처음이다"라고 하였다.

216 『校證』에 따르면, 『陝西通志』 권72에 "장안 故城은 西安府城 서북쪽 20리에 있

다". 또한 『수경주』 「渭水」에 "또 동쪽으로 장안성 북쪽을 지난다"는 조에 인용된 十二城門의 순서는 본서와 다르며 글자도 착오가 많다.

217 『校釋』에 따르면, 『雍錄』 권9 「漸臺」에서 각 대궁전의 王渠를 가로로 통과하여서 御溝 · 明渠라고도 부르며 "주위로 모든 궁들이 두루 있는데, 淸明門으로부터 성을 나간다"라고 하였다. 淸明門 유지는 지금의 北玉女村 동쪽에 있다.

218 『校證』에 따르면, 『한서』 「문제기」 원년 응소 주에 "옛날에 天子 藉田의 千畝를 경작하여 천하의 모범을 삼았다. 藉는 제왕 典藉의 常이다"라고 하였다. 韋昭는 "'藉'는 借이다. 民力을 빌려 그것을 경작하여 종묘에 바치며 또한 부지런히 천하 사람들을 이끌어 농사에 힘쓰게 함이다"라고 하였다. 『校釋』에 따르면, 천자가 藉田을 경작하는 제도의 유래는 이미 오래되었다. 전한 시기 황제는 매년 봄에 籍田門으로부터 동쪽으로 직접 籍田을 경작하러 갔다. 『후한서』 「예의지」 劉昭 注에 인용된 『漢舊儀』에서 "봄에 동쪽에서 시작하여 藉田을 경작하고 官에서는 先農에 제사한다. 先農은 바로 神農 炎帝이다. 1太牢로 제사하고 百官이 모두 따르며 三輔 200里의 孝悌 · 力田 · 三老들에게 비단을 하사한다. 百穀 萬斛을 파종하고 이를 위해 藉田倉을 세우고 令 · 丞을 둔다. 곡식은 모두 天地 · 宗廟 · 群神에 제사하는데 제공하여 粢盛을 만든다. 황제는 몸소 쟁기를 쥐고 경작한다"고 하였다.

219 『校釋』에 따르면, 『한서』 권12 「평제기」에 원시 4년 "겨울에 태풍이 불어 장안성 동문 지붕의 기와가 모두 날아갔다"고 하였는데, 今本의 인용문과 조금 다르다.

220 『校釋』에 따르면, 『漢宮殿疏』는 그 책이 散佚되었고 撰者도 모른다. 당 사마정의 『史記索隱』에 「枳道亭」에 이 책을 인용하였다. 唐 歐陽詢이 모은 『藝文類聚』 · 唐 徐堅 等이 모은 『初學記』 역시 그 자료를 인용하여 사용하였다. 六朝 시대 사람이 편찬한 것으로 짐작된다.

221 원문에는 '成'으로 되어 있으나, 『校證』에서 『한서』에 근거하여 '元'으로 수정하였으며, 이를 따랐다.

222 원문에 '昭'는 '始'로 되어 있으나, 『한서』에 근거하여 '昭'로 수정하였다.

223 원문에 '郭'은 '都'로 되어 있으나, 『校釋』에서 畢本에 근거하여 '郭'으로 수정한 것을 따랐다.

224 '日' 자는 원래 없으나, 『校證』에서 보충한 것을 따랐다.

225 『校釋』에 따르면, 宣平門의 유지는 지금의 靑門口村 바로 서쪽에 있으며, 북쪽
으로 한 장안성의 동북 城角과의 거리는 약 1,150m이다. 한대 사람들은 灞橋
까지 가는 사람을 배웅하고 오는 사람을 맞이하였는데[送往迎來] 모두 이 문을
통과해야 했다. 이 문의 발굴 정황은 王仲殊의 보고에 따르면, 宣平門과 直城
門은 같은 모양이고 보존 상태가 양호하며 3개의 門道도 수대로 존재한다. 門
道의 너비는 각각 8m 남짓으로 다른 성문들과 차이가 없다. 門道와 門道의 간
격은 4m 남짓으로 直城門과 같다. 宣平門은 왕망 말기 혹은 그 조금 후에 불에
타 무너졌으며 이후 최소 두 번 이상 重修되었고 오호십육국 시기에서야 하나
의 완정한 성문으로서 존재하게 되었다. 늦어도 후진 시기에 宣平門은 이미 靑
門으로 이름이 바뀌었다. 『후한서』 「逢萌傳」 章懷 注에 "漢宮殿名"에 東都門은
지금 靑門이라 부른다. 『前書音義』에 '長安 東郭城 북쪽으로 제1문이다'라 하였
다"고 하였다. 이는 또한 현재 宣平門 유지 부근의 몇 개 촌락을 왜 靑門口 · 靑
門口東村 · 靑門口西村 등으로 부르는지를 설명해 준다(『漢長安城考古工作收獲
續記』).

한편 宣平門과 東都門의 관계에 대해서는 세 가지 설이 존재한다. 첫째, 宣平
門은 東都門이라고도 부르는데, 『三輔黃圖』의 본문과 같다. 둘째, 王仲殊는 "宣
平門의 南北 양측에 성벽은 각각 바깥쪽을 향하여 돌출되어 나왔는데, 이것과
霸城門의 정황은 서로 같다. 문헌 기록 중 宣平門 밖에 郭이 있다고 하였는데
바로 이것을 가리켜 말한 것일 수 있다. …… 郭門은 東都門이라고 불렀다. 이
로 보건대 郭門과 城門은 밀접한 관계가 있으며 어떤 경우에는 宣平門과 東都
門 두 가지가 混稱되기도 하였다"(『漢長安城考古工作收獲續記』)고 하였다. 王
仲殊가 말한 門 밖의 南北 양측의 성벽이 바깥쪽을 향하여 돌출되어 있는 것은
闕門 혹은 瓮城의 殘迹일 가능성이 있다. 瓮城은 大城門 밖의 月城으로서 城池
의 방어 역량을 증강하는 데 사용한다. 그렇다면 東都門은 실제로 城門 밖의
闕門 혹은 瓮城이다. 셋째, 楊寬은 말하기를, 모든 長安都城은 內城과 外廓
을 포괄해야 한다. 內城의 문은 城門이라 부르고, 外廓의 문은 바로 都門이라
고 부른다. "東廓은 宣平門 동쪽 東都門이 있는 곳에 있는데, 『水經』 「渭水注」에
또 말하길, '동쪽으로 나와 북쪽에서 제1문은 本名이 宣平門이고 …… 東都門

이라고도 부른다(原文에 따르면 東城門이라고도 부른다).' 그 廓門은 東都門이라고도 부르는데, 바로 逢萌이 冠을 걸어 두었던 곳이다. 수本『삼보황도』와 기본상 동일하며, 宣平門은 '民間에서 東都東門이라 일컫는다', '그 廓門 역시 東都門이라 부른다'라고 하였다. 宣平門과 東廓門을 똑같이 東都門이라고 칭하는 것으로 보아 후대 민간에서 혼칭한 데서 유래하였다. 원래는 먼저 宣平門 이외의 東廓門만을 東都門이라고 하였는데, 橫門 이외의 北廓門을 都門이라고 부르는 것과 마찬가지로 고문헌상에 모두 東廓門을 東都門이라고 불렀다고 기록되었다.『한서』권9「원제기」에 기록되기를 건소 원년에 '秋 8월 흰 나방 떼가 날아와 해를 가렸는데, 東都門에서부터 軹道까지였다'. 顔師古 注에 인용된 如淳은 『삼보황도』에서 장안성 東面의 북쪽 첫 문을 宣平城門이라고 부르며, 그 外廓을 都門이라고 한다고 하였다'라고 하여 '宣平門을 민간에서는 소위 東都門이라 한다'는 설이 보이지 않는다. 이를 통해 古本『삼보황도』에는 이 구절의 내용이 없었음을 알 수 있다"(「西漢長安布局結構的探討」)라고 하였다. 1957년부터 지금까지 한 장안 故城 유지는 오랜 기간의 勘探와 발굴 과정을 거쳐서 한 장안성에는 하나의 성벽만 있을 뿐 外廓城이 없다는 사실이 증명되었다. 따라서 세 번째 설은 성립할 수 없으며, 첫 번째·두 번째 설은 비교적 사실에 가깝다.

226 『校釋』에 따르면, 枳道는 軹道라고도 쓰며 亭의 명칭이다. 지금의 西安市 동북쪽에 있으며, 灞河의 西面으로 宣平門 동쪽에서 7.5km 떨어진 驛亭이다.『사기』권8「고조본기」에 "秦의 왕자 嬰이 白馬가 끄는 素車에 타고 베를 목에 매고서는 황제의 璽와 부절을 받들고 軹道 옆에서 항복하였다".『索隱』에서 이르기를 "漢宮殿疏에 '枳道亭은 동쪽으로 霸城觀과 4리 떨어져 있으며, 觀 동쪽으로 霸水와의 거리는 100보이다. 蘇林은 장안의 동쪽 13리에 있다'고 하였다".『元和郡縣圖志』권1「萬年縣」에서는 "옛 軹道는 (唐 萬年)縣 동북쪽 16리에 있다"고 하였다.

227 『校釋』에 따르면, 『한서』권71「疏廣傳」에 疏廣이 선제 태자의 太傅가 되었고, 그 조카인 疏受가 少傅에 임용되었는데 자못 덕행을 행하였다. 退休를 요청하는 상소를 올리자 선제는 "그 나이가 연로하니 모두 허락하고, 황금 20근을 추가로 하사하였으며 황태자가 50근을 더하였으며 公卿大夫邑子들이 祖道를 준

비하여 東都門 밖에서 행하였다". 祖道는 옛날에 출행하는 사람을 위하여 路神에게 제사하는 것으로, 송별 향연과 함께 행하였다.

228 『校釋』에 따르면, 문헌 중 소위 '郭門' 혹은 '外郭門'이라는 것은 성문 밖 大道上을 가리키는 것으로, 지방 치안을 관장하는 기구인 亭의 문이다. 진한시대 대개 10리마다 1亭을 두었으나, 십이성문 밖에 설치한 亭은 치안을 고려하여 곳곳에 두었으며 거리나 행정조직의 제한을 받지 않았다. 亭에는 亭長과 亭吏가 있었다.

229 『校釋』에 따르면, 『후한서』 권83 「逢萌傳」에 逢萌은 北海 사람으로 한 말기에 장안에 있었는데, 당시 왕망이 그의 자녀인 王宇를 죽였다. 逢萌는 그 친구들에게 "三網이 끊어졌도다! 가지 않으면, 장차 재화가 사람들에게 미칠 것이다"라고 말하였다. 즉, 冠을 풀어 東都門에 걸고서 돌아왔다.

230 『校證』에 따르면, 『한서』 「翟義傳」에 "春王城門校尉 王況"이 있는데, 顏師古 注에 "春王은 장안성 동쪽으로 나오는 북쪽 첫 번째 제1문이다. 본명은 宣平門이고, 왕망이 변경하였다"라고 하였다.

231 『校釋』에 따르면, 外郭亭은 宣平門 밖의 亭으로 바로 枳道亭이며, 또한 正月亭이다.

232 『校釋』에서는 『玉海』에 근거하여 '杜' 자를 추가한 畢本을 따랐다.

233 『校證』에 따르면, '所' 자는 아마도 衍文일 것이다.

234 『校釋』에 따르면, 覆盎門 유지는 지금의 西安市 西北郊 大白楊과 小白楊 두 村의 북쪽에 있으며, 성문 유지로부터 大道가 있는데, 長樂宮 유지 안의 閣老門 村으로 통한다.

235 『校釋』에 따르면, 覆盎門과 성 북동쪽에서 제1문 곧 洛城門은 대체로 남북으로 서로 마주 대하고 있으며, 여기서 '洛門'은 '洛城門'에 해당한다.

236 『校釋』에 따르면, 魯班輪는 곧 魯班이다. 公輪氏는 이름이 般인데, '般'과 '班'은 同音으로 通假字이다. 춘추시대 魯의 저명한 건축 工匠이다. 옛날에 건축 工匠은 祖師로서 존경을 받았으며, 奇巧한 건축은 종종 그가 만들었다고 假託한다. 전술한 대로 12문 밖에는 각각 다리가 있으며, "石橋는 각각 6장이다". 覆盎門 밖 성을 보호하는 河로 이용된 王渠는 壕가 넓고 수심이 깊으며 지금까지도 여전히 汚水池로 이용되고 있다. 이 渠 위에 만들어진 橋의 공정 기술은 특별히

講究한 것이다. 사람들이 그 고차원적인 기술을 찬양하고자 했기 때문에 魯班
이 만들었다는 설이 있게 되었다.

237 『校釋』에 따르면, 下杜城은 지금의 西安市 西南郊의 杜城村 일대에 있으며, 그
곳과 覆盎門 유지는 남북으로 서로 마주 대한다. 『한서』 권8 「선제기」에 선제
劉詢이 민간에 살 때 "尤樂杜·鄠之間, 率常在下杜"라 하였고, 안사고 주에
"下杜는 곧 지금의 杜城이다"라고 하였다.

238 『校證』에 따르면, 『한서』 「蔡義傳」에 "數歲, 遷補覆盎城門候"라 하였고, 『수경
주』 「渭水」 및 『長安志』에 모두 "洛門과 마주 대하고 있으며 거리는 13리 210보
이고 문 밖에 魯班이 만든 다리가 있다. 북쪽으로 長樂宮을 대하고 있어서 端
門이라고 부른다"라고 하였다. 본문에 인용된 『漢書集注』에서 근거로 삼은 『수
경주』 「渭水」 내용은 응소의 설명에 해당한다. 안사고의 『한서』 敍例에 이르기
를, "한서는 옛날에 注解가 없었으며, 服虔·應劭 등만이 각각 음의 뜻을 달
고 각자 따로 만들었다. 서진 중기에 이르러서야 晉灼이 등장하여 모아서 1부
로 만들었는데 모두 14권이었다. ……『漢書集注』라 불렀다. 영가의 난이 일어
나 진 황실이 播遷하자 이 책은 비록 남아 있기는 했으나 강남까지 이르지는
못하였다"고 하였다. 본서에만 晉灼의 『集注』를 인용하였는데, 이는 위진 시기
『삼보황도』 舊本에서 볼 수 있는 것이다.

239 이 일은 『한서』 권66 「劉屈氂傳」에 보인다. 『校釋』에 따르면, 戾太子는 江充으
로부터 무고를 당하여 "병사를 이끌고 가서는 四市의 사람들 수만 명을 몰아,
長樂宮의 西闕 아래에 이르렀다. 승상의 군대와 맞닥뜨려 5일간 싸웠으며 수
만 명이 죽어 그 피가 도랑으로 흘러 들어갔다. 승상의 附兵이 많아지자 태자
의 군대가 패하였는데, 남쪽으로 달아나 覆盎城門으로 빠져나갈 수 있었다. 밤
이 되어 司直 田仁이 성문의 폐쇄를 맡았는데, 그는 태자를 빠져나가게 한 죄
에 연루되었다". 戾太子는 湖縣으로 도망가서 숨었으며, 이후 자살하였다.

240 『校釋』에 따르면, 安門은 한 장안성 남쪽 한가운데의 성문으로, 그 유지는 지금
의 西安市 北郊 西張村과 呂家壕 사이에 있다.

241 『校釋』에 따르면, 무고 유지는 지금의 大劉寨村 동쪽에 있으며, 남쪽으로 安門
에서 1,810m 떨어졌고 安門 안 大街 서쪽편에 있다.

242 『校釋』에 따르면, 安門 南面의 편서쪽과 편동쪽 10여 군데에 거대한 규모의 禮

制 건축 유지가 있는데, 그중에는 왕망이 세운 九廟도 있을 가능성이 있다. 이는 왕망이 安門을 光禮門으로 개명한 까닭일 것이다.

243 원문에 '門'은 '橋'라고 되어 있으나, 『校正』에 따라 '門'으로 고쳤다.

244 『校釋』에 따르면, 王仲殊는 "西安門은 남쪽 성벽 서쪽으로 첫 성문으로, 서쪽으로 성벽의 西南角까지 거리는 1,475m이다. 여기서 먼저 8m 너비의 門道 하나가 발견되었는데, 이후 그 동쪽편에서 또 하나의 너비 8m 門道가 발견되었다. 두 門道의 간격은 약 14m이다. 먼저 발견된 門道의 西面에는 낮게 파인 路溝가 있는데, 부근의 지면에 남아 있는 石礎로 보아 여기에는 분명 3개의 門道가 있었다"(『漢長安城考古工作收獲續記』)라고 하였다. 이로 보아 西安門 역시 1門 3道였으며, 발견된 門道는 원래 3개의 門道 중 중앙과 동쪽편의 2개에 해당한다. 西安門 유지는 지금의 西安市 西北郊 馬家寨 남쪽 1km에 있으며, 西安門으로 들어가 북쪽으로 가다 50m의 街道를 거치면 바로 미앙궁에 도착한다.

245 『校證』에서는 안사고 주에 근거하여 '茂' 자를 보충하였는데, 이를 따랐다.

246 『校釋』에 따르면, 『한서』 권6 「무제기」에 건원 3년 "처음 便門橋를 만들었다"고 하였고, 안사고 주에 "便門은 長安城 북쪽면 서쪽으로 첫 문으로서, 바로 平門이다. 옛날에 '平'·'便'은 모두 같은 자이다. 이 길에 다리를 만들어 위수를 건너 茂陵으로 내달려 그 길을 곧게 바꾸었는데, 지금의 소위 '便橋'는 바로 그곳이다"라고 하였다. 『三輔黃圖』의 武帝 '建元二年'은 '三年'에 대한 오류이다.

247 『校釋』에 따르면, 『三輔決錄』은 후한 趙岐가 撰하였다. 한대 관료 관계 사실 외에 관중 지방사 자료까지 기재되어 있다. 원서는 이미 散佚되었고, 청 張澍의 輯本이 있으며, 『二酉堂叢書』에 포함되었다.

248 『校釋』에 따르면, 孫星衍의 本에는 "南出第三門曰西安門, 北對未央宮, 一曰便門, 卽平門也. 莽更名信平門誠正亭."이라 하였다. 그 나머지 글자는 『수경주』이기에 삭제되지 않았다. 孫星衍의 本에 삭제된 부분은 일리가 있다. 한 무제가 세운 便橋와 마주 대하는 문은 장안성 서쪽으로 나와서 남쪽 첫 제1문에 해당하며 바로 章城門이다.

249 『校釋』에 따르면, '城' 자는 앞뒤 문장의 뜻에 따라 보충하였다.

250 원문에 '華'는 '畢'로 되어 있는데, 『校正』과 『校釋』에 따라 수정하였다.

251 『校釋』에 따르면, 章城門 유지는 지금의 西安市 西北郊 延秋門村 동남쪽 약

1km 지점에 있다. 이 문은 당대 延秋門으로 명칭이 바뀌었기 때문에 唐 禁苑의 西門이라고 하였다. 이 촌의 명칭은 거기서 유래하였다. 俗稱 雁雀門이다. 王仲殊에 따르면, 1962년 章城門 밖의 발굴에서 성문 앞면 壕溝의 形制가 규명되었는데, 당시 壕溝 위로 나무다리를 만들어 출입에 용이하게 하였다고 볼 수 있다(『漢代考古學槪說』, 5쪽).

252 『校釋』에 따르면, 『三輔舊事』의 원서는 이미 散佚되었다. 현재는 淸 張澍의 輯本과 秦‧漢 시기 長安 및 그 부근 지역 宮殿‧橋梁 건축‧長安城 안의 정황을 보존하고 있는 일부 1차 자료가 있다. 『二西堂叢書』에 수록되었다.

253 『校釋』에 따르면, 便門의 위치에 대해 『삼보황도』에서는 西安門은 便門이라고도 하며, 章城門 역시 便門이라고 한다고 하였다. 전자는 안사고 주를 따른 것인데, 안사고 주의 두 부분은 서로 모순된다. 『한서』 권71 「薛廣德傳」 중 元帝가 "종묘에 제사를 지내고자 便門을 나갔다"에서 안사고 주는 "장안성 南面 서쪽 첫 번째 제1문이다"라고 하였다. 『한서』 권6 「무제기」 안사고 주에는 "便門은 장안성 북면 서쪽 첫 번째 문으로, 바로 平門이다"라고 하였다. 안사고가 말한 장안성 북면 서쪽 첫 번째 문은 아마도 장안성 남면 서쪽 첫 번째 문의 오류일 것이다. 단, 便門은 茂陵으로 가는 便橋와 서로 마주 대하고 있다. 西安門은 남쪽에 있고, 위수는 장안성 서북쪽에 있으므로 위수 위로 놓은 便橋가 西安門과 마주 대하기는 불가능하다. 따라서 서안문은 便門이 아니다. 여기에 나온 설은 『三輔舊事』와 『三輔決錄』에 근거하였는데, 章城門은 便門이라고도 칭한다고 여겨졌다. 『삼보황도』 권6 「便門橋」의 原注에서도 "長安城 西門을 便門이라고 한다. 이곳 다리와 문은 마주하고 있어 便橋라고 불렸다"라고 하였다. 또 『元和郡縣圖志』 권1 「咸陽縣」에 "便橋는 (咸陽)縣 서남쪽 10리에 있으며, 渭水 위에 설치되었다", "橋는 長安 북쪽 茂陵 동쪽에 있으며, 長安에서 20리 떨어졌다. 장안성 西門을 便門이라고 하며, 橋와 門이 서로 마주 대하고 있기 때문에 便橋라고 부른다"라고 하였다. 『雍錄』 권6 「便橋」에서도 "진대 이미 中橋가 있었는데, 역시 그것을 통해 興平으로 내달릴 수 있었고 우회하면 도달하기 어려웠다. 이 때문에 城의 西面 남쪽으로 나왔을 때 제1문 밖에 문과 마주 대하는 다리를 세워 서쪽으로 왕래하기 편하게 하였다. 그래서 이 문은 일명 便門이라고 하며, 이 다리도 결국 便橋라 불렸으며 便門橋라고도 한다"고 하였다. 비록 便

橋의 위치에 대해서는 논란이 있지만, 분명한 것은 장안성 서쪽 위수 위에 설치했다는 사실이다. 그렇다면 이 다리와 서로 마주 대하는 문은 한 장안성 西面 남쪽의 첫 번째 제1문에 해당한다. 따라서 章城門이 바로 便門이다.

254 『校釋』에 따르면, 『한서』 권27中 「오행지」의 "성제 원연 원년 정월에 장안 章城門의 열쇠가 저절로 망실되었다"에 대해 晉灼은 "서쪽으로 나와 남쪽 첫 번째 제1문이다. '牡'은 여는 열쇠[出籥]이다"라고 하였고, 안사고는 "牡은 문의 아래를 잠그는 것으로, 이 역시 철로 만들며 여는 열쇠[出籥]가 아니다"라고 하였다. '牝'는 쇠장대[鎖簧]로서, 문빗장이다. 『禮記』 「月令」 "(孟春의 달에) 鍵閉를 수리한다"에 대해 鄭玄 注에 "鍵은 牡이고, 閉는 牝이다"라고 하였다. 孔穎達 疏에 "무릇 鎖器는 열쇠를 牡라 하고, 자물쇠를 牝이라 한다"고 하였다. "牝自亡"이라는 것은 바로 성문의 문빗장을 잃어버렸다는 말이다.

255 『校證』에 따르면, 예전에 '章門觀監'이라는 봉니를 소장하였는데, 아마도 章城門 안팎에 宮觀이 있었으며 監은 門觀을 관리하는 관일 것이다.

256 『校釋』에 따르면, 直城門은 1957년에 발굴되었다. 王仲殊에 따르면, "直城門은 서쪽 성벽 중간의 성문으로서, 남쪽으로 성의 西南角과 2,145m 거리이다. 서쪽 성벽의 곡절된 부분에 바짝 붙어 있는 성문으로서, 문의 위치는 곡절된 부분의 北面이다. 여기서는 앞서 성문에 있던 3개의 門道가 발견되었다. 중앙에 있는 門道의 너비는 7.7m이고, 그 양측의 門道는 각각 8.1m 너비이다. 門道와 門道 사이의 간격은 4.2m이다"(「漢長安城考古工作的初步收獲」, 『考古通訊』 1957年 5期). 直城門의 유지에 대해 『校證』에서는 지금의 盧家村 서남쪽이라고 여겼지만, 잘못이다. 실제로는 지금의 周家河灣 북쪽 夾城堡 남쪽에 있다.

257 『校證』에 따르면, 『한서』 「成帝紀」 "서쪽으로 直城門에 이르렀다"에 대해 晉灼의 注에 인용된 『三輔黃圖』에는 "서쪽으로 나와 남쪽에서 제2문이다"라 하여 본문과 같다고 하였다. 『校釋』에 따르면, 『수경주』 「渭水注」에 인용된 『삼보황도』에 "장안의 서쪽으로 나와 제2문, 곧 이 문이다"라 하여 역시 현행본과 같다.

258 『校釋』에 따르면, 『한서』 권10 「성제기」 기록에 성제 劉驁는 태자 시절에 "桂宮에 거하였는데, 황제가 급하게 불렀다. 태자는 龍樓門을 나가서 감히 馳道로 지나가지 못하고, 서쪽으로 直城門에 이르러서야 건널 수 있게 되어 지나갔으며 다시 作室門으로 들어갔다. 황제는 그가 지체하자 그 까닭을 물었는데, 태

자가 상황을 설명하자 황제가 크게 기뻐하였다"라고 하였다. 桂宮은 미앙궁의
북쪽에 있으며, 直城門 大街가 그 가운데를 나누고 있다. 大街는 세 갈래 길인
데, 중앙의 길은 馳道로서 황제가 다니는 길이며 특별 허가를 받지 않고서는
넘어서 지날 수 없다. 劉鶩는 桂宮에서 龍樓門으로 나와 감히 馳道를 넘어 미
앙궁으로 갈 수 없기에 서쪽으로 直城門을 지나 길을 돌아서 作室門을 거쳐
서 未央宮으로 들어가야 했다. 이를 통해 龍樓門은 桂宮의 남문임을 알 수 있
다. 張晏의 해석에 따르면, "門樓 위에 銅龍이 있기" 때문에 龍樓門이라는 명칭
이 생겼으며, 直城門의 별칭이 아니다. 『수경주』・『長安志』 등에서 모두 直城門
이 곧 龍樓門이라 하였는데, 오직 程大昌의 『雍錄』 권9 「龍樓馳道」에서 그것에
대해 "桂宮의 南面에 龍樓門이 있으며, 未央의 北面에 作室門이 있는데 두 문
은 서로 마주하고 있다. 龍樓門으로부터 남쪽으로 마주하여 달려 作室門을 통
해 未央宮으로 들어갈 수 있다. 그리고 가운데 馳道가 있는데, 太子도 감히 가
로질러 건널 수 없었다. 따라서 반드시 馳道를 피해 우회하여야 하며, 서쪽으
로 향해 남쪽으로 달려 直門에 이르면 마침내 馳道 밖으로 지나갈 수 있게 된
다"고 하였다.

259 원문에 '誼'는 '宮'으로 되어 있으나, 『校釋』에 따라 수정하였다.

260 '函里'・'函里門'은 원문에 '亟里'・'亟里門'으로 되어 있다. 『校正』과 『校釋』에 따
르면, 畢本은 『玉海』의 인용문에 근거하여 '函里'・'函里門'으로 고쳤는데, 『水
經』「渭水注」의 인용문 역시 '函'으로 썼다.

261 『校釋』에 따르면, 한 장안성 雍門 유지는 지금의 西安市 西北郊 相家巷 북쪽에
있다.

262 『校釋』에 따르면, 『수경주』「渭水注」에 "제3문의 본래 이름은 西城門이고 또한
雍門이라고도 한다. 王莽이 章義門 著誼亭으로 개칭하였다. 위수가 북쪽으로
들어가는 곳에 函里가 있는데, 사람들은 函里門이라고 부르며 光門 혹은 突門
이라고도 부른다"라고 하였다.

263 『校釋』에 따르면, 洛城門 유지는 지금의 高廟街에 있으며, 문의 북쪽은 위수 북
쪽 언덕 咸陽原 위의 高祖長陵과 정면으로 마주 대한다. 이 때문에 이 문이 高
門이라 불리게 되었을 것이다.

264 『校釋』에 따르면, 한 무제는 신선에 대해 미신하였기에 承露盤을 만들고 甘露

를 받아 마셔서 생명을 연장할 수 있다고 여겼다. 建章宮 神明臺 위에 손바닥을 펴서 盤을 떠받들고 있는 銅으로 만든 仙人을 세워, 공중에서 甘露를 받게 하였다. 동시에 洛城門 밖에도 鶴雀臺를 세웠는데, 그 臺 위에도 承露盤이 있었다.

265 『校釋』에 따르면, 『수경주』「渭水注」에 "제3문의 본명은 杜門이며, 利城門이라고도 한다. 왕망이 進和門 臨水亭으로 개명하였다. 그 水에 客舍가 있어, 옛 이름은 客舍門이었으며 洛門이라고도 하였다". 제3문은 바로 북쪽으로 나가서 서쪽에서 동쪽으로 세웠을 때 제3문이며, 북쪽으로 나가서 동쪽으로 제1문과 같다. "本名은 杜門이다"는 잘못된 내용으로, 覆盎門이 남쪽으로 下杜와 서로 마주하기 때문에 일명 杜門이라고 하며 앞에서 자세히 설명하였다. 洛城門을 '利城門'이라고도 부르고, "그 水에 客舍가 있어, 옛 이름은 客舍門이었다"는 『삼보황도』의 내용에 보충한 것이다. '水'는 당연히 위수를 가리키며, 왕망 시기의 臨水亭은 위수에 臨하여 세운 亭을 말한다. 한대 위수에는 배가 다닐 수 있었기에 관동의 객상들이 배를 타고 위수를 따라 洛城門 밖에 이르러 육지로 올라왔으며, 문 밖으로 客舍가 있어 바로 외지 상인들이 운집하는 지역이었다.

266 『校釋』에 따르면, 廚城門 유지는 지금의 西安市 西北郊 曹家堡 서쪽에 있으며, 이는 북쪽 성벽의 中門이다.

267 『校證』에 따르면, 『한서』「곽광전」에서 "長安廚에서 3太牢를 가져다가 祠閣室 안에 채웠다"라 하였고, 如淳 注에 인용된 『삼보황도』에 "북쪽으로 나가 中門에 長安廚가 있어서, 廚城門이라고 부른다"라고 하여 今本과 대략 같은 내용이다. 『校釋』에 따르면, 『수경주』「渭水注」에 "그 안에 동쪽으로 長安廚官이 있으므로, 廚門이라고 부른다"라고 하였다. 張宗祥 本·孫星衍 本은 이에 따라서 '長安廚官'이라 하였다. 長安廚는 "官食을 맡았고", 帝王이 境內의 離宮과 別館을 순행할 때 帳을 제공하는 일을 주관하였으며, 또 내양의 官用 祭品을 마련하였다. 令·丞이 배치되었으며, 경조윤의 屬官이었다. 長安廚의 官署 및 식품 作坊은 바로 廚城門 안에 설치되었다.

268 『校證』에 따르면, 『封泥考略』 권8의 4쪽에 '建子城門校尉' 封泥가 있는데, 대개 왕망 때 물건으로 보인다.

269 『校證』에서 '王' 자를 보충하였는데, 이를 따랐다.

270 원문에는 이 구절이 없으나 『校釋』에서는 畢本에 근거하여 추가하였는데, 이를 따랐다.

271 『校釋』에 따르면, 橫門 유지는 지금의 西安市 西北郊 相家港 서쪽에 있다. 문에서 북쪽으로 1.5km 지점에 渭水를 건너 秦 咸陽으로 통하는 橫橋가 있다. 현재 橫門 유지는 위수로부터 5.5km 떨어져 있는데, 漢代 이후 여기서부터 위수가 북쪽으로 4km 이동하였음을 족히 보여준다.

272 『校證』에 따르면, 『한서』 「성제기」에 "(건시 3년) 가을에 關內에 홍수가 발생하였다. 7월에 虎上 소녀 陳持弓이 홍수가 발생한다는 소식을 듣고 橫城門으로 달려 들어와 尙方 掖門으로 난입하여 未央宮 鉤盾 안까지 들어왔다"라 하였다. 應劭 注에 "虎上은 지명으로 渭水가에 있다"라 하였고, 如淳 注에는 "橫의 音은 光이다. 『삼보황도』에 보면 北面 서쪽에서 제1문이다"라고 하여 今本과 동일하다.

273 『校釋』에 따르면, 『尙書』 「堯典」 孔安國의 傳에는 "北을 幽라고 칭하고, 南을 明이라 칭한다"라고 하였다. 橫門의 外郭亭은 城의 북쪽에 있으므로, '幽'라고 함이 맞는다. 비록 『수경주』 「渭水注」 중 이 조문에 오류가 있으나, '左幽亭'이라고 쓰는 것이 정확하다.

274 『校釋』에 따르면, 『한서』 권19上 「백관공경표」에 城門校尉는 京師의 성문에 있는 屯兵의 관리를 맡았으며, 질급은 2,000석이다. 속관에는 司馬‧十二城門候가 있다. 각 문마다 모두 門候가 있었으며, 질급은 600석으로 시간에 맞춰 성문을 개폐하는 일을 주관하였다. 소제 때 蔡義는 일찍이 覆盎門 門候를 역임하였다(『한서』 권66 「蔡義傳」).

275 『校釋』에 따르면, 발굴해서 나온 성문 유적을 통해 볼 때 성문 전체에는 磚을 사용하지 않았으며, 둥근 부채꼴 券頂도 없다. 그리고 門道 양측 가장자리에 夯土 받침돌[墩] 가로 石礎가 촘촘하게 놓여 있었다. 石礎 위로 나무 기둥을 세웠으며, 다시 그 위에 門樓를 만들었다. 이런 종류의 구축 방법은 한대 화상석에 보이는 성문과 일치한다. 화상석상의 함곡관 동문도 분명히 城闕 위에 門樓를 세운 것이다. 門道의 깊이와 성벽의 두께는 약 16m로 서로 같으며, 맨 앞쪽에는 方石을 일렬로 평평하게 펴놓았는데 마치 문지방과 같다. 성문 안쪽 성벽에 바짝 붙여서 房屋 하나도 세워져 있다. 이들 房屋은 석회로 담을 칠했으며,

흙벽돌로 벽을 만들고 巨石으로 기둥을 세웠다. 대개 당시 門候 및 守門하는 인원들이 살았던 곳일 것이다(王仲殊, 「漢長安城考古工作的初步收獲」).

276 『校釋』에 따르면, 達은 사통팔달의 대로이다. 『爾雅』에 "九達을 逵이라고 한다"고 하였다. '經緯'는 도로를 가리키며, 남북을 經, 동서를 緯라고 한다. '衢路'는 갈림길로서, 교차하는 도로이다. '十二門三塗洞闢'은 12개의 성문이 각각 세 갈래의 도로로 열린다는 말이다. '左右出入'은 『水經』「渭水注」에 "左出右入"이라고 했다. 세 갈래의 길 가운데는 馳道로서 황제가 다니는 전용 도로이기 때문에 일반 吏民은 양측의 도로로만 다닐 수 있었고, 비록 태자와 같이 높은 신분일지라도 예외가 아니었다. 양측의 길은 城을 나갈 때는 左邊으로 다녔으며, 城으로 들어갈 때는 右邊으로 다녔다. 성문 밖으로 가야 馳道를 횡단할 수 있는 곳이 있었다.

277 『校釋』에 따르면, 「西都賦」는 후한 시기 유명한 사학가·문학가인 반고가 撰하였다. 원래 「兩都賦」이나 『文選』에서 「西都賦」·「東都賦」로 나누었다. 「서도부」는 주로 西都인 장안의 형세·경성의 규모·궁전의 찬란한 아름다움·樓臺의 웅장함·天子가 사냥하는 장관·배와 수레를 타고 노니는 성대함을 서술하였으며, 비교적 완전하게 한대 장안을 묘사한 한 편의 뛰어난 賦이다.

278 『校釋』에 따르면, 披는 開이다. 이 구절은 각 갈래의 大街 모두 세 갈래로 나란히 놓인 大道로 열려서 12개의 우뚝 솟은 성문을 통과하여 지나감을 말한다.

279 『校釋』에 따르면, 「西京賦」는 후한 시기 걸출한 과학자·문학가인 張衡이 撰하였다. 원래 「兩京賦」이나 『文選』에서 「西京賦」·「東京賦」로 나누었다. 「西京賦」는 班固의 「西都賦」의 뒤를 계승한 또 한 편의 비교적 완전하게 전한 시기 京城인 장안의 성대한 모습을 서술한 뛰어난 賦이다.

280 『校釋』에 따르면, '參塗'는 3塗로서, 곧 1門 3道를 말한다. '夷'는 '平'이다. '庭'은 '正'과 같다. 세 갈래의 도로가 평평하고 곧음을 말한 것이다. '方軌'는 車輛이 병행한다는 말이다. 『文選』 권2 「西京賦」 삼국 시기의 薛綜 注에는 "한 면에 문이 세 개이고 문마다 길이 세 개이기 때문에 參塗라고 하였다. 그 길은 3軌를 수용할 수 있기 때문에 方 12軌이다"라고 하였다. 발굴한 실증에 따르면, 장안 성문에는 각각 세 개의 門道가 있으며 각 門道의 너비는 8m인데, 양측에 기둥을 세우는 데 사용된 2m를 빼면 실제 너비는 6m이다. 霸城門 안에서 당시 남

아 있던 車軌 흔적이 발견되었는데, 너비는 1.5m이고 각각의 門道는 4개의 車軌를 용납할 수 있었으므로 3개의 門道는 12개의 車軌를 용납할 수 있었다(王仲殊,「漢長安城考古工作收獲續記」).「西京賦」내용의 신빙성이 증명된 것이다.

권 2

장안 구시(長安九市)

『廟記』云: "長安市有九, 各方二百六十六步. 六市在道西, 三市在道東. 凡四里爲一市. 致九州之人在突門. 夾橫橋大道, 市樓皆重屋." 又曰 "旗亭樓, 在杜門大道南."

『묘기』에는 "장안에는 시가 9개 있으며,[1] 각각 사방 266보이다.[2] 6개의 시는 대로 서쪽에 있고, 3개의 시는 대로 동쪽에 있다. 대개 4리로 한 시를 삼았다. 천하의 사람[九州之人]들이 돌문에 이르렀다.[3] 횡교와 대로를 끼고[4] 시의 누는 모두 (중층의) 고루였다"라고 하였다. 또한 "기정루[5]는 두문의 대로 남쪽에 있다"고 하였다.

又有柳市 · 東市 · 西市[6], 當市樓有令署, 以察商賈貨財買賣貿易之事, 三輔都尉掌之.

그리고 유시 · 동시 · 서시가 있었다. 당시 시루에는 시령의 관서

가 있어, 상인들이 재화를 매매하고 거래하는 일을 살펴보았다. 삼보도위가 이를 관장하였다.[7]

直市在富平津西南二十五里, 卽秦文公造. 物無二價, 故以直市爲名.

직시는 부평진의 서남쪽 25리에 있었는데,[8] 바로 진 문공이 만든 것이었다.[9] 물건 가격이 두 가지로 다르지 않아 직시라 칭하였다.

張衡「西京賦」云"郭開九市, 通闤帶闠, 旗亭五重[10], 俯察百隧" 是也. 又案:『郡國志』長安大俠萬[11]子夏居柳市, 司馬季主卜於東市, 晁錯朝服斬於東市, 西市在醴泉坊.

장형의 「서경부」에 "성곽에 9시가 설치되어 있으니, 담장으로 둘러싸여 문으로 통하며, 5층으로 된 기정에서 모든 열사를 내려다 살펴봅니다"라고 하였는데, (바로) 이것이다. 또 (『후한서』) 「군국지」에 따르면,[12] 장안의 대협 우자하는 유시에 거하였고, 사마계주는 동시에서 점을 쳤다. 조조는 조복을 입고 동시에서 참수되었고, 서시는 예천방에 있었다.

---

1 『校證』에 따르면, 『太平寰宇記』 권25에서 인용한 「廟記」와 거의 같다. 『文選』 「兩都賦」 李善 注에서 인용한 『漢宮闕疏』에서는 "長安立九市, 其六市在道西, 三市

在道東"이라고 하였다. 『太平御覽』 권191에서 인용한 『宮闕記』와도 같다. 『長安志』에서는 "六市在道東, 三市在道西"라고 하였는데, 틀린 곳이 있는 것 같다고 하였다. 『校釋』에 따르면, 9市에 관해서는 세 가지 견해가 공존한다. 첫째 장안성 안의 9개의 시장을 가리킨다는 입장, 둘째 장안성 안팎에 9개의 시장이 있었다는 입장, 셋째 9市는 시장이 많다는 표현일 뿐 실제로 9개의 시장이 존재한 것은 아니었다는 입장이다.

2   한대 1보는 6척이었고, 1척은 지금의 약 23cm이다. 따라서 266보는 지금의 367.08m이다.

3   突門은 성 아래의 작은 문을 가리킨다.

4   橫橋는 문헌에 따라 渭橋라고도 하였다.

5   『校釋』에 따르면, 旗亭樓는 곧 市에 설치된 市樓를 말한다. 이 시루에는 시장을 관리하는 기구인 市亭이 설치되어 있었고, 이를 旗亭이라고도 부른다.

6   『校釋』에 따르면, '柳市東市西市'의 6자는 張本에서 『玉海』에 근거하여 보충하였고, 이를 따랐다.

7   『校釋』에 따르면, 三輔都尉는 京輔都尉·左輔都尉·右輔都尉를 말하며 삼보 안의 치안을 관장하는 무관이었다.

8   『校證』에 따르면, 『太平寰宇記』 권25와 『太平御覽』 권191에서 인용한 「廟記」 및 「郡國志」와 본문의 내용이 대략 같다.

9   『校釋』에 따르면, 진 문공은 기원전 765년~기원전 716년에 재위에 있었던 인물로서 그의 재위 기간 동안 실제적인 지배 범위는 기산 서쪽 지역에 한정되었으므로 문공이 直市를 건설하였다는 기록은 秦人이 그 업적을 과장하여 만들어낸 전승일 것이다.

10 『校證』에 따르면, 『文選』에 근거하여 '重立'을 '五重'으로 수정하였다. 『太平寰宇記』 권25 「長安縣」下에도 '五重'으로 되어 있다. '五重'은 시루가 5층이라는 말로서, 四川 新繁에서 출토된 후한 市井磚에는 시 가운데 5층짜리 시루가 있어 참고할 만하다(劉志遠, 「漢代市井考」, 『文物』 1973-3).

11 『校證』에 따르면, 『한서』에 근거하여 '黃'을 '萬'으로 수정하였다.

12 '郡國志'는 『후한서』 「郡國志」를 말한다. 다만, 여기에 인용된 문장은 현재 『후한서』 「군국지」에는 보이지 않으며, 『太平御覽』 권191에서 확인할 수 있다.

장안 8가 9맥(長安八街九陌)

有香室街·夕陰街·尙冠前街.『三輔舊事』云: "長安城中八街
九陌."『漢書』劉屈氂妻梟首華陽街, 京兆尹張敞走馬章臺街, 陳湯
斬郅支王首懸藁街. 張衡「西京賦」云 "參塗夷庭, 街衢[13]相經, 廛
里端直, 甍宇齊平"是也.

향실가·석음가·상관전가가 있었다. 『삼보구사』에 "장안성 안
에 8가와 9맥이 있다"라고 하였다. 『한서』에 유굴리의 처는 화양가
에서 효수되었고,[14] 경조윤 장창은 장대가에서 말달렸으며,[15] 진
탕은 질지왕의 머리를 베어 고가에 매달았다.[16] 장형의 「서경부」에
"세 갈래 길은 곧고 바르게 뻗어 대로가 서로 통합니다. (성안의) 주
택들은 단정하고 곧으며 (각 주택들의) 용마루와 지붕은 가지런하고
평평합니다"[17]라고 하였는데, (바로) 이것이다.

13 『校證』에 따르면, '街衢相經'은 원문에 '街街相經'으로 되어 있으나, 『文選』에 근거하여 수정하였다.

14 무제 때 승상이었던 劉屈氂는 대역부도죄로 東市에서 腰斬刑을 받았으며, 그의 처자는 화양가에서 梟首刑을 받았다(『한서』 권66 「劉屈氂傳」, "有司奏請案驗, 罪至大逆不道. 有詔載屈氂廚車以徇, 要斬東市, 妻子梟首華陽街."). 화양가는 장안성 안의 8街 중 하나이다.

15 章臺街는 章臺 아래 있는 도로로서, 장안성 안에 있는 8街 중 하나이다. 張敞은 선제 때 京兆尹을 지냈는데, 조회에 참석한 후에는 장안성의 대로에서 거마를 운행하는 규정을 따르지 않고 章臺街를 말을 달려 지나다녔다(『한서』 권76 「張敞傳」, "然敞無威儀, 時罷朝會, 過走馬章臺街, 使御吏驅, 自以便面拊馬."). 『校釋』에 따르면, 章臺街는 미앙궁의 동쪽에 있었을 것인데, 張敞이 미앙궁의 동궐로 조회하기 위해 출입하였고 조회한 후에 남쪽으로 장대가를 말달려 지나서 동쪽으로 경조윤에 들어갔을 것이다.

16 甘延壽·陳湯은 서역에서 군대를 거느리고 나가 흉노의 郅支單于를 죽이고 郅支單于 등의 머리를 槀街의 蠻夷邸 사이에 매달도록 청하였다(『한서』 권70 「陳湯傳」, "宜縣頭槀街蠻夷邸間, 以示萬里, 明犯彊漢者, 雖遠必誅."). 안사고 주에서는 槀街는 도로의 명칭으로서, 蠻夷邸가 이 도로에 위치하였다고 하였다. 아울러 崔浩가 '槀'는 '橐'으로서 槀街는 바로 銅駝街라고 보았지만 銅駝街는 낙양에 있지 西京에는 없었으므로 틀렸다고 하였다. 槀街는 왕망 때도 여전히 장안성의 도로 명칭으로 사용되었다(『한서』 권99下 「왕망전」, "大司馬嚴尤諫曰, …… 于今當迎置長安槀街, 一胡人耳, 不如在匈奴有益.").

17 이 문장은 『西京賦』의 내용과 대략 같다. 원문은 다음과 같다. "旁開三門, 參塗夷庭. 方軌十二, 街衢相經. 廛里端直, 甍宇齊平."

장안성 내 여리(長安城中閭里)

長安閭里一百六十, 室居櫛比, 門巷脩直. 有宣明 · 建陽 · 昌陰 · 尚冠 · 修城 · 黃棘 · 北煥 · 南平 · 大昌 · 戚里[18]. 『漢書』: 萬石君石[19]奮徙家長安戚里. 宣帝在民間時, 常在尚冠里. 劉向『列女傳』: 節女, 長安大昌里人也.

장안에 리는 160개로서, 가옥이 즐비하고 문정과 이항이 길고 곧다. 선명 · 건양 · 창음 · 상관 · 수성 · 황극 · 북환[20] · 남평 · 대창 · 척리가 있다. 『한서』에, 만석군 석분이 장안의 척리로 이사하였고,[21] 선제가 민간에 살 때 항상 상관리에 거하였다.[22] 유향의 『열녀전』에서 절녀는 장안 대창리 사람이다.[23]

138

18 '大昌 · 戚里'는 원문에 '等里'로 되어 있으나, 『校證』에서는 『玉海』에 근거하여
수정하였다. 『文選』중 潘岳의 「西征賦」에서 "所謂尙冠 · 修成 · 黃棘 · 宣明 · 建
陽 · 昌陰 · 北煥 · 南平, 皆夷漫滌蕩, 亡其處而有其名"이라 하여 장안성 안에
위치한 8里의 명칭을 언급하였는데, 본문과 동일하다.

19 『校證』에 따르면, 원본에는 '石' 자가 없으나 『한서』에 근거하여 보충하였다.

20 『校釋』에 따르면, 北煥은 『長安志』중 「街陌里第」에서 '北煥里'라고 하였다. 「西
征賦」에서는 '北煥里'라고 하였다.

21 石奮의 누이가 한고조의 美人이 되자 그의 집안은 장안성의 戚里로 이사하였
다(『한서』권46 「石奮傳」, "於是高祖召其姊爲美人, 以奮爲中涓, 受書謁. 徙其家
長安中戚里, 以姊爲美人故也."). 『校釋』에 따르면, 장안성 안의 戚里는 황제의
인척이 거주하는 곳이었다.

22 이에 대한 기록은 『한서』권8 「선제기」에 보인다.

23 『校證』에 따르면, 『列女傳』권5, "京師節女者, 長安大昌里人之妻也"라고 하였
고, 武梁祠의 화상석에도 '京師節女'라는 표제가 있다.

한궁(漢宮)[24]

長樂宮, 本秦之興樂宮也. 高皇帝始居櫟陽, 七年長樂宮成, 徙居長安城. 『三輔舊事』·『宮殿疏』皆曰: "興樂宮, 秦始皇造, 漢修飾之, 周迴二十里."

장락궁은 원래 진의 흥락궁이었다. (한) 고조[高皇帝]는 처음에 역양에 거하였고, (고조) 7년(기원전 200년) 장락궁이 완성되자, 장안성으로 옮겨와 거하였다. 『삼보구사』·『궁전소』에 모두 이르기를, "흥락궁은 진시황이 만들었다. 한이 그것을 수리하고 정리하였으며, 주위 둘레는 20리이다"라고 하였다.

前殿東西四十九丈七尺, 兩序中三十五丈, 深十二丈.

전전은 동서로 49장 7척이었고,[25] 동서의 양쪽 서(序) 사이는[26] 35장이었으며, (남북으로) 너비는 12장이었다.[27]

長樂宮有鴻臺, 有臨華殿, 有溫室殿. 有長定·長秋·永壽·永寧四殿. 高帝居此宮, 後太后常居之, 孝惠至平帝, 皆居未央宮.

장락궁에는 홍대가 있었고, 임화전이 있었으며, 온실전이 있었다. (그리고) 장정전·장추전·영수전·영영전의 네 전이 있었다. (한) 고조는 이 궁에 거하였고, 이후 이곳에는 항상 태후가 거하였다. 혜제부터 평제까지는 모두 미앙궁에 거하였다.

『漢書』:"宣帝元康四年, 神爵五采以萬數, 集長樂宮.""五鳳三年, 鸞鳳集長樂宮東闕中樹上." 王莽改長樂宮爲常樂室, 在長安中近東直杜門.

『한서』에는 "선제 원강 4년(기원전 62년), 오색을 가진 신작(神爵) 만여 마리가 장락궁으로 날아왔다"[28], "오봉 3년(기원전 55년), 난봉이 장락궁의 동궐에 있는 나무 위에 날아왔다[29]라고 하였다. 왕망은 장락궁을 상락실으로 개칭하고,[30] 장안성 안의 동쪽 근처 두문으로 바로 이어지는 곳에 두었다.[31]

未央宮, 『漢書』曰:"高祖七年, 蕭何造未央宮, 立東闕·北闕·闕, 門觀也. 劉熙『釋名』曰:闕在兩門旁, 中央闕然爲道也. 門闕, 天子號令賞罰所由出也. 未央宮殿雖南向, 而上書奏事謁見之徒, 皆在北闕焉. 是則以北闕爲正門, 而又有東闕東門. 至於西南兩面, 無門闕矣. 蓋蕭何立未央宮, 以厭勝之術理然乎. 前殿·武庫·藏兵器之處也. 太倉·廩粟所在一百三十楹, 在長安城外東南. 上見其壯麗

太甚, 怒曰: '天下匈匈勞苦數歲, 成敗未可知, 是何治宮室過度也.'
何對曰: '以天下未定, 故可因以就宮室. 且天子以四海爲家, 非令
壯麗, 無以重威, 無令後世有以加也.' 上悦, 自櫟陽徙居焉."

미앙궁은 『한서』에 "고조 7년(기원전 200년), 소하가 미앙궁을 지
었다. 동궐·북궐·궐은 문관이다. 유희의 『석명』에는 "궐은 양문 옆에 있고,
(양쪽) 궐의 중앙은 자연히 길이 된다. 문궐은 천자의 호령과 상벌이 나오는 곳이
다. 미앙궁의 전은 비록 남쪽으로 향하고 있으나, 상서를 올리거나 일을 아뢰거나
알현하는 사람들은 모두 북궐에 있었다. 이에 북궐을 정문이라 하였으며, 그리고
동궐에는 동문이 있었다. 서남쪽 두 면에는 문궐이 없었다. 소하가 미앙궁을 세울
때 대체로 염승지술(厭勝之術)의 원리에 따랐다"라고 하였다. 전전·무고·
무기를 저장하는 곳이다. 태창을 세웠다. (나라의) 늠속(廩粟)이 있는 130영
(楹)으로, 장안성 밖 동남쪽에 있었다. 황제는 미앙궁이 매우 웅장하고 심
히 화려한 것을 보고 노하여, '천하가 흉흉하여 수년간 애쓰며 고
생하고 있고, 승패도 아직 모르는 이때에 궁실을 어찌 이리 과도
하게 짓느냐'라고 하였다. 소하가 대답하기를, '천하가 아직 평정
되지 않았으므로, 이 기회에 궁실에 드실 수 있습니다. 또 천자는
천하[四海]를 집으로 삼으니, 웅장하고 화려하게 하지 않으면 지극
한 위엄이 없고 후세에 훌륭하게 여길 만한 것이 없습니다'라고 하
였다. 황제가 (이를) 기뻐하고, 역양에서 옮겨와 거하였다"라고 하
였다.

未央宮周迴二十八里, 前殿東西五十丈, 深十五丈, 高三十五
丈. 前殿曰路寢, 見諸侯羣臣處也. 營未央宮因龍首山以制前殿. 山長六十
里, 頭入渭水, 尾達樊川, 秦時有黑龍從南山出飲渭水, 其行道因成土山. 疏山爲臺殿, 不
假板築, 高出長安城.「西京賦」所謂 "疏龍首以抗前殿" 此也. 至孝武以木蘭爲棼
橑, 木蘭, 香木. 棼橑, 棟橑. 文杏爲梁柱, 杏木之有文者. 金鋪玉户, 金鋪, 扉
上有金華, 中作獸及龍蛇鋪首以御環也. 玉户, 以玉飾户也. 華榱璧璫, 雕楹玉磶
楹, 柱也. 磶, 柱下石也. 重軒鏤檻, 青瑣丹墀, 青瑣, 窗也. 墀, 殿階也. 左城右
平, 右乘車上, 故使之平. 左以人上, 故爲之階級. 城, 階級也. 黃金爲壁帶, 間以
和氏珍玉, 風至其聲玲瓏然也.

  미앙궁의 주위 둘레는 28리였고,[32] 전전은 동서로 50장, 남북으
로 15장, 높이 35장이었다. 전전은 노침이라 하며, 제후와 군신들이 알현하
는 곳이다. 미앙궁을 세울 때 용수산을 이용하여 전전을 만들었다.
산의 길이는 60리이고, (산) 입구에 위수가 흐르며 (산) 자락은 번천에 미친다. 진
대 흑룡이 남산에서 나와 위수를 마신 적이 있는데, (흑룡이) 지나간 길로 인해 토
산이 생겼다. 산을 정리하여 전전의 대(臺)로 삼았기에 판축하지 않았어도 장안성
에서 높이 드러났다.「서경부」에서 언급한 "용수산(龍首山)을 (평평하게) 정리하여
전전을 세웠습니다"는 (바로) 이것이다. 무제 때 이르러 목란으로 마룻대
와 서까래를 만들었고, 목란은 향목이고, 분료는 마룻대와 서까래이다. 채
색 살구나무로 들보와 기둥을 만들었다. 채색이 있는 살구나무이다. 문
에는 금으로 만든 꽃 장식이 있었고 출입문은 옥으로 장식하였으
며, 금포(金鋪)는 문빗장 위에 금으로 만든 꽃 장식이 있는 것으로, 가운데에 짐승

및 용·뱀의 문고리를 만들어 마주 보게 두른다. 옥호(玉戶)는 옥 장식을 한 출입문이다. 서까래는 화려하였고 서까래 머리는 벽으로 꾸몄으며, 기둥은 조각을 하였고 기둥 아래는 옥으로 주춧돌을 삼았다. 영(楹)은 기둥이다. 석(礎)은 기둥 아래 (받쳐놓은) 돌이다. 층층이 난간을 만들었고 난간에는 (무늬를) 새겨 넣었으며, 창에는 청색 화문을 그렸고 계단은 붉었다. 청쇄(靑瑣)는 창이다. 지(墀)는 (궁)전의 계단이다. 왼쪽에는 계단을 만들었고 오른쪽은 평평하였으며, 오른쪽은 수레에 타고 오르기 때문에 평평하게 한다. 왼쪽은 사람이 오르기 때문에 계단을 만든다. 척(墄)은 계단이다. 황금으로 벽대를 만들었는데, 중간에 화씨 진옥을 달아 바람이 불면 그 소리가 영롱하였다.

未央宮有宣室·麒麟·金華·承明·武臺·鉤弋等殿. 又有殿閣三十有二, 有壽成·萬歲·廣明·椒房·淸涼·永[33]延·玉堂·壽安·平就·宣德·東明·飛羽[34]·鳳凰·通光·曲臺·白虎等殿.

미앙궁에는 선실전·기린전·금화전·승명전·무대전·구익전 등의 전이 있었다. 그리고 전각 32개가 있었으며, 수성전·만세전·광명전·초방전·청량전·영연전·옥당전·수안전·평취전·선덕전·동명전·비우전·봉황전·통광전·곡대전·백호전 등의 전이 있었다.

『廟記』云: "未央宮有增成·昭陽殿." 『漢宮殿疏』曰: "未央宮有麒麟閣·天祿閣·有金馬門·青瑣[35]門, 玄武·蒼龍二闕. 朱鳥堂·畫堂·甲觀, 非常室." 又有鉤盾署·弄田.

『묘기』에 "미앙궁에는 증성전·소양전이 있다"라고 하였다. 『한궁전소』에 "미앙궁에 기린각·천록각과 금마문·청쇄문이 있으며, 현무궐·창용궐의 2개의 궐이 있다. 주조당·화당·갑관과 비상실이 있다"라고 하였다. 또 구순서·농전이 있었다.

『三輔決錄』曰: "未央宮有延年殿·合歡殿·回車[36]殿." 又『漢宮閣記』云: "未央宮有宣明·長年·溫室·昆德四殿." 又有玉堂·增盤閣·宣室閣.

『삼보결록』에 "미앙궁에 연년전[37]·합환전·회거전이 있다"라고 하였다. 그리고 『한궁각기』에 "미앙궁에 선명전·장년전·온실전·곤덕전의 네 전이 있다"라고 하였다. 또한 옥당·증반각·선실각이 있었다.

『三輔舊事』云: "武帝於未央宮起高門·武臺殿." 『漢武故事』云: "神明殿在未央宮." 王莽改未央宮曰壽成室, 前殿曰王[38]路堂, 如路寢也. 按『舊圖』, 漸臺·織室·凌室皆在未央宮.

『삼보구사』에 "무제가 미앙궁에 고문과 무대전을 지었다"라고 하였다. 『한무고사』[39]에 "신명전은 미앙궁에 있다"라고 하였다. 왕망은 미앙궁을 수성실로 개칭하고, 전전을 왕로당이라 하였는데, 노침과 같았다. 『구도』에 따르면,[40] 점대 · 직실 · 능실 모두 미앙궁에 있었다.

建章宮, 武帝太初元年, 栢梁殿災. 粤巫勇之曰: "粤俗有火災, 卽復起大屋以厭勝之." 帝於是作建章宮, 度爲千門萬戶, 宮在未央宮西長安城外.

건장궁은, 무제 태초 원년(기원전 104년)에 백량전에 불이 나자[41] 월의 무(巫) 용지는 "월의 풍속에 화재가 발생하면 곧 큰 건물을 다시 지어 그 재이를 다스립니다[厭勝]"[42]라고 하였다. 무제는 이때 건장궁을 지었는데, 천여 개의 궁문과 만여 개의 출입구[千門萬戶]로 설계하였다. 궁은 미앙궁 서쪽의 장안성 밖에 있었다.

帝於未央宮營造日廣, 以城中爲小, 乃於宮西跨城池作飛閣, 通建章宮, 構輦道以上下. 輦道爲閣道, 可以乘輦而行.

황제가 미앙궁에 (건물을) 세우는 날이 많아지면서 (장안)성 안은 좁아졌다. 이에 궁 서쪽 (장안)성 너머에 있는 못에 비각을 만들고 건상궁과 통하게 하였으며 연도로 연결하여 오르내리게 하였다. 연도는 각에 낸 길로서, 가마를 타고 다닐 수 있다.

宮之正門曰閶闔, 閶闔, 天門也. 宮門名閶闔者, 以象天門也. 高二十五丈,亦曰璧門.

(건장)궁의 정문은 창합이라 불렸으며 창합은 천문이다. 궁문의 명칭을 창합이라 함은 천문을 상징하기 때문이다. 높이 25장으로서, 벽문이라고 도 하였다.

左鳳闕, 闕上有金鳳, 高丈餘.『漢書集注』曰: 今長安故城西, 俗呼貞女樓, 卽建章 闕也. **高二十五丈.**

(건장궁) 왼쪽의 봉궐은, 궐 위에 금봉이 있었는데, 높이가 1장가량이었다. 『한서집주』에는 "지금 옛 장안성 서쪽의 속칭 '정녀루'는 바로 건장(궁)의 궐이다"라 고 하였다. 높이가 25장이었다.

右神明臺, 言臺高神明可居其上. **門内北起別風闕,** 在閶闔門内, 以其出宮 垣識風從何處來, 以爲闕名也. **高五十丈. 對峙井幹樓, 高五十丈. 輦道相 屬焉, 連閣皆有罘罳.** 連閣, 曲閣也. 以覆重刻垣墉屏[43]罳之處, 畫以雲氣鳥獸, 其形罘罳然. **前殿下視未央, 其西則唐[44]中殿, 受萬人.**

(건장궁) 오른쪽의 신명대는 대가 높아 신명이 그 위에 거할 수 있음을 의 미하였다. 문 안으로 북쪽에 별풍궐을 세웠는데, 창합문의 안쪽에 있으 며, (이 궐로) 궁의 담장을 나오면 바람이 어디에서 불어오는지 알 수 있었다. 높 이는 50장이었다. (신명대는) 정간루와 마주 대하였는데, 높이는 50 장이었다. 연도로 서로 연결되었고, 연각에는 모두 (그물 모양의) 부 시가 있었다. 연각은 굽은 각이다. 담과 병예(屏罳)에 구름 모양과 새·동물을 그

려 다시 새겼는데, 그 형태가 부시와 같았다. 전전의 아래로 미앙(궁)이 보였고, 전전 서쪽 부분의 당중전에는 만 명을 수용할 수 있었다.

『三輔舊事』云: "建章宮[45]周迴三十里. 東起別風闕, 高二十五丈, 乘高以望遠. 又於宮門北起圓闕, 高二十五丈, 上有銅鳳凰, 赤眉賊壞之." 「西京賦」云 "圓闕聳以造天, 若雙碣之相望"是也.

『삼보구사』에 "건장궁의 주위 둘레는 30리이다. 동쪽으로 별풍궐을 세웠는데, 높이 25장으로 높이 올라 멀리 내다볼 수 있다. 또 궁문의 북쪽에 원궐을 세웠는데, 높이 25장이다. (원궐의) 위에는 동으로 만든 봉황이 있었는데, 적미의 무리가 파괴하였다"라고 하였다. 「서경부」에 "원궐은 불쑥 솟아 하늘까지 이르렀으니, 마치 한 쌍의 석비가 서로 바라보고 있는 것과 같았습니다"라고 하였는데, (바로) 이것이다.

『廟記』云: "建章宮北門高二十五丈, 建章北闕門也. 又有鳳凰闕, 漢武帝造, 高七[46]丈五尺. 鳳凰闕, 一名別風闕." 又云: "嶕嶢闕, 在圓闕門内二百步."

『묘기』에 "건장궁의 북문 높이는 25장으로서, 건장북궐문이다. 그리고 봉황궐이 있는데, 한 무제가 만들었으며 높이 7장 5척이다. 봉황궐은 일명 별풍궐이다"라고 하였고, 또한 "초요궐은 원궐문 안으로 200보 지점에 있다"라고 하였다.

繁欽「建章鳳闕賦[47]」序云: "秦·漢規模, 廓然泯毀, 惟建章鳳闕, 嶕然獨存, 雖非象魏之制, 亦一代之巨觀."

번흠[48]의 「건장봉궐부」 서에는 "진·한 (궁궐의) 규모는 무너져서 그 웅장함이 사라졌지만, 건장궁의 봉궐만은 불쑥 솟아 유일하게 남아 있다. 비록 조위의 제도와는 다르지만, 이 역시 한 시대의 웅위한 장관이다"라고 하였다.

古歌云: "長安城西有雙闕, 上有雙銅雀, 一鳴五穀生,[49] 再鳴五穀熟." 按銅雀, 卽銅鳳凰也. 楊震「關輔古語」云: "長安民俗謂鳳凰闕謂貞女樓." 司馬相如賦云: "豫章貞女樹, 長千仞, 大連抱, 冬夏常青, 未嘗凋落, 若有貞節, 故以爲名."

옛 노래에 "장안성의 서쪽에 쌍으로 된 궐이 있다네. 그 위에는 동으로 만든 새[雀] 한 쌍이 있는데, (그 새가) 한 번 울면 오곡이 나고 다시 울면 오곡이 익는다네"[50]라고 하였다. 동으로 만든 새는 바로 동으로 만든 봉황이다. 양진의 『관보고어』에 "장안 사람들은 봉황궐을 정녀루라 속칭하였다"라고 하였다. 사마상여의 부에 "예장군 정녀 나무는 길이가 매우 길고 (한 사람이 못 안을 정도로) 크다. 겨울과 여름에 항상 푸르고 시들어 떨어진 적이 없어, 마치 정절이 있는 것 같아 그 명칭으로 삼았다"라고 하였다.

『漢書』曰: "建章宮南有玉堂, 璧門三層, 臺高三十丈, 玉堂內殿十二門, 階陛皆玉爲之. 鑄銅鳳高五尺, 飾黃金樓屋上, 下有轉樞, 向風若翔, 橡首薄以璧玉, 因曰璧門."

『한서』에 "건장궁의 남쪽에는 옥당이 있으며, 벽문은 3층이다. 대의 높이는 30장이고, 옥당의 내전에는 12문이 있고 계단은 모두 옥으로 만들었다. 동으로 주조한 봉황은 높이가 5척이었는데 황금으로 꾸며 지붕 위에 장식하였다. 아래로 지도리가 움직이며 바람에 따라 마치 나는 것 같았으며, 서까래 머리가 벽옥같이 얇아서 벽문이라 불렀다"[51]라고 하였다.

建章有駘蕩·馺娑·枍詣·天梁·奇寶·鼓簧等宮. 又有玉堂·神明堂,[52] 疏圃·鳴鑾·奇華·銅柱·函德二十六殿, 太液池·唐中池.

건장(궁)에는 태탕궁·삽사궁·예예궁·천량궁·기보궁·고황궁 등의 궁이 있었다. 또 옥당·신명당이 있었으며, 소포전·명란전·기화전·동주전·함덕전의 스물여섯 전과 태액지·당중지가 있었다.

桂宮, 漢武帝造, 周迴十餘里.『漢書』曰: "桂宮有紫房複道, 通未央宮."

계궁은 한 무제가 지었으며, 주위 둘레는 10여 리였다.『한서』에 "계궁에 자방과 복도가 있으며, 미앙궁으로 통한다"[53]고 하였다.

『關輔記』云:"桂宮在未央北, 中有明光殿土山, 複道從宮中西上城, 至建章神明臺 · 蓬萊山."

『관보기』[54]에 "계궁은 미앙(궁)의 북쪽에 있으며, 가운데 명광전 토산이 있다. 복도는 궁 가운데 서쪽 위의 성을 따라 건장(궁)의 신명대 · 봉래산에 이른다"라고 하였다.

『三秦記』:"未央宮漸臺西有桂宮, 中有光明殿, 皆金玉珠璣爲簾箔, 處處明月珠. 金杒玉階, 晝夜光明."

『삼진기』에 "미앙궁의 점대 서쪽에 계궁이 있으며,[55] 가운데 광명전이 있다. 모두 금 · 옥과 진주 구슬로 발[簾箔]을 만들고, 곳곳에 명주와 진주를 박았다. 금으로 입힌 (계단 양쪽의) 돌과 옥으로 만든 계단은 밤낮으로 밝게 빛났다"라고 하였다.

又『西京雜記』云:"武帝爲七寶牀, 雜寶桉, 厠寶屛風, 列寶帳, 設於桂宮, 時人謂爲四寶宮."『長安記』曰:"桂宮在未央宮北, 亦曰北宮."

또한『서경잡기』에 "무제는 칠보상, 잡보안, 측보병풍, 열보장을 만들어 계궁에 두었다. 당시 사람들이 (계궁을) 사보궁이라 불렀다"라고 하였다.『장안기』에 "계궁은 미앙궁의 북쪽에 있고, 북궁이라고도 한다"라고 하였다.

北宮, 在長安城中, 近桂宮, 俱在未央宮北. 周迴十里. 高帝時制度草創, 孝武增修之, 中有前殿, 廣五十步, 珠簾玉戶如桂宮.『漢書』曰:"呂太后崩, 孝惠皇后廢處北宮." 又曰:"哀帝崩, 貶皇太后趙氏爲孝成皇后, 退居北宮. 皇后傳[56]氏退居桂宮."

북궁은 장안성 안에 있으며, 계궁과 가깝고 모두 미앙궁의 북쪽에 있었다. 주위 둘레는 10리였다. (한) 고조 때 창건하여 제작하였고 무제 때 증수하였다. 가운데 전전이 있고 너비는 50보이며, 주렴과 옥으로 만든 출입문은 계궁과 같았다.『한서』에 "여태후가 붕어하자, 효혜황후를 북궁에 유폐시켰다"[57]라고 하였다. 또 "애제가 붕어하자, 황태후 조씨를 효성황후로 낮추어 북궁으로 물러나 거하게 하였다. 황후 전씨는 계궁으로 물러나 거하였다"[58]라고 하였다.

甘泉宮, 一曰雲陽宮.『史記』秦始皇二十七年, 作甘泉宮及前殿, 築甬道, 築垣墻如街巷. 自咸陽屬之.

감천궁은 일설에 운양궁이라고 하였다.『사기』에 (따르면) 진시황 27년(기원전 220년), 감천궁과 전전을 짓고 용도를 쌓아 담장을 쌓아 가도·이항과 같았다. 함양으로부터 연결하였다.

『關輔記』曰:"林光宮, 一曰甘泉宮, 秦所造, 在今池陽縣西, 故甘泉山, 宮以山爲名. 或曰高泉山, 蓋習俗語訛爾. 宮周匝十餘里. 漢武帝建元中增廣之, 周十九里."

『관보기』에 "임광궁은 일설에 감천궁이라 하고, 진대에 지었다.

지금의 지양현 서쪽 옛 감천산에 있으므로, 산을 궁의 명칭으로 삼았다. 혹은 고천산이라 하는데, 아마 습속에 의해 말이 바뀌었을 것이다. 궁의 주위 둘레는 10여 리이다. 한 무제 건원 연간(기원전 140년~기원전 135년)에 증수하여 둘레 19리로 넓혔다"라고 하였다.

　"去長安三百里, 望見長安城, 黃帝以來圜[59]丘祭天處."『漢志』: 雲陽縣有休屠·金人·徑路神祠三所.『音義』云: 匈奴祭天處, 本雲陽甘泉山下, 秦奪其地, 徙休屠右地.『郊祀志』云: 徑路神祠, 祭休屠王處.

　(또한) "장안에서 300리 떨어져 장안성을 바라다보니, 황제가 환구에 와서 하늘에 제사 지낸 곳이다"라고 하였다. 『한서』「지리지」에 운양현에 휴도·금인·경로신사 세 곳이 있다고 하였다. 『음의』에 "흉노가 하늘에 제사 지내는 곳으로, 원래 운양현 감천산 아래였으나, 진이 그 땅을 빼앗아 휴도왕의 우지로 옮겼다"라고 하였다. 『한서』「교사지」에 "경로신사는 휴도왕을 제사 지내는 곳이다"라고 하였다.

　『遁甲開山圖』云: "雲陽, 先王[60]之墟也. 武帝造赤[61]闕於南, 以象方色, 於甘泉宮更置前殿, 始廣[62]造宮室, 有芝生甘泉殿邊房中."房中樂有芝草之歌.

　『둔갑개산도』[63]에 "운양은 선왕의 터이다. 무제는 남쪽에 적궐을 지어, 남방의 색을 상징하였다. 감천궁에 전전을 다시 세우고, 처음으로 궁실을 넓게 만들었다. 지초가 감천전의 상방에서 나와 자랐다"라고 하였다. 방중락에 「지초가(芝草歌)」가 있다.

『漢舊儀』云: "芝有九莖. 「芝草歌」曰: 九莖連葉. 芝金色, 綠葉朱實, 夜有光, 乃作芝房之歌."

『한구의』에 "지초에 아홉 줄기가 있다. 「지초가」에 "아홉 줄기의 잎이 (서로) 연결되었다"라고 하였다. 지초는 금색이고 녹색 잎에 열매는 붉으며, 밤에 빛이 난다. 이에 '지방의 노래'를 지었다"라고 하였다.

帝又起紫殿, 雕文刻鏤黼黻, 以玉飾之. 成帝永始四年行幸甘泉, 郊泰時, 神光降於紫殿.

황제가 자전도 지었는데, 문양을 조각하고 보불(黼黻)[64]을 새겨 넣은 후 옥으로 장식하였다. 성제 영시 4년(기원전 13년)에 감천으로 행행하여, 태치에서 교사를 지냈다. 신비로운 광채가 자전에 내려왔다.[65]

今按甘泉谷北岸有槐樹, 今謂玉樹, 根幹盤峙, 三二百年木也. 楊震『關輔古語』云: "耆老相傳, 咸以謂此樹卽揚雄 「甘泉賦」 所謂 玉樹青葱也."

지금 살펴보니 감천곡의 북쪽 언덕에 느티나무가 있었는데, 지금은 옥나무라고 부른다. 줄기가 넓고 크며 뿌리가 불쑥 튀어나온 이삼백 년 된 나무이다. 양진의『관보고어』에 "기로(耆老)가 서로 전하여 모두 말하기를, 이 나무가 바로 양웅이 「감천부」에서 말한 짙게 푸르른 옥나무라고 하였다"[66]라고 하였다.

　甘泉有高光宮, 又有林光宮, 有長定宮·竹宮·通天臺·通靈臺. 武帝作迎風館於甘泉山, 後加露寒·儲胥二館, 皆在雲陽. 甘泉中西廂起彷徨觀, 築甘泉苑. 建元中作石關[67]·封巒·鳷鵲觀於苑垣內. 宮南有昆明池, 苑南有棠梨宮.

　감천(궁)에는 고광궁이 있었고, 임광궁도 있었으며, 장정궁·죽궁·통천대·통령대가 있었다. 무제는 감천산에 영풍관을 만들었고, 후에 노한관·저서관을 추가하였으며 모두 운양에 있었다. (무제는) 감천(궁) 안 서쪽 행랑에 방황관을 세우고, 감천원을 쌓았다. 건원 연간에는 감천원의 담장 안에 석관관·봉만관·지작관을 만들었다. (감천)궁 남쪽에 곤명지가 있고, (감천)원 남쪽에 당리궁이 있었다.

　漢未央·長樂·甘泉宮, 四面皆有公車. 公車, 主受章疏之處.
　한의 미앙궁·장락궁·감천궁의 사면 모두 공거가 있었다. 공거는 상언 문서[章疏]의 수납을 담당하는 곳이다.[68]

　司馬門, 凡言司馬者, 宮垣之內, 兵衛所在, 司馬主武事, 故謂宮之外門爲司馬門.

사마문은, 대개 사마라는 것은 궁의 담장 안에서 호위 병사가 있는 곳으로서, 사마가 군사 업무를 담당하므로 궁의 바깥문을 사마문이라 불렀다.

按漢「官衛令」, 諸出入殿門 · 公車司馬門者皆下, 不如令, 罰金四兩. 王莽改公車司馬門曰王路四門, 分命諫大夫四人, 受章疏以通下情.『百官表』: 衛尉屬官有公車司馬令 · 丞.『漢官儀』云: 公車司馬, 掌殿司馬門, 夜徼宮中. 天下上事, 及闕下凡所徵召, 皆總領之, 令秩六百石.

한의 「관위령」에 따르면, 전문이나 공거사마문을 출입하는 자는 모두 (수레에서) 내려야 했다. (이) 영을 따르지 않으면, 벌금 4량이었다. 왕망은 공거사마문을 왕로사문으로 개칭하였다.[69] 간대부 네 명에게 명하여 (상언 문서인) 장 · 소를 수납하게 하였고, 이로써 정을 아래에서부터 통하게 하였다.[70] 『한서』「백관공경표」에 위의 속관에 공거사마령과 승이 있다고 하였다. 『한관의』에 "공거사마는 (궁)전의 사마문을 맡아 밤에 궁 안을 순시한다. 천하의 아뢰는 일과 궐 아래로 징소(徵召)하는 일을 모두 맡아 처리한다. 공거사마령의 질급은 600석이다"라고 하였다.

---

24 원문에는 '漢'이 없으나, 『校證』에서 목록에 근거하여 보충한 것을 따랐다.

25 한대 1척은 23cm이므로, 전전의 동서 길이는 약 114.31m이다.

26 『校證』에 따르면, 『長安志』에 인용된 『삼보황도』의 문장과 동일하지만, '兩杅'는 『長安志』에 '西杅'로 되어 있어 차이가 있다. '杅' 자는 판본에 따라 '序'라고도

쓴다. 堂의 동쪽과 서쪽의 夾室의 담장을 구분하여 堂上의 담장은 '序'라고 하고 堂下의 담장은 '壁'이라 하므로, 여기서 '兩序'는 堂의 동서에 위치한 담장을 가리킨다.

27 지금의 길이 단위로 환산하면, 장락궁 前殿에서 堂의 동서 길이는 약 80.5m이고, 남북으로 너비는 약 27.6m이다.

28 『한서』 권8 「宣帝紀」 元康 4년의 기록에 "三月, 詔曰, '乃者, 神爵五采以萬數集長樂 · 未央 · 北宮 · 高寢 · 甘泉泰時殿中及上林.'"라고 하였다.

29 『한서』 권8 「宣帝紀」 五鳳 3년의 기록에 "三月辛丑, 鸞鳳又集長樂宮東闕中樹上, 飛下止地, 文章五色, 留十餘刻, 吏民並觀"라고 하였다. 鸞鳳은 봉황류에 속하는 전설상의 신령한 새이다.

30 『한서』 권99中 「王莽傳」, "長樂宮日常樂室." 참조.

31 杜門은 곧 覆盎門으로서 장안성의 남쪽으로 나가는 성문들 중 동쪽에서 첫 번째 문이다.

32 『校釋』에 따르면, 『西京雜記』 권1에서는 미앙궁의 주위 둘레가 22리 95보 5척이고 街道의 둘레는 70리이며, 臺殿은 43리라고 하였다. 본문에서는 미앙궁의 둘레를 28리라고 하였으나, 실측에 따르면 한대 21리 정도에 해당하는 길이로서 『서경잡기』의 기록과 유사하다.

33 『校證』에 따르면, '永'은 원래 '水'로 되어 있으나 畢本에 근거하여 수정하였다.

34 『校釋』에 따르면, '羽'는 원래 '雨'로 되어 있으나, 『한서』에 근거하여 수정하였다. 『한서』 권98 「元后傳」에서 왕망이 그 고모인 王政君을 飛羽殿에서 제사하였는데 顏師古 注에 따르면 飛羽殿은 미앙궁 안에 있다고 하였다.

35 『校釋』에 따르면, '瑣'는 원래 '鎖'로 되어 있으나, 『太平寰宇記』 권25와 『長安志』 권3에서 인용한 「關中記」에 근거하여 '瑣'로 수정하였다.

36 『校證』에 따르면, '回車'는 원래 '四車'로 되어 있는데, 『太平御覽』에 인용된 『三輔舊事』에 근거하여 수정하였다.

37 『校釋』에 따르면, 延年殿은 『한서』에는 보이지 않으나, 진한시대 瓦當 中 '延年'이라는 두 글자가 새겨진 와당이 확인되는데, 연년전에서 사용한 와당으로 추정된다.

38 『校證』에 따르면, '王'은 원래 '玉'으로 되어 있으나 『한서』 「王莽傳」과 居延漢簡

에 근거하여 수정하였다.

39 『校釋』에 따르면, 『漢武故事』는 漢 반고가 편찬한 1권이며, 『隋書』「經籍志」에는 2권으로 되어 있고 편찬자가 적혀 있지 않다. 지금은 전하지 않는다.

40 『校釋』에 따르면, 『舊圖』는 이 책의 편자가 보았던 『三輔黃圖』의 옛 판본이다.

41 『한서』 권6 「武帝紀」 太初 원년, "乙酉, 柏梁臺災." 참조.

42 『한서』 권25下 「郊祀志」 5下, "上還, 以柏梁災故, 受計甘泉 …… 勇之乃曰, '粵俗有火災, 復起屋, 必以大, 用勝服之.' 於是作建章宮, 度爲千門萬戶." 참조.

43 『校釋』에 따르면, '屛'은 원래 검은 점으로 표기되어 있으나, 吳本에 근거하여 보충하였다.

44 『校釋』에 따르면, '唐中殿'은 원래 '廣中殿'으로 되어 있으나, 畢本에서 『玉海』에 근거하여 수정한 것을 따랐다.

45 『校釋』에 따르면, 원본에는 '宮' 자가 없으나 『三輔舊事』에 근거하여 보충하였다.

46 『校證』에 따르면, '七'은 원래 '七十'으로 되어 있으나, 『수경주』에 근거하여 '十'을 삭제하였다.

47 『校證』에 따르면, 원본에는 '鳳闕賦' 세 글자가 빠져 있으나, 『수경주』에 근거하여 보충하였다. 『수경주』「渭水」에 서술되어 있는 建章宮의 내용과 같으며, 본문에서 인용한 「建章鳳闕賦」의 序는 『藝文類聚』 권62에 보인다.

48 繁欽은 후한 말의 인물로서, 字는 休伯이고 潁川 사람이며 문장에 뛰어나 어려서부터 이름을 떨쳤다. 『삼국지』 魏書 권21 「王衛二劉傳」, "自潁川邯鄲淳・繁欽 …… 亦有文采, 而不在此七人之例." 참조.

49 『校證』에 따르면, 원본에는 '生'이 '熟'으로 되어 있으나 『長安志』에 근거하여 수정하였다.

50 『校證』에 따르면, 『太平寰宇記』 권25에서 인용한 『長安記』 古歌의 가사와 동일하다. 또 『大平御覽』 권179에 수록된 魏 文帝의 歌에서도 "長安城西有雙圓闕, 上有雙銅雀, 一鳴五穀生, 再鳴五穀熟"이라 하였는데, 이 古歌는 曹丕가 지은 것으로 보인다.

51 『校證』에 따르면, 여기서 인용한 『한서』「郊祀志」 顏師古 注의 문장은 『한서』에 실린 원문이 아니며, 『수경주』에서 가져온 것이다.

52 『校證』에 따르면, 원본에는 '堂' 자가 없는데, 누락된 것으로 보인다.

53 『한서』 권81 「孔光傳」, "大司空何武曰, '可居北宮.' 上從武言. 北宮有紫房復道通 未央宮." 참조.

54 『校釋』에 따르면, 『關輔記』는 관련 기록이 없으며, 인용된 내용은 『關中記』와 동 일하다. 『關中記』의 오기로 보인다.

55 『校釋』에 따르면, 桂宮은 미앙궁 漸臺의 북쪽에 있으므로, 서쪽에 있다는 기록 은 잘못이다.

56 원문에는 '황후 傅氏'가 '薄氏'로 되어 있는데, 『한서』에 근거하여 수정하였다.

57 『한서』 권97上 「外戚傳」 67上 孝惠張皇后, "呂太后崩, 大臣正之, 卒滅呂氏. …… 獨置孝惠皇后, 廢處北宮." 참조.

58 『한서』 권12 「平帝紀」, "辛卯, 貶皇太后趙氏爲孝成皇后, 退居北宮, 哀帝皇后傅 氏退居桂宮." 참조.

59 『校釋』에 따르면, '園丘'는 원래 '圓丘'로 되어 있으나 『한서』에 근거하여 수정하 였다.

60 『校釋』에 따르면, '先王'은 원래 '先生'으로 되어 있으나, 『長安志』에 근거하여 수 정하였다.

61 『校證』에 따르면, '赤' 자는 『玉海』에 근거하여 보충하였다.

62 『校證』에 따르면, '廣' 자는 『玉海』에 근거하여 보충하였다.

63 『校釋』에 따르면, 『遁甲開山圖』는 榮氏가 편찬한 책으로 3권으로 되어 있다. 『隋 書』 「經籍志」에 수록되어 있으며, 후대에 일실되었다. 『漢唐地理書鈔』에 輯錄이 있다.

64 '黼黻'은 예복에 수놓아 새겨 넣은 화려하고 아름다운 꽃문양을 의미한다.

65 『한서』 권10 「成帝紀」 永始 4년, "四年春正月, 行幸甘泉, 郊泰畤, 神光降集紫 殿." 참조.

66 『校證』에 따르면, 『長安志』에서 인용한 『雲陽宮記』와 동일한 내용이다.

67 『校證』에 따르면, '石關'은 원래 '石闕'로 되어 있으나, 여러 문헌에 근거하여 수 정하였다.

68 公車는 관서의 명칭이다. 『후한서』 권4 「和帝紀」 永元 6년, "昭巖穴, 披幽隱, 遣 詣公車, 朕將悉聽焉."(注) "前書音義曰, '公車, 署名也, 公車所在, 故以名焉.' 漢官儀曰, '公車令一人, 秩六百石, 掌殿門. 諸上書詣闕下者, 皆集奏之. 凡所徵

召, 亦總領之.'" 참조.

69 『한서』 권99中 「王莽傳」 69中, "公車司馬日王路四門." 참조.

70 『한서』 권99中 「王莽傳」 69中, "諫大夫四人常坐王路門受言事者." 참조.

권 3

장락궁(長樂宮)¹

鴻臺, 秦始皇二十七年築, 高四十丈, 上起觀宇, 帝嘗射飛鴻于臺上, 故號鴻臺. 『漢書』: 惠帝四年, 長樂宮鴻臺災.

홍대는 진시황 27년(기원전 200년)에 지었고, 높이는 40장이었다. (대) 위에 관우를 만들어 진시황이 대 위에서 날아다니는 기러기 쏘는 것을 감상하였기 때문에 홍대라고 불렀다. 『한서』에 "혜제 4년(기원전 191년), 장락궁 홍대에 재해가 있었다"²라고 하였다.

臨華殿, 在長樂宮前殿後, 武帝建. 『漢書』: 成帝永始四年, 長樂宮臨華殿災.³

임화전은 장락궁의 전전 뒤에 있었으며, 무제가 세웠다. 『한서』에 "성제 영시 4년(기원전 13년), 장락궁 임화전에 재해가 있었다"⁴라고 하였다.

溫室殿, 按『漢宮殿疏』在長樂宮. 又『漢宮閣記』: 在未央宮.

온실전은 『한궁전소』에 따르면 장락궁에 있었다. 또 『한궁각기』
에는 미앙궁에 있다고 하였다.

長信宮, 漢太后常居之. 按『通靈記』: "太后, 成帝母也. 后宮在
西, 秋之象也. 秋主信, 故宮殿皆以長信·長秋爲名." 又永壽·永
寧殿, 皆后所處也. 成帝母王太后, 居長信宮.

장신궁은 한 왕조의 태후들이 항상 거주하였다. 『통령기』에 따르
면, "태후는 성제의 모친이다. 후궁은 서쪽에 있는데, 가을의 상징
이다. '가을'은 '신의[信]'에 짝하므로 궁전은 모두 장신·장추를 그
이름으로 삼았다"[5]라고 하였다. 또 영수·영녕전은 모두 황후의 처
소였다. 성제의 모친인 왕태후는 장신궁에 거주하였다.

---

1 『校證』에 따르면, 원본에는 '長樂·未央·建章·北宮, 甘泉宮·中宮室臺殿'으
  로 되어 있으나, 목록에 근거하여 수정하였다.
2 『한서』 권2 「惠帝紀」 4년, "長樂宮鴻臺災." 참조.
3 『校證』에 따르면, 원본에는 溫室殿 항목과 연결되어 있으나, 吳本에 근거하여
  분리하였다.
4 『한서』 권10 「成帝紀」 永始 4년, "夏四月癸未, 長樂臨華殿·未央宮東司馬門皆
  災." 참조.
5 『한서』 권97下 「外戚傳」 孝成班倢伃, "趙氏姊弟驕妬, 倢伃恐久見危, 求共養太
  后長信宮, 上許焉." 참조.

164

미앙궁(未央宮)⁶

宣室·溫室·清涼, 皆在未央宮殿北. 宣明·廣明, 皆在未央殿東. 昆德·玉堂, 皆在未央殿西.

선실·온실·청량은 모두 미앙궁전의 북쪽에 있었다. 선명·광명은 모두 미앙전의 동쪽에 있었다. 곤덕·옥당은 모두 미앙전의 서쪽에 있었다.

宣室殿⁷, 未央前殿正室也.『淮南子』曰: "周武王殺紂於宣室." 漢取舊名也.『漢書』曰: "文帝受釐宣室, 夜半前席賈生, 問鬼神之事" 卽此也. 又王莽地皇四年, 城中少年朱弟·張魚等燒宮, 莽避火宣室前殿, 火輒隨之.

선실전은 미앙궁 전전의 정실이다.『회남자』에는 "주 무왕이 선실에서 (상의) 주왕을 죽였다"라고 하였다. 한에서는 옛 명칭을 취하였다. 『한서』에는 "문제는 선실에서 (천지 오치에) 제사 지내고 남은 고기[釐]를 받고 한밤중에 가생 앞으로 다가가 앉아, 귀신의 일을 물어보았다"[8]라고 하였는데, 바로 이곳이다. 또 왕망 지황 4년 (23년)에 성 중에서 소년 주제·장어 등이 궁에 불을 지르자, 왕망이 선실의 전전으로 불을 피하였는데 불이 바로 뒤따라왔다.[9]

溫室殿, 武帝建, 冬處之溫暖也. 『西京雜記』曰: "溫室以椒塗壁, 被之文繡, 香桂爲柱, 設火齊屛風, 鴻羽帳, 規地以罽賓氍毹." 『漢書』曰: "孔光爲尚書令, 歸休, 與兄弟妻子燕, 語終不及朝省政事. 或問溫室省中樹何木, 光不應." 『漢書』京房奏考功課吏法, 上令公卿朝臣, 會議溫室.

온실전은 무제가 세웠으며 겨울에 머물면 따뜻하였다. 『서경잡기』에는 "온실은 산초나무[椒]를 벽에 바르고, 아름답게 수놓은 천을 씌운다. (향이 나는) 계수나무로 기둥을 만들고, 화제 병풍을 설치한다. 기러기 깃털로 만든 막을 두르고 바닥을 규획하여 (서역) 계빈에서 나는 모직 깔개[氍毹]로 덮는다"라고 하였다. 『한서』에는 "공광을 상서령으로 삼았는데, 휴가를 얻어 (집에 돌아가) 형제·처자와 지내면서, 조정의 정사에 관해서는 끝까지 언급하지 않았다. 누가 온실전 안의 나무는 무슨 나무인지 물어보아도 공광은 대답하지 않았다"[10]라고 하였다. 『한서』를 보면 경방에서 공과나 관리들의 법에 대해 아뢰거나 살폈으며, 황제는 온실에서 공경이나 대신들에게 명령을 내리고 회의를 하였다.

清涼殿, 夏居之則清涼也, 亦曰延淸室.『漢書』曰 "淸室則中夏
含霜" 卽此也. 董偃常臥延淸之室, 以畫石爲牀, 文如錦, 紫琉璃
帳, 以紫玉爲盤, 如屈龍, 皆用雜寶飾之. 侍者於外扇偃, 偃曰: "玉
石豈須扇而後涼邪?" 又以玉晶爲盤, 貯氷於膝前, 玉晶與氷同潔.
侍者謂氷無盤必融濕席. 乃拂玉盤, 墜, 氷玉俱碎. 玉晶, 千塗國所
貢也, 武帝以此賜偃.

청량전은 여름에 머물면 시원하였으며, 연청실이라고도 불렀다.
『한서』에는 "청실은 한여름에도 서리를 머금은 것 같다"라고 하였
는데,[11] 바로 이를 말하였다. 동언은 항상 연청의 방에 누워 그림
이 그려진 돌[畫石]로써 평상을 만들었는데, 그 문양은 비단과 같았
고 자색 유리로 장식한 휘장을 둘렀으며, 자색 옥으로 쟁반을 만들
어 마치 구부러진 용과 같았는데 모두 여러 보석으로 장식하였다.
시중드는 자들은 (그) 바깥에서 동언에게 부채질하였는데, 동언이
"옥석(玉石)은 어째서 부채질한 후에야 시원해지는가?"라고 하였
다. 그리고 옥정(玉晶)으로 쟁반을 만들고 무릎 앞에다 얼음을 담아
두었는데, 옥정은 얼음과 같이 맑았다. 시중드는 자들이 얼음을 쟁
반으로 받치지 않으면 반드시 녹아서 자리가 젖는다고 하였다. 이
에 옥쟁반을 치워 떨어뜨리자 빙옥(冰玉)이 모두 부서졌다. 옥정은
천도국에서 바친 것으로, 무제가 이를 동언에게 하사하였다.[12]

麒麟殿, 未央宮有麒麟殿.『漢書』: "哀帝燕董賢父子於麒麟殿,
視賢曰: '吾欲法堯禪舜, 如何?' 王閎曰: '天下乃高皇帝天下, 非陛
下之天下也. 陛下奉承宗廟, 當傳之無窮, 安可妄有所授! 帝業至
重, 天子無戲言.' 上黙然不悅."

기린전은, 미앙궁에 기린전이 있었다.『한서』에 "애제는 동현 부
자와 기린전에서 연회를 하였는데, (애제가) 동현을 보고 말하기를
'짐은 요임금이 순임금에게 선양한 것을 본받고 싶은데 어떻게 해
야 하는가?'라고 하였다. 왕굉이 말하길, '천하는 바로 고조 황제의
천하이지 폐하의 천하가 아닙니다. 폐하께서는 종묘를 받들어 계
승하여 마땅히 그것을 무궁토록 전해야 하는데, 어찌 함부로 넘겨
준다는 말씀입니까! 제업(帝業)은 지극히 중요하니 천자가 장난스
럽게 말해서는 안 됩니다'라고 하였다. 애제는 묵묵히 (들으며) 기
뻐하지 않았다"[13]라고 하였다.

金華殿, 未央宮有金華殿.『漢書』曰: "成帝初方向學, 召鄭寬
中・張禹, 說『尚書』・『論語』於金華殿中."

금화전은, 미앙궁에 금화전이 있었다.『한서』에 "성제 초에 배우
기 위해 정관중・장우를 불러 금화전에서『상서』・『논어』에 대한
강설을 들었다"[14]라고 하였다.

承明殿, 未央宮有承明殿, 著述之所也. 班固「西都賦」[15] 云: "內

有承明・金馬[16], 著作之庭." 卽此也. 『漢書』武帝謂嚴助曰: "君厭
承明之廬." 又成帝鴻嘉二年, 雉飛集承明殿屋.

　승명전은 미앙궁에 승명전이 있었으며 저술하는 곳이었다. 반고
의 「서도부」에는 "안쪽에 승명・금마가 있으며, 저작을 하는 정이
다"라고 하였는데 바로 이를 가리킨다. 『한서』에서 무제는 엄조에
게 말하기를, "자네는 승명전의 숙소[廬]를 싫어한다"[17]고 하였다.
성제 홍가 2년(기원전 19년)에 꿩이 승명전 지붕에 날아와 모였다.[18]

蒼龍・白虎・朱雀・玄武, 天之四靈, 以正四方, 王者制宮闕殿
閣取法焉.

　창룡・백호・주작・현무는 하늘의 네 영으로서, 이것으로써 사
방을 바르게 하였다. 왕자(王者)가 궁궐과 전각을 만들 때 (이를) 그
원칙으로 삼았다.

掖庭宮, 在天子左右, 如肘膝.[19]
　액정궁은 천자의 좌우에 있어 마치 팔꿈치와 무릎과 같았다.

椒房殿, 在未央宮, 以椒和泥塗, 取其溫而芬芳也. 武帝時後宮
八區, 有昭陽・飛翔・增成・合歡・蘭林・披香・鳳皇・鴛鸞[20]
等殿. 後又[21]增修安處・常寧・茝若・椒風・發越・蕙草等殿, 爲
十四位.

초방전은 미앙궁에 있었는데, 산초나무와 진흙으로 발라 그 온기와 향기를 취하였다.[22] 무제 때 후궁은 여덟 구역으로 나뉘었는데, (바로) 소양·비상·증성·합환·난림·피향·봉황·원란전 등이었다. 후에 다시 안처·상녕·채약·초풍·발월·혜초전 등을 증수하여 14곳이 되었다.

成帝趙皇后居昭陽殿, 號飛燕, 以其體輕也. 有女弟, 俱爲婕妤, 貴傾後宮. 昭陽舍蘭房椒壁, 其中庭彤朱, 而庭上髹漆, 切皆銅沓·切, 門限也. 黃金塗, 白玉階, 壁帶往往爲黃金釭, 函藍田璧, 明珠翠羽飾之, 自後宮未嘗有焉. 班婕妤居增成舍. 後宮八區, 增成第三區也. 哀帝時董賢女弟爲昭儀, 居舍號曰椒風.

성제의 조 황후는 소양전에 거하였다. 비연이라 불렀는데, 이는 그 몸이 가벼웠기 때문이다. 여동생이 있었는데, 모두 첩여가 되었고, 그 지위는 후궁보다 못하였다. 소양사는 난방으로 산초나무로 만든 벽이었으며, 그 중정에는 붉은 칠을 하였고 정 위는 옻칠을 하였으며 문틀은 모두 동으로 씌워서 沓은 문틀이다. 황금으로 칠하였고 백옥계단을 만들었다. 벽대에는 이따금 황금으로 만든 강(釭)을 달아 남전의 벽을 끼웠으며, 명주와 비취색 깃털로 그것을 장식하였는데 후궁으로서는 지금까지 없었던 일이었다.[23] 반첩여는 증성사에 거하였다. 후궁은 여덟 구역이 있었고, 세 곳을 추가로 만들었다. 애제 때 동현의 여동생이 소의가 되어 사에 거하였는데, 초풍이라 불렀다.[24]

高門殿,『漢書』曰: "汲黯請見高門." 注曰: "未央宮高門殿也."
又哀帝時鮑宣諫曰: "陛下擢臣巖穴, 誠冀有益毫毛, 豈欲臣美食
大官, 重高門之地."

고문전은 『한서』에 "급암이 고문에서 알현하기를 청하였다"라고
하였는데, 주에 "미앙궁의 고문전이다"라고 하였다.[25] 또 애제 때
포선이 간언하기를, "폐하께서 바위 동굴에서 신을 발탁하시니, 진
실로 털끝만큼이라도 유익이 있기를 바라옵니다. 어찌 신들로 하
여금 좋은 음식을 먹으며 고관에 오르게 하시고 고문전과 같은 궁
궐의 위엄까지 더해주시려고 하십니까"라고 하였다.

非常室,『漢書』: "成帝綏和二年, 鄭通里人王褒, 絳衣小冠, 帶
劍入北司馬門殿東門, 上前殿, 至非常室中, 殿上室名. 解帷組結佩
之. 召前殿署長業等曰: '天帝令我居此.' 業等收縛考問, 乃故公車
大誰卒, 病狂易, 不自知入宮, 下獄死." 大誰者, 主問非常之人. 誰, 以誰何
稱, 因用爲官名. 有大誰長令, 此卒者, 長所領士卒也. 狂易, 謂病狂而變易其常也.

비상실은, 『한서』에 "성제 수화 2년(기원전 7년)에 정현 통리 사람
왕포가 붉은 옷에 소관을 쓰고 검을 차고 북쪽 사마문과 전의 동문
으로 들어왔다. 전전 근처 비상실 안에 이르러 전 근처 실의 명칭이다.
휘장의 끈을 풀어 패를 매어 달았다. 전전의 서장인 업 등을 불러
말하길, '천제께서 나로 하여금 이곳에 머물라고 하였다'라고 하였
다. 업 등이 잡아서 포박하고 조사하여 물어보니 그는 이전에 공거

령 소속 대수졸이었다. (그런데) 병들어 미쳐서 비정상이므로 궁에 들어왔다는 것을 스스로도 알지 못하였으므로 그를 하옥하여 죽였다"[26]라고 하였다. '大誰'라는 것은 수상한 사람이 누구인지 묻는 것이다. 誰는 무엇이라 칭하는가를 의미하기에 이를 관명으로 사용하였다. 대수장령이 있어 그 졸은 장이 거느리는 사졸이다.[27] 狂易은 병들어 미쳐서 비정상으로 변한 것을 말한다.

織室, 在未央宮. 又有東·西織室, 織作文繡郊廟之服, 有令史.

직실은 미앙궁에 있다. 또한 동·서의 직실이 있으며, 문양을 수 놓은 교묘에서 사용할 옷을 짜서 만들며 (그 일을 담당하는) 영사가 있었다.[28]

凌室, 在未央宮, 藏冰之所也.『豳詩』「七月篇」曰：“納于凌陰.”「周官」凌人職掌藏冰. 大祭祀飲食則供冰.『漢書』惠帝四年，“織室·凌室災.”

능실은 미앙궁에 있었으며, 얼음을 보관하는 장소였다.『빈시』「칠월편」에는 “능음에 들인다”라고 하였다.「주관」능인의 직무는 얼음 보관을 관장하는 것이었다. 큰 제사 음식에는 얼음을 바쳤다.『한서』혜제 4년(기원전 191년) 기록에, “직실·능실에 재해가 있었다"[29]라고 하였다.

暴室, 主掖庭織作染練之署, 謂之暴室, 取暴曬爲名耳, 有嗇夫官屬.

폭실은 액정의 방직과 염색을 담당하는 부서로서, 폭실이라 불렀는데 볕에 말린다는 의미에서 그 명칭이 나왔을 뿐이며[30] 색부와 그 속관들이 있었다.

弄田, 在未央宮. 弄田者, 燕遊之田, 天子所戲弄耳.『漢書』「昭帝紀」曰: "始元元年, 上耕于鉤盾弄田." 應劭注云 "帝時年九歲, 未能親耕帝籍, 鉤盾宦者近署, 故往試耕爲戲弄." 成帝建始三年, 小女陳持弓年九歲, 闌入尚方掖門, 至未央殿鉤盾禁中.

농전은 미앙궁에 있었다. 농전이라는 것은 즐기며 노니는 밭으로서, 천자가 놀며 즐기는 곳일 뿐이었다.『한서』「소제기」에 "시원 원년(기원전 86년)에 황제께서 구순의 농전에서 경작하였다"라고 하였는데, 응소의 주에는 "황제일 때 나이가 아홉 살이라 황제의 자전(藉田)을 직접 경작할 수 없었다. 구순 관리[宦者]의 부서가 가까이 있어 가서 시범적으로 경작하며 놀았다"[31]라고 하였다. 성제 건시 3년(기원전 30년)에 소녀 진지궁은 나이가 아홉 살이었는데, 상방의 액문으로 난입하여 미앙전 구순의 (출입이) 금지된 곳까지 이르렀다.[32]

内謁者署, 在未央宮, 屬少府.『續漢書』云: "掌宮中步帳褻物."

丁孚『漢官』云: "令, 秩千石."

내알자의 관서는 미앙궁에 있었으며, 소부에 속하였다. 『속한서』에 "궁중의 포장(布帳)과 설물(褻物)을 담당하였다"[33]라고 하였다. 정부의 『한관』에 "(내알자)령은 질급이 1,000석이다"라고 하였다.

金馬門, 宦者署. 武帝得[34]大宛馬, 以銅鑄像, 立於署門, 因以爲名. 東方朔 · 主父偃 · 嚴安 · 徐樂, 皆待詔金馬門, 卽此.

금마문은 환자(宦者)의 관서였다. 무제가 대완의 말을 얻고는 동으로 그 형상을 주조하여 관서 문 앞에 세웠기 때문에 금마문이라 불렀다. 동방삭 · 주부언 · 엄안 · 서락 모두 금마문에서 (황제의) 조서를 기다렸는데, 바로 이곳이다.

路軨廄, 在未央宮中, 掌宮中輿馬, 亦曰未央廄. 『漢書』曰: "武帝時, 期門郞上官桀遷爲未央廄令."

노령구는 미앙궁 안에 있었으며, 궁중의 수레와 말을 담당하며 미앙구라고도 불렀다. 『한서』에 "무제 때 기문랑 상관걸이 직위를 바꾸어 미앙구령이 되었다"[35]라고 하였다.

---

6   『校證』에 따르면, 舊本에는 '右長樂宮'으로 되어 있으나, 목록에 근거하여 수정하였다.

7 『校證』에 따르면, '殿' 자는 목록에 근거하여 보충하였다.

8 『한서』권48 「賈誼傳」 服鳥賦, "後歲餘, 文帝思誼, 徵之. 至, 入見, 上方受釐, 坐宣室. 上因感鬼神事, 而問鬼神之本."(注) "蘇林曰, 宣室, 未央前正室也. 應劭曰, 釐, 祭餘肉也. 漢儀注祭天地五畤, 皇帝不自行, 祠還致福."참조.

9 『한서』권99下 「王莽傳」, "二日己酉, 城中少年朱弟·張魚等恐見鹵掠, 趨讙並和, 燒作室門 …… 火及掖廷承明, 黃皇室主所居也. 莽避火宣室前殿, 火輒隨之."참조.

10 『한서』권81 「孔光傳」, "沐日歸休, 兄弟妻子燕語, 終不及朝省政事. 或問光, '溫室省中樹皆何木也?' 光嘿不應, 更答以它語, 其不泄如是."참조.

11 『한서』권57上 「司馬相如傳」 子虛賦, "醴泉涌於淸室, 通川過於中庭."(注) "師古曰, 醴泉, 瑞水, 味甘如醴, 言於室中涌出, 而通流爲川, 從中庭而過也."참조.

12 『校證』에 따르면, 이는 『拾遺記』권5에 동일하게 실려 있다.

13 『한서』권93 「佞幸傳」 董賢, "後上置酒麒麟殿, 賢父子親屬宴飮, 王閎兄弟侍中中常侍皆在側. 上有酒所, 從容視賢笑, 曰, '吾欲法堯禪舜, 何如?' 閎進曰, '天下乃高皇帝天下, 非陛下之有也. 陛下承宗廟, 當傳子孫於亡窮. 統業至重, 天子亡戲言!' 上默然不說, 左右皆恐."참조.

14 『한서』권100上 「敍傳」, "時上方鄕學, 鄭寬中·張禹朝夕入說尙書·論語於金華殿中, 詔伯受焉."(注) "師古曰, 金華殿在未央宮."참조.

15 『校證』에 따르면, 원본에는 '賦' 다음에 '序' 자가 있으나, 삭제하였다.

16 『校證』에 따르면, '金馬'는 「西都賦」에 근거하여 보충하였다.

17 『한서』권64上 「嚴助傳」, "賜書曰, 制詔會稽太守: 君厭承明之廬, 勞侍從之事, 懷故土, 出爲郡吏."참조.

18 『한서』권10 「成帝紀」 鴻嘉 2년, "三月, 博士行飮酒禮, 有雉蜚集于庭 …… 後集諸府, 又集承明殿."참조.

19 『校證』에 따르면, 원본에는 작은 글자로 되어 있으나, 孫星衍의 의견에 따라 수정하였다.

20 『校證』에 따르면, 원본에는 '鴛鴦'이나, 「西京賦」 등의 문헌에 근거하여 수정하였다.

21 『校證』에 따르면, 원본에는 '又' 뒤에 '有' 자가 있으나, 수정하였다.

22 『한서』 권66 「車千秋傳」, "曩者, 江充先治甘泉宮人, 轉至未央椒房." (注) "師古曰, 椒房, 殿名, 皇后所居也. 以椒和泥塗壁, 取其溫而芳也." 참조.

23 이상은 『한서』 「外戚傳」과 동일한 내용이다. 『한서』 권97下 「外戚傳」 孝成趙皇后, "皇后既立, 後寵少衰, 而弟絶幸, 爲昭儀. 居昭陽舍, 其中庭彤朱, 而殿上髤漆, 切皆銅沓黃金塗, 白玉階, 壁帶往往爲黃金釭, 函藍田璧, 明珠 · 翠羽飾之, 自後宮未嘗有焉." 참조.

24 「校證」에 따르면, 목록에는 飛翔殿 · 當先殿 · 合歡殿 · 蘭林殿 · 披香殿 · 鳳凰殿 · 鴛鸞殿 · 安處殿 · 常寧殿 · 茝若殿 · 椒風殿 · 發越殿 · 蕙草殿이 있지만, 본문 중에는 관련 서술이 보이지 않는데 산일된 것으로 보인다.

25 『한서』 권50 「汲黯傳」, "黯入, 請間, 見高門." (注) "晉灼曰, 『三輔黃圖』 未央宮中有高門殿也." 참조. 이를 보면 晉灼은 高門殿을 설명하면서 당시 그가 보았던 『삼보황도』 기록을 근거로 하고 있다. 이는 그가 보았던 『삼보황도』와 본 판본의 내용이 달랐음을 보여준다.

26 『한서』 권27下 「五行志」 7下, "成帝綏和二年八月庚申, 鄭通里男子王褒衣絳衣小冠, 帶劍入北司馬門殿東門, 上前殿, 入非常室中, 解帷組結佩之, 招前殿署長業等曰, '天帝令我居此.' 業等收縛考問, 褒故公車大誰卒, 病狂易, 不自知入宮狀, 下獄死." 참조.

27 이는 『한서』 권27下 「五行志」 7下에 수록된 顏師古 注의 내용이다. "師古曰, 大誰者, 主問非常之人, 云姓名是誰也. 而應氏乃以誰誰爲義, 云大誰呵, 不當厥理. 後之學者輒改此書誰字爲誰, 違本文矣. 大誰本以誰何稱, 因用名官, 有大誰長. 今此卒者, 長所領士卒也." 참조.

28 織室은 소부의 속관으로서, 원래 東織 · 西織으로 구분되었으나 성제 하평 원년에 東織을 없애고 西織을 織室로 개칭하였다(『한서』 권19上 「百官公卿表」 "少府 …… 屬官有 …… 東織 · 西織 …… 官令丞. …… 河平元年省東織, 更名西織爲織室.").

29 『한서』 권2 「惠帝紀」 4년, "秋七月乙亥, 未央宮凌室災." (注) 師古曰, 凌室, 藏冰之室也. 豳詩七月之篇曰「納于凌陰」 참조.

30 이는 『한서』 「宣帝紀」의 안사고 주의 설명과 동일하다(『한서』 권8 「宣帝紀」, "既壯, 爲取暴室 嗇夫許廣漢女." (注) "師古曰, 暴室者, 掖庭主織作染練之署, 故謂

176

之. 暴室, 取暴曬爲名耳.").

31 『한서』권7「昭帝紀」시원 원년, "己亥, 上耕于鉤盾弄田."(注)"應劭曰, 時帝年 九歲, 未能親耕帝籍, 鉤盾, 宦者近署, 故往試耕爲戲弄也."참조.

32 『한서』권10「成帝紀」건시 3년, "七月, 虒上小女陳持弓聞大水至, 走入橫城門, 闌入尙方掖門, 至未央宮鉤盾中."참조.

33 『후한서』「百官志」少府, "內者令一人, 六百石. 本注曰, 掌(宮)中布張諸(衣)[褻] 物."참조.

34 『校證』에 따르면, 원래 '得'이 아니라 '時'로 되어 있으나, 『玉海』에 근거하여 수 정하였다.

35 『한서』권97上「外戚傳」孝昭上官皇后, "上奇其材力, 遷未央廄令."참조.

건장궁(建章宮)[36]

駘蕩宮, 春時景物駘蕩滿宮中也.

태탕궁에는 봄철에 궁 안 가득 볼거리가 화창하게 피어 만발하였다.

駊娑宮. 駊娑, 馬行疾貌. 馬行迅疾一日之間遍宮中, 言宮之大也.

삽사궁. '삽사(駊娑)'는 말이 빨리 달리는 모습이다. 말이 빨리 달려 하루 동안 궁 안에 두루 미치게 되니 궁이 큼을 말한 것이다.

枌詣宮. 枌詣, 木名, 宮中美木茂盛也.

예예궁. '예예(枌詣)'는 나무 이름으로, 궁 안에 아름다운 나무가 무성함을 뜻한다.

天梁宮, 梁木至於天, 言宮之高也. 四宮皆在建章宮.

천량궁은 대들보가 하늘에 미친다는 의미로 궁의 높이가 높음을 말한 것이다. 네 궁 모두 건장궁에 있었다.

奇華殿, 在建章宮旁, 四海夷狄器服珍寶, 火浣布 · 切玉刀 · 巨象 · 大雀 · 師子 · 宮馬, 充塞其中.

기화전은 건장궁 옆에 있었으며, 천하 여러 나라의 기물과 의복 및 진귀한 보물, 화완포 · 절옥도 · 거상 · 대작 · 사자 · 궁마[37]로 그 안을 가득 채웠다.

鼓簧宮, 『漢宮闕疏』云: "鼓簧宮周匝一百三十步, 在建章宮西北."

고황궁은 『한궁궐소』에 "고황궁의 둘레는 130보이고 건장궁의 서북쪽에 있다"라고 하였다.

神明臺, 『漢書』曰: "建章有神明臺." 『廟記』曰: "神明臺, 武帝造, 祭仙人處, 上有承露盤, 有銅仙人, 舒掌捧銅盤玉杯, 以承雲表之露. 以露和玉屑服之, 以求仙道." 『長安記』: "仙人掌大七圍, 以銅爲之. 魏文帝徙銅盤折, 聲聞數十里."

신명대는 『한서』에 "건장궁에 신명대가 있다"[38]라고 하였다. 『묘기』에서는 "신명대는 무제가 만들었는데 신선에 제사하는 곳으로서 위에 이슬을 받는 소반[承露盤]과 동으로 만든 신선상이 있는데, 손바닥으로 동소반의 옥잔을 잡아 구름 위의 이슬을 받는 것을 표현하였다. 이슬과 옥가루를 함께 복용하여 신선의 길을 구하는 것이다"라고 하였다. 『장안기』에는 "신선이 일곱 아름의 테두리를 잡고 있는데, 그것은 동으로 만들었다. 위 문제가 동소반을 옮기다가 깨졌는데, 그 소리가 수십 리까지 들렸다"라고 하였다.

---

36 『校證』에 따르면, 원래 '右未央宮'이라 하였으나, 目錄에 근거하여 수정하였다.

37 『校證』에 따르면, '宮馬'는 '宛馬'의 오류로 보인다.

38 『한서』에 이 문장 그대로 기록되어 있지는 않으며, 사서에 무제 때 建章宮을 짓고 그 안에 神明臺를 세웠다는 기록이 보인다(『사기』 권12 「孝武本紀」, "於是作建章宮 …… 乃立神明臺.").

북궁(北宮)[39]

壽宮.[40] 北宮有神仙宮·壽宮, 張羽旗, 設供具, 以禮神君. 神君來, 則肅然風生, 帷帳皆動.

수궁. 북궁에는 신선궁과 수궁이 있었는데, 깃털로 만든 기를 걸고 바칠 물건을 진설하여 신군에 대한 예를 다하였다. 신군이 오면 숙연히 바람이 불며 휘장과 장막 모두 움직였다.

明光宮, 武帝太初四年秋起, 在長樂宮後, 南與長樂宮相連屬. 『漢書』「元后傳」曰: "成都侯商嘗疾, 欲避暑, 從上借明光宮." 蓋即此. 王莽始[41]建國元年, 改明光宮爲定[42]安館, 定安[43]太后居之.

명광궁은 무제 태초 4년(기원전 101년) 가을에 지었으며 장락궁의 뒤편에 있었고 남쪽으로 장락궁과 서로 연결되었다. 『한서』「원후전」에서 "성도후인 왕상이 일찍이 병이 들어 피서하고자 황제로

부터 명광궁을 빌렸다"[44]고 하였는데, 아마도 이것일 것이다. 왕망
시건국 원년(9년)에 명광궁을 정안관으로 바꾸어 정안태후가 머물
렀다.

太子宮甲觀畫堂[45]. 太子宮有甲觀畫堂.『漢書』注曰: 甲者, 甲乙丙丁之
次也.『漢書』曰: "孝成皇帝, 元帝太子也. 母曰王皇后. 元帝在太子
宮生甲觀畫堂."「元后傳」曰: "見於兩殿." 此其例也. 畫堂, 謂宮殿
中彩畫之堂.

태자궁갑관화당. 태자궁에 갑관화당이 있었다. 『한서』 주에 "'갑'은
'갑을병정'의 순서이다"[46]라 하였다. 『한서』에 "효성황제는 원제의 태자이
다. 모친은 왕황후이다. 원제는 태자궁의 갑관화당에서 (성제를) 길
렀다"[47]라고 하였다. 「원후전」에서 "두 전에서 뵈었다"고 하였는데,
이는 그 예이다. '화당'은 궁전 안에 그림을 그리는 당이다.

---

39 『校證』에 따르면, 원래 '右建章宮'으로 되어 있으나, 목록에 근거하여 수정하였다.
40 맥락상 壽宮은 바로 뒤의 문장에 포함되지 않으므로, 구두 부호를 추가하였다.
41 『校證』에 따르면, 원래는 '始' 자가 없으나 추가하였다.
42 『校證』에 따르면, 원본에는 '定' 자가 빠져 있으나, 畢本에 근거하여 보충하였다.
43 원문에는 安定太后로 되어 있으나, 定安太后로 수정하였다(『한서』 권99中「王
    莽傳」, "改明光宮爲定安館, 定安太后居之.").
44 『한서』 권98「元后傳」, "初, 成都侯商嘗病, 欲避暑, 從上借明光宮." 참조.

45 『校證』에 따르면, 목록에 근거하여 '畫堂' 2자를 추가하였다.

46 『한서』 권10 「成帝紀」에 실린 顔師古 注를 말한다. 곧, "師古曰, 甲者, 甲乙丙丁
之次也. 元后傳言見於丙殿, 此其例也."라고 하였다.

47 『한서』 권10 「成帝紀」, "孝成皇帝, 元帝太子也. 母曰王皇后, 元帝在太子宮生甲
觀畫堂." 참조.

감천궁(甘泉宮)[48]

鉤弋宮, 『列仙傳』曰: "鉤弋夫人, 姓趙氏, 河間人, 少好酒. 病臥六年, 右手鉤卷, 飮食少. 望氣者云: 東北有貴人, 推而得之. 見召, 姿色佳麗. 武帝披[49]其手, 得玉鉤而手展. 有寵, 生昭帝, 姙娠十四月. 上曰: 聞昔堯十四月而生, 今鉤弋亦然. 乃命所生門曰堯母門, 所居曰鉤弋宮. 自夫人加婕妤. 後得罪, 掖庭獄死, 及殯, 香一月. 昭帝卽位, 追尊爲皇太后, 更葬之, 發六十二萬人起雲陵[50]. 其棺櫬但有彩履." 王褒 『雲陽宮[51]記』曰: "鉤弋夫人從至甘泉而卒, 屍香聞十餘里, 葬雲陽. 武帝思之, 起通靈臺於甘泉宮. 有一青鳥集臺上往來, 全宣帝時乃不至." 『漢武故事』曰: "鉤弋宮在直門之南."

구익궁은 『열선전』에 "구익부인은 성이 조씨이고 하간 사람인데, 어려서부터 술을 좋아하였다. 6년 동안 병들어 누워 있었는데 오른

손이 굽어 말렸으며 먹고 마시는 것도 적었다. 망기자(望氣者)가 이르길, '동북쪽에 귀인이 있으니 그를 받들어 얻으라'고 하였다. (황제의) 부름을 받으니 그 자태가 아름답고 고왔다. 무제가 그 손을 펴니 옥고리를 얻고는 손이 펴졌다. (그녀는 무제의) 총애를 받아 소제를 낳았는데, 14개월간 임신하였다. 황제는 '옛적에 요임금이 14개월 만에 태어났다고 들었는데, 지금 구익부인 역시 그러하다'라고 하였다. 이에 명하여 (소제를) 낳은 문을 '요모문'이라 하고 (부인이) 거하는 곳을 '구익궁'으로 부르게 하였다. (그 지위도) 부인에서 첩여로 올리었다. 후에 죄를 지어 액정옥에서 죽었으며 빈소에서 한 달간 향을 피웠다. 소제가 즉위하여 황태후로 추존하고 다시 장사하였는데, 62만 명을 동원하여 운릉을 세웠다. 그 관 속에는 단지 채색 신만 있었다"라고 하였다. 왕포의 『운양궁기』에서는 "구익부인은 감천궁에서 죽었는데, 시신 냄새가 10여 리까지 났으며 운양에 장사 지냈다. 무제가 그녀를 그리워하여 감천궁에 통령대를 지었다. 파랑새 한 마리가 통령대 위에 이르러 오가더니 선제 때가 되니 (더 이상) 오지 않았다"라고 하였다. 『한무고사』에서 "구익궁은 직문 남쪽에 있다"라고 하였다.

昭臺宮, 在上林苑中. 孝宣霍皇后立五年, 廢處昭臺宮. 後十二歲, 徙雲林館, 乃自殺.

소대궁은 상림원 안에 있었다. 선제의 곽황후는 5년간 황후에 즉

위하였다가 폐위되어 소대궁에 머물렀다. 12년 후에 운림관으로 옮겼으며 곧 자살하였다.[52]

長定宮, 林光宮中有長定宮.『三輔決錄』曰: "后從帝行幸於甘泉宮, 居長定宮. 孝成許皇后廢處昭臺宮, 歲餘徙長定宮."

장정궁에 대해서는, 임광궁 안에 장정궁이 있었다.『삼보결록』에 "황후가 황제를 따라 감천궁으로 행차하여 장정궁에 거하였다. 성제의 허황후는 폐위되어 소대궁에 머물렀으며 일 년 남짓 장정궁으로 거처를 옮겼다"[53]라고 하였다.

長門宮, 離宮, 在長安城. 孝武陳皇后得幸, 頗妬, 居長門宮.

장문궁은 이궁으로 장안성에 있었다. 무제의 진 황후는 황제의 총애를 입었으나 질투가 많아 (폐위되어) 장문궁에 거하였다.[54]

永信宮, 孝哀帝尊恭皇太后曰帝太太后, 稱永信宮.

영신궁은, 애제가 공황태후를 추존하여 '제태태후'라 하고, 영신궁이라 칭하였다.[55]

中安宮, 孝哀帝尊恭皇后[56]曰帝太后, 稱中安宮.

중안궁은, 애제가 공황후를 추존하여 '제태후'라 하고 중안궁이라 칭하였다.[57]

儲元宮, 在長安城西. 『漢書』「外戚傳」曰: "信都太后與信都王俱居儲元宮."

저원궁은 장안성의 서쪽에 있었다. 『한서』「외척전」에 "신도태후와 신도왕이 함께 저원궁에 거하였다"[58]라고 하였다.

犬臺宮, 在上林苑中, 長安西二十八里. 『漢書』"江充召見犬臺宮."

견대궁은 상림원 안에 있었는데, (그 위치는) 장안에서 서쪽으로 28리였다. 『한서』에 "강충은 (무제로부터) 견대궁으로 부름을 받았다"[59]라고 하였다.

葡萄宮, 在上林苑西. 漢哀帝元壽二[60]年, 單于來朝, 以太歲厭勝所, 舍之此宮.

포도궁은 상림원의 서쪽에 있었다. 한 애제 원수 2년(기원전 1년)에 흉노의 선우가 와서 알현하니 태세의 신을 염승(厭勝)할 수 있는 곳이므로 그를 이 궁에 머물게 하였다.[61]

步壽宮, 秦亦有步壽宮, 今按其地與秦異, 則秦·漢各有步壽宮耳. 漢祋祤宮, 宣帝神爵二年鳳凰集祋祤縣, 鳳凰集處得玉寶, 乃起步壽宮.

보수궁은 진 역시 보수궁이 있었으나, 이제 그 땅을 확인해 보니 진과는 다르다. 곧 진과 한에 각기 보수궁이 있었을 뿐이다. 한의 대우궁은 선제 신작 2년(기원전 60년) 봉황이 대우현에 모여들자, 봉황이 모이는 곳에 옥보를 얻을 수 있다고 하여 보수궁을 지었다.[62]

梁山宮, 梁山好時界, 卽「禹貢」云: "壺口治梁及岐" 又古公踰梁山于岐下, 及秦立梁山宮, 皆此山下也.『史記』「秦始皇本紀」 "始皇三十五[63]年, 幸梁山宮" 卽此也.

양산궁은 양산 호치현의 경계에 있었는데, 곧 「우공」에 "호구산이 양산과 기산을 다스린다"라고 하였다. 또 (주나라) 고공단보가 기산 아래에서 양산을 넘었으며 진에 이르러 양산궁을 세웠는데, 모두 이 산 아래였다.『사기』「진시황본기」에서 "시황 35년(기원전 212년)에 양산궁으로 행차하였다"[64]라고 하였는데, 바로 이곳이다.

黃山宮, 在興平縣西三十里. 武帝微行, 西至黃山宮, 卽此也.

황산궁은 흥평현의 서쪽으로 30리에 있었다. 무제가 미복 잠행하였을 때 서쪽으로 황산궁까지 이르렀다고 하였는데, 바로 이곳이다.

回中宮,『史記』秦始皇二十七年, 巡隴西 · 北地, 出笄頭, 過回中.『漢書』文帝十四年, 匈奴入蕭關, 殺都尉, 燒回中宮, 候[65]騎至雍. 武帝元狩四年幸雍, 通回中道, 遂北出蕭關. 又有三良宮相近.

회중궁은『사기』에 진시황 27년(기원전 220년) 농서와 북지로 순행할 때 계두로 나가서 회중을 지났다고 하였다.[66]『한서』에는 문제 14년(기원전 166년)에 흉노가 소관으로 들어와 도위를 죽이고 회중궁을 불태웠으며 (흉노의) 정찰 기병이 옹까지 이르렀다고 하였다.[67] 무제 원수 4년(기원전 119년) 옹으로 행차함에 회중의 길을 통해 마침내 북쪽으로 소관을 나왔다.[68] 또한 근처에 삼랑궁이 있었다.

集靈宮 · 集仙宮 · 存仙殿 · 存神殿 · 望仙臺 · 望仙觀, 俱在華陰縣界, 皆武帝宮觀名也.『華山記』及『三輔舊事』云: "昔有『太元眞人茅盈内記』: '始皇三十一年九月庚子, 盈曾祖父濛, 於華山乘雲駕龍, 白日昇天. 先是邑人謡曰: 神仙得者茅初成, 駕龍上昇入太淸, 時下玄洲[69]戲赤城, 繼世而往在我盈, 帝若學之臘嘉平.'"『漢武帝内傳』曰: "魯女生, 長樂人, 初餌胡麻, 乃永絶穀, 八十餘年, 少壯色如桃華. 一日與親知故人別, 入華山. 後五十年, 先識者逢女於廟前, 乘白鹿, 從王母, 人因識之, 謝其郷里而去." 又『神仙傳』曰: "中山衞叔卿, 常乘雲車, 駕白鹿, 見漢武帝, 將臣之, 叔卿不言而去. 武帝悔, 求得其子度世[70], 令追其父. 登華岳, 見父與數人坐於石上, 敕度世[71]令還." 又『華山記』: "弘農鄧紹, 八月曉入華山, 見童子執五彩囊, 盛栢葉露食之. 武帝卽其地造宮殿, 歲時所禱焉."『漢書』云: "華陰縣有集靈宮. 又有望仙觀, 在華陰縣."

집령궁 · 집선궁 · 존선전 · 존신전 · 망선대 · 망선관은 모두 화음
현의 경계에 있었으며 전부 무제 궁관의 명칭이었다. 『화산기』 및
『삼보구사』에 "옛적에 『태원진인모영내기』가 있어 이르기를 '시황
31년(기원전 216년) 9월 경자일에 영의 증조부 몽이 화산에서 구름
에 올라 용을 타고 대낮에 하늘로 올라갔다. 이전에 마을 사람들이
노래하기를, 신선이 된 자인 모초성이 용을 타고 올라가 태청으로
들어가, 지금 현주는 적성에서 노닐며 대대로 나 영에게 와서 있
으니 마치 제(帝)가 섣달에 석제(臘祭)를 배우는 것과 같다'"라고 하
였다. 『한무제내전』에 "노여생은 장락 사람으로 이전에 깨를 먹으
며 곡류를 영원히 끊고서 80여 해가 지났는데 젊고 혈기가 왕성하
며 얼굴색이 복숭아꽃과 같았다. 어느 날 친지 · 지인들과 이별하
고 화산으로 들어갔다. 50년 뒤에 이전에 알던 이들이 사당 앞에서
그녀를 만났는데 흰 사슴을 타고서 왕모를 따랐다. 사람들이 그녀
를 알아보자 그 향리에 사례하고서 떠났다"라고 하였다. 또 『신선
전』에서 "중산의 위숙경은 평상시 구름 수레에 올라 흰 사슴을 탔
다. 한 무제를 만나 (무제가) 그를 신하로 삼고자 하니 숙경은 말없
이 떠나갔다. 무제가 아쉬워하며 그 아들 도세(度世)를 찾아서는 그
부친을 쫓게 하였다. 화악에 올라서 그 부친과 여러 명이 바위 위
에 앉은 것을 보았는데, (그 부친은) 도세를 꾸짖으며 돌아가게 하였
다"라고 하였다. 또한 『화산기』에 "홍농의 등소는 8월에 동틀 무렵
화산으로 들어가 소년이 오색 주머니를 들고 무성한 측백나무 잎

190

에 맺힌 이슬을 먹는 것을 보았다. 무제는 바로 그곳에 궁전을 만들고 매년 기도하였다"라고 하였다. 『한서』에는 "화음현에 집령궁이 있다. 또 망선관이 있는데 화음현에 위치하였다"[72]라고 하였다.

棠梨宮, 在甘泉苑垣外雲陽南三十里.

당리궁은 감천원 담장 밖 운양현의 남쪽 30리에 있었다.

竹宮, 甘泉祠宮也, 以竹爲宮, 天子居中. 『漢舊儀』云: "竹宮去壇三里."

죽궁은 감천사궁으로 대나무로 궁을 만들었으며 천자가 그 안에 거하였다. 『한구의』에 "죽궁은 제단에서 3리 떨어져 있다"라고 하였다.

宜春宮, 本秦之離宮, 在長安城東南, 杜縣東, 近下杜.

의춘궁은 본래 진의 이궁으로서 장안성의 동남쪽, 두현의 동쪽, 하두 근처에 있었다.

扶荔宮, 在上林苑中. 漢武帝元鼎六年, 破南越起扶荔宮, 宮以荔枝得名. 以植所得奇草異木. 菖蒲百本, 山薑十本, 甘蕉十二本, 留求子十本, 桂百本, 蜜香·指甲花百本, 龍眼·荔枝·檳榔·橄欖·千歲子·甘橘皆百餘本. 上木南北異宜, 歲時多枯瘁. 荔枝自交趾移植百株于庭, 無一生者, 連年猶移植不息. 後數歲, 偶一株稍茂, 終無華實, 帝亦珍惜之. 一旦萎死, 守吏坐誅者數十人, 遂不復蒔矣. 其實則歲貢焉, 郵傳者疲弊於道, 極爲生民之患. 至後漢安帝時, 交趾郡守唐羌[73]極陳其弊, 遂罷其貢.

부려궁은 상림원 안에 있었다. 한 무제 원정 6년(기원전 111년)에 남월을 쳐부순 후 부려궁을 세우고, 여주로 궁의 명칭을 삼았다. (남월에서) 가져온 진이한 초목을 심었다. 창포 100뿌리, 산강(山薑) 10뿌리, 감초 12뿌리, 유구자 10뿌리, 계수나무 100뿌리, 밀향·지갑화 100뿌리, 용안·여지·빈랑·감람·천세자·감귤 모두 100여 뿌리였다. 상목은 남쪽과 북쪽 지방에서 서로 달라, 1년 동안 많이 병들고 시들었다. 여주는 교지에서 가져와 궁정에 100그루를 옮겨 심었는데, 살아남은 것이 하나도 없었다. 여러 해 동안 그대로 옮겨심기를 계속하였다. 몇 년이 지난 후 마침 한 그루가 조금 무성해졌는데 끝내 꽃과 열매는 없어 황제 역시 그것을 귀히 여기며 애석해하였다. 하루아침에 말라 죽으니 (그것을) 지키는 관리들 중 수십 명이 주살되었으며 마침내 다시 심지 않았다. 그 열매는 매년 공납하게 하였는데, 전송하는 자가 도중에 피폐해져 결국에는 백성들의 고통이 되었다. 후한 안제 때 교지군의 태수 당강은 결국 그 폐단을 아뢰었고 (그 결과) 마침내 여주 공납이 폐지되었다.[74]

五柞宮, 漢之離宮也. 在扶風盩厔. 宮中有五柞樹, 因以爲名. 五柞皆連抱, 上枝覆蔭數畝.

오작궁은 한의 이궁이었다. 우부풍의 주질현에 있었다. 궁 안에 떡갈나무 다섯 그루가 있어 (그것이) 궁의 이름이 되었다. 떡갈나무 다섯 그루는 모두 아름드리 되는 큰 나무로 윗가지의 그늘은 몇 무를 덮었다.

宣曲宮, 在昆明池西. 孝宣帝曉音律, 常於此度曲, 因以爲名.

선곡궁은 곤명지의 서쪽에 있었다. 선제는 음악에 정통하였는데, 항상 이곳에서 작곡하여 그 명칭으로 삼았다.

鼎湖宮, 在湖城縣界. 又一說在藍田, 有亭. 昔黃帝採首山銅以鑄鼎, 鼎成, 有龍下, 迎帝仙去. 小臣攀龍髥而上者七十二人. 漢武帝於此建宮.

정호궁은 호성현의 경계에 있었다. 또한 일설에 남전에 있다고도 하며, 정이 있었다. 옛적에 황제가 수산의 동을 캐어 정을 주조하였는데, 정이 완성되자 용이 내려와 황제를 맞이하고 (황제는) 신선이 되어 사라졌다. 신하 중 용의 수염을 붙잡고 올라간 자가 72명이었다. 한무제가 이곳에 궁을 세웠다.

思子宮, 武帝窘庾太子無辜被殺, 作思子宮, 爲歸來望思之臺於湖.

사자궁. 무제는 여태자가 죄 없이 피살된 것을 깨닫고 사자궁을 짓고 '귀래망사지대(歸來望思之臺)'를 호현에 만들었다.[75]

萬歲宮, 武帝造. 汾陰有萬歲宮. 宣帝元康四年幸萬歲宮, 神爵
翔集, 以元康五年爲神爵紀元.

만세궁은 무제가 만들었다. 분음에 만세궁이 있었다. 선제는 원강 4년(기원전 62년)에 만세궁으로 행차하였는데, 신작 무리가 날아와 모여드니 원강 5년을 신작 연간의 기원으로 삼았다.[76]

首山宮, 漢武帝元封元年封禪後, 夢高祖坐明堂朝羣臣, 於是祀
高祖於明堂以配天, 還作首山宮以爲高靈館.

수산궁은 한 무제 원봉 원년(기원전 110년)에 봉선을 한 후 한고조가 명당에 앉아 군신들과 조회하는 꿈을 꾸었다. 이에 명당에서 고조를 하늘에 배사하였으며, 또 수산궁을 만들어[77] 고영관으로 삼았다.

明光宮, 武帝求仙起明光宮, 發燕·趙美女二千人充之. 率取
二十以下, 十五以上, 年滿三十者出嫁之, 掖庭令總其籍. 時有死
出者隨補之.

명광궁은 무제가 신선이 되고자 명광궁을 세우고[78] 연·조 땅의
미녀 2,000명을 뽑아 그곳에 채웠다. 대략 20세 이하에서 15세 이

상인 자들을 뽑았고, 30세가 된 자들은 내보내어 시집을 보냈으며 액정령이 그 명적을 총괄하였다. 사망하여 빠진 자가 있을 때마다 바로 인원을 보충하였다.

池陽宮, 在池陽南上原之阪, 有長平[79]坂, 去長安五十里.

지양궁은 지양현 남쪽의 언덕 부근의 비탈에 있었다. (그곳에는) 장평판이 있었으며, (그 위치는) 장안에서 50리 떨어졌다.

養德宮, 趙王如意年幼, 未能就外傅, 戚姬使舊趙王内傅趙媪傅之, 號其室曰養德宮.[80]

양덕궁은 조왕 여의의 나이가 어려 (출타하여) 스승을 찾아갈 수 없자 척희는 옛 조왕의 보모인 조온으로 하여금 그를 돌보게 하여 그 건물의 명칭을 '양덕궁'이라 불렀다.

日華宮, 河間獻王德築日華宮, 置客館二十餘區, 以待學士. 自奉養甚薄, 不逮賓客.

일화궁은 하간헌왕인 덕이 일화궁을 지었는데, 객관 20여 곳을 만들고 학사들을 모셨다. (그런데) 봉양하는 것이 매우 야박하여 빈객들이 머물러 가지 않았다.

曜華宮, 梁孝王好營宮室 · 苑囿之樂, 作曜華宮, 築兔園. 園中有百靈山, 有膚寸石 · 落猿巖 · 栖龍岫, 又有鴈池, 池間有鶴洲 · 鳧渚. 其諸宮觀相連, 延亘數十里, 奇果異樹, 珍禽怪獸畢有. 王日與宮人賓客弋釣其中.

　요화궁은, 양효왕이 궁실과 동산을 지어 즐기는 것을 좋아하여 요화궁을 만들고 토원을 지었다. 동산 안에는 백령산과 부촌석 · 낙원암 · 서룡수가 있었으며, 안지도 있었다. 못 사이에는 학과 오리를 기르는 모래섬이 있었다. 그 모든 궁관은 서로 연결되어 수십 리에 뻗어 있었으며, 기이한 과수들과 진귀한 동물들이 모두 있었다. 양효왕은 날마다 궁인 및 빈객들과 그 안에서 사냥하고 낚시질하였다.

右日華 · 曜華[81]宮, 營構不在三輔, 然皆漢之諸王所建, 以附宮室篇末.[82]

　오른쪽의 일화궁과 요화궁은 건물이 삼보에 있지 않지만 모두 한의 제왕들이 세운 것이기 때문에 궁실 편의 마지막에 덧붙였다.

漢畿内千里, 並京兆治之, 内外宮館一百四十五所. 班固「西都賦」云: "前乘秦嶺, 後越九嵕, 東薄河 · 華, 西涉岐 · 雍, 宮館所歷, 百有餘區." 秦離宮三百, 漢武帝往往修治之.

　한의 기내 지역은 천 리로서 모두 경조윤에서 다스렸고 안팎으로 145곳에 궁관이 있었다. 반고의 「서도부」에는 "앞으로는 진령에

오르고, 뒤로는 구종(九嵕)을 넘으며, 동으로는 황하와 화산에 인접
하고 서로는 기산과 옹 땅까지 이르는데, 궁관이 지어진 곳이 100
여 구역이다"라고 하였다. 진의 이궁이 300개였는데, 한 무제가 때
때로 그것을 수리하여 정비하였다.

---

48 『校證』에 따르면, 원본에는 '右北宮'이나, 목록에 근거하여 수정하였다.

49 원문에는 '披'가 '反'으로 되어 있으나, 『長安志』에 근거하여 수정하였다.

50 『校釋』에 따르면, 원본에는 '陽陵'으로 되어 있으나, 양릉은 경제의 陵이다. 여
기서는 雲陵으로 수정해야 한다.

51 『校證』에 따르면, 원본에는 '宮' 자가 없으나, 畢本에 근거하여 보충하였다.

52 『한서』 권97上 「外戚傳」 孝宣霍皇后, "五年, 廢處昭臺宮. 後十二歲, 徙雲林館,
乃自殺." 참조.

53 『한서』 권97下 「外戚傳」 孝成許皇后, "許后坐廢處昭臺宮 …… 凡立十四年而廢,
在昭臺歲餘, 還徙長定宮." 참조.

54 『한서』 권97上 「外戚傳」 孝武陳皇后, "使有司賜皇后策曰, 皇后失序, 惑於巫祝,
不可以承天命. 其上璽綬, 罷退居長門宮." 참조.

55 『한서』 권11 「哀帝紀」 건평 2년, "尊恭皇太后曰帝太太后, 稱永信宮." 참조.

56 『校證』에 따르면, 원본에는 '皇' 자 다음에 '太' 자가 있으나, 『長安志』에 근거하
여 삭제하였다.

57 『한서』 권11 「哀帝紀」 건평 2년, "恭皇后曰帝太后, 稱中安宮." 참조.

58 『한서』 권97下 「外戚傳」 孝元馮昭儀, "元帝崩, 爲信都太后, 與王俱居儲元宮."
참조.

59 『한서』 권45 「江充傳」, "初, 充召見犬臺宮." 참조.

60 『校證』에 따르면, 원본에는 '三' 자로 되어 있으나, '二'로 정정하였다. 관련 기록
은 『한서』 「흉노전」에 보인다.

61 『한서』권94下「흉노전」, "元壽二年, 單于來朝, 上以太歲厭勝所在, 舍之上林苑
蒲陶宮." 참조.

62 『한서』권25下「郊祀志」, "上自幸河東之明年正月, 鳳皇集祋祤, 於所集處得玉
寶, 起步壽宮, 乃下詔赦天下." 참조.

63 『校證』에 따르면, 원본에는 '二' 자로 되어 있으나, '五'로 정정하였다. 관련 기록
은 『사기』「진시황본기」에 보인다.

64 『사기』권6「진시황본기」 시황 35년, "始皇帝幸梁山宮." 참조.

65 원본에는 '侯'로 되어 있으나, 『한서』「흉노전」의 기록에 따라 '候'로 수정하였다.

66 『사기』권6「진시황본기」 시황 27년, "二十七年, 始皇巡隴西 · 北地, 出雞頭山,
過回中." 참조.

67 『한서』권94上「흉노전」효문 14년, "匈奴單于十四萬騎入朝那蕭關, 殺北地都尉
卬, 虜人民畜產甚多, 遂至彭陽. 使騎兵入燒回中宮, 候騎至雍甘泉." 참조.

68 『한서』권6「武帝紀」元封 4년, "四年冬十月, 行幸雍, 祠五時. 通回中道, 遂北出
蕭關." 참조.

69 『校釋』에 따르면, 원본에는 '州'로 되어 있으나, 吳本에 근거하여 '洲'로 수정하
였다.

70 『校證』에 따르면, 원본에는 '世' 자가 없으나, 『太平寰宇記』에 근거하여 보충하
였다.

71 『校證』에 따르면, 원본에는 '世' 자가 빠졌으나, 『太平寰宇記』에 근거하여 보충
하였다.

72 『한서』권28上「지리지」京兆尹, "華陰 …… 集靈宮, 武帝起." 참조.

73 『校證』에 따르면, 원본에는 '唐羌'이 없으나, 『雍錄』에 근거하여 보충하였다.

74 『후한서』권4「和帝紀」원흥 원년, "冬十二月辛未, 帝崩于章德前殿. …… 時臨
武長汝南唐羌, 縣接南海, 乃上書陳狀. 帝下詔曰, '遠國珍羞, 本以薦奉宗廟. 苟
有傷害, 豈愛民之本. 其勑太官勿復受獻.' 由是遂省焉." 참조.

75 『한서』권63「武五子傳」戾太子 據, "上憐太子無辜, 乃作思子宮, 爲歸來望思之
臺於湖." 참조.

76 『한서』권8「宣帝紀」신작 원년, "幸萬歲宮, 神爵翔集. 朕之不德, 懼不能任. 其
以五年爲神爵元年." 참조.

198

77 『한서』권6 「武帝紀」 원봉 6년, "六年冬, 行幸回中. 春, 作首山宮." 참조.

78 『한서』권6 「武帝紀」 태초 4년, "秋, 起明光宮." 참조.

79 『校證』에 따르면, 원본에는 '年' 자로 되어 있으나, 『한서』 「宣帝紀」에 근거하여 정정하였다.

80 『校證』에 따르면, 원본에는 '右甘泉宮'이라고 되어 있으나, 목록에 근거하여 삭제하였다.

81 『校證』에 따르면, 원본에는 '華' 자가 없으나, 문장의 의미상 추가하였다.

82 『校證』에 따르면, 원본에는 이 문장이 아래 문단 다음에 기록되어 있으나, 의미상 앞으로 옮겼다.

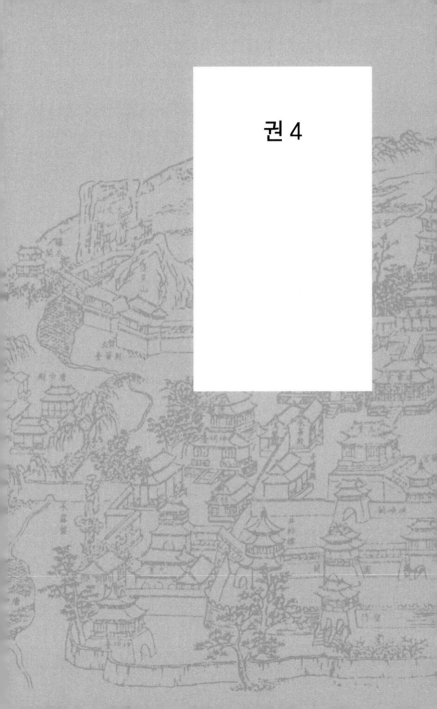

권 4

원유(苑囿)

周靈囿, 文王囿也. 『詩』曰, "王在靈囿, 麀鹿攸伏, 麀鹿濯濯,
白鳥翯翯." 毛萇註曰, "囿, 所以域養禽獸也, 天子百里, 諸侯四十
里. 靈者, 言文王之有靈德也. 靈囿, 言道行於苑囿也." 『孟子』曰,
"文王之囿, 方七十里, 芻蕘者往焉, 雉兔者往焉, 與民同其利也."
文王靈囿, 在長安縣西四十二里.

주의 영유는 문왕의 원유이다. 『시』에는 "왕께서 영유에 계시니
암사슴이 그곳에 엎드려 있네. 암사슴은 윤택하고, 백조들은 새
하얗고 윤이 난다네"라고 하였다. (전한 시기 경학가인) 모장의 주
에는 "'유(囿)'는 짐승을 기르는 구역으로서, 천자는 100리로 하고
제후는 40리로 한다. '영(靈)'은 문왕께서 신령한 덕을 지니셨음
을 말한 것이다. '영유(靈囿)'는 원유에서 도를 행함을 말한 것이
다"라고 하였다. 『맹자』에는 "문왕의 원유는 사방 70리로서 꼴꾼

과 나무꾼도 오가고 사냥꾼도 오가니 백성과 더불어 그 이로움을 함께함이다"라고 하였다. 문왕의 영유는 장안현에서 서쪽 42리에 있었다.

漢上林苑, 卽秦之舊苑也.『漢書』云, "武帝建元三年開上林苑, 東南至藍田宜春 · 鼎湖 · 御宿 · 昆吾, 旁南山而西至長楊 · 五柞, 北繞黃山, 瀕渭水而東. 周袤數[1]百里." 離宮七十所, 皆容千乘萬騎.『漢宮殿疏』云, "方三百四十里."『漢舊儀』云, "上林苑方三百里, 苑中養百獸, 天子秋冬射獵取之." 帝初修上林苑, 群臣遠方, 各獻名果異卉三千餘種植其中, 亦有製爲美名, 以標奇異.

한의 상림원은 바로 진의 옛 금원이었다.『한서』에는 "무제 건원 3년(기원전 138년)에 상림원을 열었는데, 동남쪽으로 남전의춘 · 정호 · 어숙 · 곤오까지 이르러 남산을 곁에 두고 서쪽으로 장양 · 오작에 이르며 북쪽으로 황산을 둘러싸고 위수에 잇닿아 동쪽으로 이어진다. 둘레 길이는 수백 리이다"[2]라고 하였다. 이궁은 70여 곳이 있으며 모두 수레 천 대와 말 만 마리를 수용하였다.『한궁전소』에 "사방 340리이다"라고 하였다.『한구의』에 "상림원은 사방 300리이며, 그 안에서 수많은 짐승을 기르는데, 천자께서 가을과 겨울에 그것들을 사냥한다"라고 하였다. 황제가 처음에 상림원을 만들자 군신들과 원방에서 각각 좋은 과실나무와 진귀한 화초 3,000여종을 바쳐서 그것들을 상림원에 심었으므로 또한 아름다운 이름을 지어 진이함을 나타내었다.

茂陵富民袁廣漢, 藏鏹巨萬, 家僮八九百人. 於北邙[3]山下築園,
東西四里, 南北五里, 激流水注其中. 構石爲山, 高十餘丈, 連延數
里. 養白鸚鵡·紫鴛鴦·氂牛·青兕, 奇獸珍禽, 委積其間. 積沙
爲洲嶼, 激水爲波濤, 致江鷗·海鶴孕雛產鷇, 延漫林池. 奇樹異
草, 靡不培植. 屋皆徘徊連屬, 重閣修廊, 行之移晷不能徧也. 廣漢
後有罪誅, 沒入爲官園, 鳥獸草木, 皆移入上林苑中.

무릉의 부자인 원광한은 수만금을 소유하였고 집안에 부리는 사
람이 팔구백 명이었다. 북망산 아래에 정원을 만들었는데, 동서로
4리에 남북으로 5리에 달하였으며 세차게 흐르는 물을 그 안에 대
었다. 돌을 쌓아 올려 산을 만들었는데, 그 높이가 10여 장이었으
며 몇 리까지 이어져 뻗어 있었다. 흰 앵무새·자줏빛 원앙·검은
소·푸른 외뿔소 등 진이한 동물들을 길러 그 안을 채웠다. 모래를
쌓아 작은 섬을 만들고 세차게 흐르는 물로 파도를 만들어 강에서
노는 갈매기·해학이 날아들어 새끼를 낳아 길렀으니, 숲이 이어
지고 못이 넘쳐났다. 진귀한 초목은 마다하지 않고 배양하여 심었
다. 지붕은 모두 연결되도록 잇고 궁전과 회랑을 만들었는데 장시
간 돌아도 한 바퀴를 돌지 못하였다. 원광한은 후에 죄를 지어 주
살되어 이 정원은 관청의 정원으로 몰수되었는데, (그 안의) 동물과
초목은 모두 상림원 안으로 옮겨졌다.[4]

上林苑有昆明觀, 武帝置. 又有繭觀·平樂觀·遠望觀·燕昇觀·觀象觀·便門觀, 白鹿觀·三爵觀·陽祿觀·陰德觀·鼎郊觀·樛木觀·椒唐觀·魚鳥觀·元華觀·走馬觀·柘觀·上蘭觀·郎池觀·當路觀, 皆在上林苑.

상림원에는 곤명관이 있었는데, 무제가 설치하였다. 또 견관·평락관·원망관·연승관·관상관·편문관, 백록관·삼작관·양록관·음덕관·정교관·규목관·초당관·어조관·원화관·주마관·자관·상란관·낭지관·당로관이 있었는데, 모두 상림원에 있었다.

又『舊儀』曰, "上林有令有尉, 禽獸簿記其名數." 又有上林詔獄, 主治苑中禽獸·宮館之事, 屬水衡. 又上林苑中有六池·市郭·宮殿·魚臺·犬臺·獸圈.

또한 『구의』에 "상림원에는 영과 위가 있어 동물 장부에 그 명칭과 수량을 기록하였다"라고 하였다. 그리고 상림조옥이 있어 상림원 안의 동물들과 궁관의 업무를 맡아 처리하였는데, 수형도위에 속하였다. 또 상림원 안에는 못 6개와 시곽·궁전·어대·견대·짐승 우리가 있었다.

甘泉苑, 武帝置. 緣山谷行, 至雲陽三百八十一里, 西入扶風, 凡周迴五百四十里. 苑中起宮殿臺閣百餘所, 有仙人觀·石闕觀·封巒觀·鳲鵲觀.

감천원은 무제가 설치하였다. 산을 따라 골짜기를 지나 운양까지 381리였으며 서쪽으로는 부풍으로 들어갔으며, 전체 둘레는 540리였다. 감천원 안에 궁전과 누각 100여 개를 지었으며, 그중에 선인관·석궐관·봉만관·지작관이 있었다.

御宿苑, 在長安城南御宿川中. 漢武帝爲離宮別館, 禁禦人不得入. 往來遊觀, 止宿其中, 故曰御宿.『三秦記』云, "御宿園出梨, 十五枚一勝. 大梨如五勝, 落地則破. 其取梨, 先以布囊承之, 號曰含消, 此園梨也."

어숙원은 장안성 남쪽 어숙천 사이에 있었다. 한 무제는 이궁의 별관을 만들고 금원에 사람들이 들어가지 못하도록 금하였다. 유람하러 왕래하며 그곳에 머물러 묵었기 때문에 '어숙'이라 칭하였다.『삼진기』에 "어숙원에서 배가 났는데 다섯 개가 1승이었다. 큰 배는 5승 정도 되었으며, 땅에 떨어지면 깨졌다. 그 배는 딴 후에 먼저 베주머니에 담았는데, '함소'라 부르는 배는 이 어숙원의 배이다"라고 하였다.

思賢苑, 孝文帝爲太子立思賢苑, 以招賓客. 苑中有堂室六所, 客館皆廣廡高軒, 屛風幃褥甚麗. 廣陵王胥有勇力, 常於別圃學格熊, 後遂能空手搏之, 莫不決脰, 後爲獸所傷, 陷腦而死.

사현원은 문제가 태자를 위해 사현원을 만들고 빈객들을 불러들였다. 사현원 안에는 6개의 당실이 있었는데, 객관은 모두 복도가 넓고 처마가 높았으며 병풍과 휘장 및 침구는 매우 아름다웠다. 광릉왕 서는 용력이 있어 항상 별유에서 곰을 치는 법을 배워 이후 마침내 맨손으로 곰을 잡을 수 있게 되었으나 (목덜미를 잡아) 숨통을 끊어내지 못하였고 후에 짐승에 상하여 뇌가 터져 죽었다.

博望苑, 武帝立子據爲太子, 爲太子開博望苑以通賓客.『漢書』曰, "武帝年二十九乃得太子, 甚喜. 太子冠, 爲立博望苑, 使之通賓客從其所好." 又云, 博望苑在長安城南, 杜門外五里有遺址.

박망원은 무제가 아들 거를 태자로 세우고 태자를 위해 박망원을 열어 빈객들과 내왕하게 하였다.『한서』에 "무제는 29세에 태자를 얻고 심히 기뻐했다. 태자가 성년이 되자 태자를 위하여 박망원을 만들고 그로 하여금 빈객들과 내왕하며 그 선호하는 바를 추구하게 하였다"[5]라고 하였다. 또 박망원은 장안성의 남쪽에 있으며 두문 밖 5리쯤에 유지가 있었다고 한다.

西郊苑, 漢西郊有苑圃, 林麓藪澤連亘, 繚以周垣四百餘里, 離宮別館三百餘所.

서교원은 한의 서교에 있는 원유로서 산림수택이 끊어지지 않고 뻗어 있었는데, (그) 400여 리를 담장으로 둘렀으며 이궁과 별관

300여 개가 있었다.

三十六苑, 『漢儀注』, "太僕牧師諸苑三十六所, 分布北邊西邊. 以郞爲苑監, 宦官奴婢三萬人, 養馬三十萬匹." 養鳥獸者通名爲苑, 故謂牧馬之處爲苑.

36원은 『한의주』에 "태복 소속 36곳의 모든 목사원은 (제국의) 북쪽과 서쪽 변방에 분포하였다. 낭으로 하여금 목사원을 감독하게 하였고 환관과 노비 3만 명이 말 30만 필을 길렀다"라고 하였다. 금수를 기르는 곳을 '원(苑)'이라 통칭하기 때문에 말을 치는 곳을 '원(苑)'이라 하였다.

樂遊苑, 在杜陵西北, 宣帝神爵三年春起.

낙유원은 두릉의 서북쪽에 있었으며, 선제 신작 3년(기원전 59년) 봄에 만들었다.

宜春下苑, 在京城東南隅. 「元帝紀」注, 東南隅曲池是.[6]

의춘하원은 경성의 동남쪽 모퉁이에 있었다. 「원제기」 주에 동남쪽 모퉁이는 곡지라 하였다.

梨園, 『雲陽宮記』曰, "雲陽車箱坂下有梨園一頃, 梨數百株, 靑翠繁密, 望之如車蓋."

이원은 『운양궁기』에 "운양의 거상판 아래 이원 1경이 있는데 배나무 수백 그루가 청청하니 **빽빽**하게 우거져 그곳을 바라다보면 수레의 덮개와 같다"라고 하였다.

---

1 원본에는 '三'으로 되어 있으나, 『한서』 기록에 근거하여 '數'로 수정하였다.

2 『한서』 권87上 「揚雄傳」 校獵賦, "武帝廣開上林, 南至宜春 · 鼎胡 · 御宿 · 昆吾, 旁南山而西, 至長楊 · 五柞, 北繞黃山, 瀕渭而東, 周袤數百里." 참조.

3 『校證』에 따르면, '邱' 자는 『西京雜記』에 근거하여 보충하였다.

4 『校證』에 따르면, 이 문단은 『西京雜記』 권3의 기록과 거의 동일하며, 일부 글자의 생략이나 차이가 있을 뿐이다.

5 『한서』 권63 「武五子傳」 戾太子 據, "初, 上年二十九乃得太子, 甚喜, 爲立禖, 使東方朔 · 枚皋作禖祝. 少壯, 詔受公羊春秋, 又從瑕丘江公受穀梁. 及冠就宮, 上爲立博望苑, 使通賓客, 從其所好, 故多以異端進者." 참조.

6 『校證』에 따르면, 원래 아래 문단과 연결되어 있으나, 吳本에 따라 구분하였다.

지소(池沼)

周文王靈沼, 在長安西三十里. 『詩』曰, "王在靈沼, 於牣魚躍."

주 문왕의 영소는 장안에서 서쪽으로 30리에 있었다. 『시』에는 "왕께서 영소에 계시니, (영소에) 가득한 물고기들이 뛰어오르네"라고 하였다.

漢昆明池, 武帝元狩三[7]年穿, 在長安西南, 周廻四十[8]里. 「西南夷傳」曰, "天子遣使求身毒國布[9]竹, 身毒國, 卽天竺也. 『漢書』曰, 張騫言使大夏時, 見蜀布·卬竹杖, 問所從來, 曰從東來. 身毒國可數千里, 得蜀賈人市. 而爲昆明所閉. 天子欲伐之, 越雟昆明國有滇池, 方三百里, 故作昆明池以象之, 以習水戰, 因名曰昆明池." 『漢書』曰, 元狩三年減隴西·北地·上郡戍卒之半, 及吏弄法者謫之, 穿此池. 「食貨志」曰, "時越欲與漢用船戰逐, 水戰相逐也. 乃大修昆明池也."

한의 곤명지는 무제 원수 3년(기원전 120년)에 팠으며 장안의 서
남쪽에 있었고 그 둘레는 40리였다. 『한서』 「서남이전」에 "천자께
서 사신을 보내어 신독국에서 포와 대나무를 구하게 하였으나, 신
독국은 바로 천축이다. 『한서』에 따르면 장건이 말하길 대하에 사행 갔을 때 촉의
포와 공(邛)의 죽장을 보고는 이 물건들이 어디서 왔는지 물어보니 동쪽 지역에서
왔다고 하였다. 신독국은 (한에서) 대략 수천 리 떨어진 곳인데, 촉의 상인과 장사
할 수 있었다.[10] 곤명을 위하여 (교류를) 막았다. 천자는 신독국을 치
고자 하여 월수군 곤명국에 있는 사방 300리 되는 전지에 곤명지
를 만들어 신독국을 본뜨게 하고는 수전을 연습하게 하였다. 이 때
문에 곤명지라 불렀다"[11]라고 하였다. 『한서』에는 원수 3년(기원전 120
년) 농서 · 북지 · 상군의 수졸 반을 줄이고 법을 어긴 관리를 벌하여 이 곤명지를
파게 하였다고 하였다. 『한서』 「식화지」에 "이때 월이 한과 배로 전투
를 하고자 하여, 수전하며 서로 뒤쫓는 것이다. 곤명지를 대규모로 고쳤
다"라고 하였다.

『三輔舊事』曰, "昆明池地三百三十二頃, 中有戈船各數十, 樓
船百艘, 船上建戈矛, 四角悉垂幡旄葆麾蓋, 照爛涯涘." 『圖』曰,
"上林苑有昆明池, 周匝四十里." 『廟記』曰, "池中後作豫章大船,
可載萬人, 上起宮室, 因欲遊戲, 養魚以給諸陵祭祀, 餘付長安
廚."

『삼보구사』에 "곤명지는 면적이 332경이고 그 안에 과선이 수십

척, 누선 100척이 각각 있으며, 배 위에는 창이 세워져 있고 네 모서리에는 모두 번모(幡旄)와 보휘개(葆麾蓋)를 드리웠으며 물가로 등을 비추어 밝혔다"라고 하였다. 『도』에 "상림원에 곤명지가 있는데, 그 둘레는 40리이다"라고 하였다. 『묘기』에 "곤명지 안에 후에 예장대선을 만들었는데, 만 명을 태울 수 있었다. 유희를 위해 배 위에 궁실을 만들었으며, 물고기를 길러 여러 제릉 제사에 사용하였고 남은 것은 장안주(長安廚)로 보냈다"라고 하였다.

『三輔故事』又曰, "池中有豫章台及石鯨, 刻石爲鯨魚, 長三丈, 每至雷雨. 常鳴吼, 鬐尾皆動. 一說, 甘泉宮南有昆明池, 池中有靈波殿, 皆以桂爲殿柱, 風來自香." 又曰, "池中有龍首船, 常令宮女泛舟池中, 張鳳蓋, 繡鳳爲飾. 建華旗, 作棹歌, 棹歌, 棹發謳也. 又曰棹歌謳, 舟人歌也. 雜以鼓吹. 帝御豫章觀臨觀焉."

그리고 『삼보고사』에서 "연못 안에는 예장태와 돌로 만든 고개가 있었다. 돌을 깎아 고래를 만들었는데 길이가 3장이었고 뇌우가 내릴 때마다 항상 울부짖었으며 지느러미와 꼬리 모두 움직였다. 일설에 따르면, 감천궁 남쪽에 곤명지가 있는데, 연못 안에 영파전이 있으며 건물 기둥은 모두 계수나무를 사용하여 바람이 불면 향이 절로 난다고 한다"라고 하였고, 또한 "연못 안에 용수선이 있는데, 항상 궁녀로 하여금 연못 위에 띄우게 하여 봉황을 수를 놓아 장식한 덮개를 치고 화기(華旗)를 세우고 도가(棹歌) 소리를 내었는데, 도가(棹歌)는 노가 소리를 내는 것이다. 또는 노를 젓지 않을 때 노래하는 것으로 뱃사람의 노래이다. 북소리와 피리 소리와 섞여서 났다. 황제께서 예장관에 와서 직접 관람하였다"라고 하였다.

『關輔古語』曰, "昆明池中有二石人, 立牽牛·織女於池之東西, 以象天河." 張衡「西京賦」曰, "昆明·靈沼, 黑水玄阯[12], 牽牛立其右, 織女居其左." 今有石父·石婆神祠在廢池, 疑卽此也.

『관보고어』에 "곤명지 안에 2개의 석인상이 있는데, 견우와 직녀를 연못의 동서에 세워두어 은하수를 본뜨고자 했다"라고 하였다. 장형의 「서경부」에 "곤명·영소에는 검은빛 물 안에 작은 검은빛 섬이 있었는데, 견우상이 그 오른쪽에 서 있고 직녀상이 그 왼쪽에 있었습니다"라고 하였다. 지금 석부·석파신사가 폐기된 연못에 있는데, 바로 이것이 견우상과 직녀상으로 보인다.

武帝初穿池得黑土. 帝問東方朔, 東方朔曰, "西域胡人知." 乃問胡人, 胡人曰, "劫燒之餘灰也."『三秦記』曰, "昆明池中有靈沼, 名神池, 云堯時治水, 嘗停船於此池. 通白鹿原, 原人釣魚, 綸絕而去. 夢於武帝, 求去其鉤. 三日戲於池上, 見大魚銜索, 帝曰, '豈不穀昨所夢耶!' 乃取鉤放之. 間三日, 帝複遊池, 池濱得明珠一雙. 帝曰, '豈昔魚之報耶?'"

무제는 연못을 처음으로 팠을 때 검은 흙이 나오자 동방삭에게 물어보았다. 동방삭은 "서역의 호인들이 압니다"라고 하였다. 이에 호인에게 물으니 대답하기를 "겁소 이후 남은 재입니다"라고 하였다. 『삼진기』에는 "곤명지 안에 영소가 있는데 이름은 신령한 연못으로서, 요임금이 치수할 때 일찍이 이 연못에 배를 멈추었다고 한다. 연못은 백록원과 통하였는데, 원인(原人)이 낚시를 하다 낚싯줄을 끊고 갔다. 무제의 꿈에 그 갈고리를 버려주기를 구하였다. 사흘 후 연못 위에서 노니는데 큰 물고기가 동아줄을 물고 있는 것을 보았다. 황제는 '어찌 앞서 꿈에서 본 것을 살려주지 않겠느냐!'라고 하며 갈고리를 빼고 물고기를 놓아주었다. 사흘이 지나고 무제가 다시 연못에서 노니는데, 연못가에서 명주 한 쌍을 얻었다. 황제는 '(이는) 지난번 물고기의 보답이 아니겠는가!'라고 하였다"고 하였다.

　鎬池, 在昆明池之北, 卽周之故都也. 『廟記』曰, "長安城西有鎬池, 在昆明池北, 周匝二十二里, 漑地三十二頃." 『史記』曰, "秦始皇帝三十六年, 使者從關東夜至華陰縣平舒道. 有人持璧遮使者曰, '爲吾遺鎬池君.' 因言曰, '今年祖龍死.' 使者問其故, 忽不見, 置其璧去. 使者奉璧具以聞, 始皇默然良久, 曰, '山鬼不過知一歲事.' 退言曰, '祖龍者, 人之先也.' 祖, 始也, 龍者, 人主之象, 謂始皇也. 使御府視璧, 乃二十八年渡江所沉璧也."
　호지는 곤명지의 북쪽에 있었는데 바로 주나라의 옛 도읍이었다. 『묘기』에 "장안성 서쪽에 호지가 있는데 곤명지 북쪽에 위치하며, 둘레는 22리이고 연못의 면적은 32경이다"라고 하였다. 『사기』에서는 "진시황제 36년(기원전 211년)에 사자가 관동을 통해 밤중에 화음현 평서도에 이르렀다. 어떤 사람이 벽을 들고서 사자를 막으며 말하기를, '나를 대신해 호지군에게 전해주시오'라고 하고서는 '올해 조룡이 죽을 것이다'라고 하였다. 사자가 그 까닭을 물으니 홀연히 사라져 그 벽만 놓고서 떠났다. 사자는 벽을 받들고 이를 황제에 아뢰니, 시황제는 오랫동안 침묵하다가 말하기를 '산의 귀신은 불과 1년의 일만 알 뿐이다'라고 하였다. 물러난 후에 말하기를 '조룡은 사람들의 조상이다'라고 하였다. 조(祖)는 시작이고 용(龍)은 사람들의 주인이므로 진시황을 말한다. 어부(御府)로 하여금 벽을 살펴보게 하니, 그것은 28년에 장강을 건널 때 빠뜨린 그 벽이었다"[13]라고 하였다.

滄池, 在長安城中. 『舊圖』曰, "未央宮有滄池, 言池水蒼色, 故曰滄池."

창지는 장안성 안에 있었다. 『구도』에 "미앙궁에 창지가 있는데, 연못 물이 푸른색이기 때문에 창지라고 부른다"라고 하였다.

太液池, 在長安故城西, 建章宮北, 未央宮西南. 太液者, 言其津潤所及廣也. 『關輔記』云, "建章宮北有池, 以象北海, 刻石爲鯨魚, 長三丈."『漢書』曰, "建章宮北治大池, 名曰太液池, 中起三山, 以象瀛洲·蓬萊·方丈, 刻金石爲魚龍·奇禽·異獸之屬." 瀛洲, 一名魂洲. 有樹名影木, 月中視之如列星, 萬歲一實, 食之輕骨. 上有枝葉如華蓋, 群仙以避風雨. 有金鑾之觀, 飾以環玉, 直上於雲中. 有青瑤瓦, 覆之以雲紈之素, 刻碧玉爲倒龍之狀, 懸火精爲日, 刻黑玉爲烏, 以水精爲月, 膏瑤爲蟾兔. 於地下爲機戾, 以測昏明, 不虧弦望. 有香風冷然而至. 有草名芸苗, 狀如菖蒲, 食葉則醉, 食根則醒. 有鳥如鳳, 身鉗翼丹, 名曰藏珠. 每鳴翔而吐珠累斛, 仙人以珠飾仙裳, 蓋輕而耀於日月也. 蓬萊山, 亦名防丘, 亦名雲來, 高二萬里, 廣七萬里. 水淺. 有細石如金玉, 得之不加陶冶, 自然光淨, 仙者服之. 東有鬱夷國, 時有金霧, 諸仙說北上常浮轉低印, 有如山上架樓室. 向明以開戶牖, 及霧歇滅, 戶皆向北. 有浮雲之幹, 葉青莖紫, 子大如珠, 有青鸞集其上. 下有砂礫, 細如粉, 柔風至, 葉條翻起, 拂細砂如雲霧, 仙者來觀而戲焉. 風吹什葉, 聲如鍾磬. 方丈之山, 一名巒維東方龍場, 方千里, 瑤玉爲林, 雲色皆紫. 上有通霞台, 西王母常遊於其上, 常有鸞鳳鼓舞, 如琴瑟和鳴. 三山統名昆丘, 亦曰神山, 上有不死之藥, 食之輕擧. 武帝信仙道. 取少君欒大妄誕之語, 多起樓觀, 故池中立三山, 以象蓬萊·瀛洲·方丈.

　태액지는 옛 장안성 서쪽의 건장궁의 북쪽이자 미앙궁의 서남쪽에 있었다. '태액'이라 함은 이 연못의 습지가 넓음을 말한 것이다.『관보기』에 "건장궁 북쪽에 연못이 있는데, 북해를 본떠서 돌을 깎아 고래를 만들었으며 길이가 3장이었다"라고 하였다.『한서』에 "건장궁 북쪽에 큰 연못을 만들고 태액지라 불렀는데, 가운데 3개의 산을 세워 영주·봉래·방장산을 나타내었다. 금석을 깎아 어룡·기이한 짐승들 모양을 만들었다"[14]라고 하였다. 영주는 혼주라고도 한다. 영목이라 불리는 나무가 있는데 달에서 보았을 때 하늘에 떠 있는 무수한 별과 같으며 만 년마다 한 번 열매를 맺는데 그 연한 속살을 먹었다. 나무 위로는 가지와 잎이 화개와 같이 있어 신선들이 여기서 비바람을 피하였다. 금방울이 달린 누각은 진귀한 옥으로 장식되어 구름 안에 바로 세워져 있었다. 푸른 옥 기와로 그것을 덮어 하얀 구름 비단처럼 보였고, 벽옥을 깎아 만든 용이 내려오는 형상이 있었다. 불을 매달아 태양을 만들고 검은 옥을 깎아 까마귀를 만들었으며 수정으로 달을 만들고 기름과 옥으로 두꺼비와 토끼를 만들었다. 지하에는 시계를 만들어 밤낮을 측정하여 시일에 어긋나지 않게 하였다. 향기로운 바람이 시원하게 불어왔다. 운묘(芸苗)라 불리는 풀이 있는데, 창포처럼 생겼으며 그 잎을 먹으면 취하고 그 뿌리를 먹으면 (정신이) 깨어났다. 봉황과 같은 새가 있는데 그 몸에는 집게가 있고 날개는 붉으며 장주(藏珠)라고 불렀다. 울면서 빙빙 돌아 날 때마다 구슬을 몇 말씩 토해내어 선인이 그것으로 신선이 입는 하의의 구슬 장식을 하였는데 구슬은 모두 가볍고 해와 달빛에 빛이 났다. 봉래산은 방구 혹은 운래라고도 하며 높이가 2만 리이고 너비는 7만 리였다. 물은 얕았다. 금옥과 같은 잔돌들이 있는데 다듬거나 제련하지 않아도 되고 그 자체로 맑고 빛이 나서 선인이 그것을 복용하였다. 동쪽에는 울이국이 있어 때로 누런 안개가 끼었는데, 신선들이 즐거이 북쪽 위로 나아가 늘 아래위로 회전하며 떠다녀서 마치 산 위에 누각을 세워둔 것 같았다. 해를 향해 창문을 열면 안개가 사라졌는데 문은 모두 북쪽을 향하였다. 줄기는 구름 위로 떠다니는데 잎은 푸르고 가지는 자줏빛이며 열매 크기는 구슬만 하였고 푸른 난새가 그 위에 모여들었다. 아래에는 자갈이 있는데 가루처럼 작았다. 부드러운 바람이 불면 잎과 가지가 나부껴 일어나고 가는 모래가 구름과 안개

처럼 휘날려 선인들이 와서 보며 즐겼다. 바람에 각종 잎들이 나부끼면 그 소리가
마치 종과 경쇠를 치는 듯했다. 방장산은 만유동 방룡장이라고도 하며 사방 천 리
로서, 아름다운 옥으로 숲을 만들었고 구름은 모두 자줏빛이었다. 위에는 통하태
가 있어 서왕모가 항상 그 위에서 노닐었으며 난새와 봉황이 늘 북 치며 춤추어 마
치 거문고로 장단 맞추며 우는 것 같았다. 세 산은 통칭하여 곤구라고 하며 신산이
라고도 하는데, 그 위에 불사약이 있어 그것을 먹으면 날아올라 신선이 되었다. 무
제는 신선에 관한 도를 신봉했다. 소군·난대가 하는 허망하고 터무니없는 말을 듣
고서 누각과 같은 높은 건축물을 많이 지었는데, 그런 까닭에 연못 안에 세 산을 세
워 봉래·영주·방장산을 본떴다.

『廟記』曰, "建章宮北池名太液, 周回十頃, 有采蓮女鳴鶴之
舟." 又按『三輔舊事』云, "日出暘穀, 浴於鹹池, 至虞淵卽暮, 此池
之象也."

『묘기』에 "건장궁 북쪽 연못의 명칭은 태액으로, 그 둘레가 10경
이며 연을 따는 여인이 타는 명학주가 있다"라고 하였다. 또 『삼보
구사』에 따르면, "양곡에서 해가 나와서 함지에서 씻고 우연에 이
르면 저무는데 이 연못의 형상이다"라고 하였다.

昭帝始元元年春, 黃鵠下建章宮太液池. 成帝常以秋日與趙飛
燕戲於太液池, 以沙棠木爲舟 沙棠木造舟不沉溺, 以雲母飾於鷁首,
一名雲舟. 又刻大桐木爲蚪龍, 雕飾如眞, 夾雲舟而行. 以紫桂爲

陀柎. 及觀雲棹水[15], 玩擷菱藕. 帝每憂輕蕩以驚飛燕, 命佽飛之
士以金鎖纜雲舟於波上. 每輕風時至, 飛燕殆欲隨風入水, 帝以翠
纓[16]結飛燕之裾. 常恐曰, "妾微賤, 何復得預結纓據之遊?" 今太液
池尚有避風台, 卽飛燕結裾之處.

소제 시원 원년(기원전 86년) 봄에 고니가 건장궁 태액지에 내려
왔다.[17] 성제는 항상 가을날에 조비연과 태액지에서 노닐었는데,
사당목으로 배를 만들고 사당목으로 만든 배는 물에 젖어도 약해지지 않았
다. (광택이 나는 광석인) 운모로 뱃머리를 장식하여 운주라고 불렀
다. 또한 큰 오동나무를 깎아 규룡을 만들고 진짜처럼 조각하고 꾸
며서 운주에 끼워 다녔고, 자줏빛 나는 계수나무로 배의 키를 만들
었다. 구름을 보며 물을 노 저어 마름과 연꽃을 따며 즐겼다. 성제
는 바람에 배가 좌우로 흔들릴 때마다 조비연이 놀랄까 염려하여
(소부의 속관인) 차비의 관리에게 명하여 쇠로 만든 닻줄로 운주를
연못 둑 근처에 매어두게 하였다. 가벼운 바람이 때때로 불어오면
조비연은 매번 바람을 좇아 물에 들어가고자 하였는데, 성제는 푸
른색 갓끈으로 조비연의 옷자락을 매었다. (조비연은) 항상 염려하
며 말하기를, "첩은 미천한데 어찌 다시금 (폐하의) 갓끈을 미리 매
어 놓고서 놀 수 있겠습니까?"라고 하였다. 지금의 태액지에는 일
찍이 피풍태가 있었는데 바로 (성제가) 조비연의 옷깃을 갓끈으로
매었던 곳이다.

唐中池, 周廻十二里, 在建章宮太液池之南.

당중지는 주위 둘레가 12리였고 건장궁 태액지 남쪽에 있었다.

百子池, 戚夫人侍兒賈佩蘭, 後山爲扶風人段儒妻. 說在宮內
時, 見戚夫人侍高祖, 嘗以趙王如意爲言, 而高祖思之幾半日不
言, 歎息淒愴, 而未知其術, 使夫人擊築, 高祖歌「大風詩[18]」以和
之. 七月七日臨百子池, 作于闐樂, 樂闋, 以五色縷相羈, 謂之相連
愛. 八月四日, 出雕房北戶, 竹下圍棋, 勝者終年有福, 負者終年疾
病, 取絲縷就北斗星辰求長命乃免. 正月上辰, 出池邊盥濯, 食蓬
餌以袚妖邪. 三月上巳, 張樂於池上.

백자지에 대해서는, 척부인의 시첩이었던 가패란은 (척부인이 죽
은 후) 황궁을 나와 부풍 사람인 단유의 처가 되었다. 황궁 안에 있
을 때의 이야기를 하기를, 척부인이 고조를 모시는 것을 보았는데
일찍이 조왕 여의에 대해 아뢰자 고조가 반나절가량 생각하고서도
말이 없었다. (고조는) 슬퍼 탄식하였으나 어찌할 방법을 몰라 척부
인으로 하여금 축을 타게 한 후 자신은 「대풍시」를 불러 (척부인에)
화답하였다. (고조는) 7월 7일에 백자지에 와서는 우전락을 짓고 노
래가 끝나자 오색실을 서로 매고서는 '상연애(相連愛)'라고 불렀다.
8월 4일에는 (채색한 그림으로 장식한) 조방의 북쪽 문으로 나와 대
나무 아래에서 바둑을 두며 이기는 사람은 평생토록 복이 있고 지
는 사람은 평생 질병에 걸린다고 하였다. 실 가닥을 뽑았는데 북극

성 자리로서 장수를 구하는 것이라 (비록 졌더라도 질병에 걸리는 것을) 면하게 되었다. 정월 첫 진일에 연못가에서 깨끗이 씻고 쑥경단을 먹어 요사함을 없앴다. 3월 첫 사일에는 연못에서 음악을 연주하였다.

十池, 上林苑有初池·麋池·牛首池·蒯池·積草池·東陂池·西陂池·當路池·大壹[19]池·郎池. 牛首池在上林苑中西頭. 蒯池生蒯草以織席. 西陂池·郎池, 皆在古城南上林苑中. 陂·郎, 二水名, 因爲池. 積草池中有珊瑚樹, 高一丈二尺, 一本三柯, 上有四百六十二條, 南越王趙佗所獻, 號爲烽火樹, 至夜光景常煥然.

10지는 상림원에 있는 초지·미지·우수지·괴지·적초지·동피지·서피지·당로지·대일지·낭지 등 10개의 못이다. 우수지는 상림원 안에서 서쪽 꼭대기에 있었다. 괴지에는 기름새가 자라서 그것으로 자리를 짰다. 서피지·낭지는 모두 옛 성 남쪽 상림원 안에 있었다. 피·낭은 둘 다 물 이름인데 연못이 되었다. 적초지 안에는 산호수가 있었는데 높이가 1장 2척이었고 한 그루에 줄기가 셋으로 그 위로 462개의 가지가 있었다. 남월왕 조타가 바친 것으로 봉화수라 불렸는데, 밤이 되어도 빛이 항상 밝게 빛났다.

少府佽飛外池, 『漢儀』注, 佽飛具繒繳以射鳧雁, 給祭祀, 故有池.

222

소부의 (속관인) 차비의 외지는 『한의』의 주에 따르면, 차비에서는 주살로 들오리와 기러기를 사냥하여 제사에 공급했기 때문에 (관할) 연못이 있었다.

秦酒池, 在長安故城中, 『廟記』曰, "長樂宮中有魚池·酒池, 池上有肉炙樹, 秦始皇造. 漢武帝行舟於池中, 酒池北起臺, 天子於上觀牛飮者三千人." 又曰, "武帝作, 以夸羌胡, 飮以鐵杯, 重不能擧, 皆抵牛飮." 「西征賦」云, "酒池監於商辛, 追覆車而不悟."

진주지는 옛 장안성 안에 있었다. 『묘기』에 "장락궁 안에 어지·주지가 있어, 못가에 고기를 굽는 나무가 있는데 진시황이 만든 것이다. 한 무제가 연못에서 배를 타며 주지 북쪽에 대를 세웠는데, 천자와 그 위에서 쇠고기를 보며 술을 마신 사람이 삼천 명이었다"라고 하였다. 또 이르기를 "무제가 (이를) 만들고는 강호에 자랑하고자 철로 만든 잔으로 술을 마셨는데 잔이 무거워서 들 수 없자 모두 쇠고기와 술을 거절하였다"라고 하였다. 「서정부」에 "주지는 상의 제신을 거울삼은 것으로 실패한 교훈을 좇아가면서도 깨닫지 못하였다"라고 하였다.

影娥池, 武帝鑿池以玩月, 其旁起望鵠台以眺月, 影入池中, 使宮人乘舟弄月影, 名影娥池, 亦曰眺蟾臺.

영아지는 무제가 달을 즐기기 위해 판 못으로서 못 곁에 망곡태를 세우고는 달을 바라보았다. 달빛이 못 안으로 비치면 궁인을 시켜 배를 타고서 달빛을 즐겼다. 영아지라고 부르며 조섬대라고도 한다.

琳池, 昭帝始元[20]元年, 穿琳池, 廣千步, 池南起桂臺以望遠, 東引太液之水. 池中植分枝荷, 一莖四葉, 狀如駢蓋, 日照則葉低蔭根莖, 若葵之衛足, 名曰低光荷. 實如玄珠, 可以飾佩, 花葉雖萎, 芬馥之氣徹十餘里, 食之令人口氣常香, 益脈治病, 宮人貴之, 每遊燕出入, 必皆含嚼, 或剪以爲衣. 或折以障日, 以爲戲弄. 帝時命水嬉, 遊燕永日. 士人進一豆槽, 帝曰, "桂楫松舟, 其猶重模, 況乎此槽可得而乘耶." 乃命以文梓爲船, 木蘭爲柂, 刻飛燕翔鷁, 飾於船首, 隨風輕漾, 畢景忘歸, 起商臺於池上.

임지에 대해서는 소제 시원 원년(기원전 86년)에 임지를 팠는데, 너비는 천 보로서 못 남쪽에 계대를 세워 먼 곳을 바라볼 수 있게 하였고 동쪽으로는 태액지의 물을 끌어왔다. 못 안에는 분지하를 심었는데 줄기 하나에 잎이 네 개로 그 형상이 덮개를 이어놓은 것 같았다. 해가 비치면 잎을 숙여 줄기 밑동을 덮어 가렸는데, 마치 아욱[葵]이 그 뿌리를 보호하는 것과 같으며 '저광하(低光荷)'라 불렀다. 그 열매는 검은 구슬과 같은데 장식으로 매달아 찰 수 있었으며 꽃잎이 시들어도 꽃향기는 10여 리까지 날아갔는데, 이를 먹으면 입 냄새가 항상 향기로워졌고 혈관에 좋아 병을 치료하니 황

224

궁의 사람들이 귀하게 여겨 연회로 모일 때마다 반드시 모두 입에 머금고 씹었다. 또는 이를 베어 옷을 만들거나 꺾어서 해를 가리는 등 가지고 놀았다. 황제께서 물 위에서의 연회를 베풀 때마다 온종일 연회를 즐겼다. 어느 사인이 술통 하나를 진상하였는데, 황제가 이르길, "계수나무로 노를 만들고 소나무로 배를 만들어 이미 육중한데 이 술통을 어찌 가지고 탈 수 있겠는가!"라고 하였다. 이에 명하기를 채색한 판목으로 배를 만들고 목란으로 키를 만들며 날아가는 제비와 익조를 새겨 뱃머리에 장식하게 하였다. (그 배를 타고서) 바람 따라 가볍게 출렁이며 해가 지도록 돌아갈 생각을 잊었으며, 연못가에는 상대를 지었다.

鶴池, 在長安城西, 盤池在西北, 並廢.
학지는 장안성의 서쪽에 있었고, 반지는 서북쪽에 있었는데 모두 폐쇄되었다.

冰池, 在長安西.『舊圖』云, "西有澦池, 亦名聖女泉." 蓋 '冰'· '彪' 聲相近, 傳說之訛也.
빙지는 장안의 서쪽에 있었다.『구도』에 "서쪽에 표지가 있는데, 성녀천이라고도 한다"라고 하였다. 아마도 '冰'과 '彪'의 발음이 비슷해서 와전되었을 것이다.

7 『校證』에 따르면, 원래 '四' 자이지만, 『한서』에 근거하여 수정하였다. 관련 기록
  은 『한서』 권6 「武帝紀」 원수 3년, "發謫吏穿昆明池."에 보인다.

8 『校證』에 따르면, '十' 자는 『長安志』에 근거하여 보충하였다.

9 『校證』에 따르면, 원본에는 '市'로 되어 있으나, '布' 자를 잘못 쓴 것이 아닐까
  추정하였다. 『사기』, 『한서』에 장건이 蜀의 布와 邛의 竹杖을 보았다는 기록이
  있으므로, 陳直의 견해를 따라 '布'로 수정하였다.

10 『한서』 권95 「西南夷傳」, "及元狩元年, 博望侯張騫言使大夏時, 見蜀布 · 邛竹
   杖, 問所從來, 日 '從東南身毒國, 可數千里, 得蜀賈人市.'" 참조.

11 『한서』 권6 「武帝紀」 원수 3년, (注) "臣瓚曰, 西南夷傳有越巂 · 昆明國, 有滇池,
   方三百里. 漢使求身毒國, 而爲昆明所閉. 今欲伐之, 故作昆明池象之, 以習水戰,
   在長安西南, 周回四十里. 食貨志又日時越欲與漢用船戰, 遂乃大修昆明池也."
   참조.

12 『校證』에 따르면, 원본에는 '玄址'로 되어 있으나, '玄沚'로 고쳐야 한다고 보았
   다. 『校釋』에 따르면, 원본의 '玄址'는 물의 색이 검을 때를 일컫는 '玄沚'로 수
   정해야 한다고 보았다. 본서에서는 후자를 따랐다.

13 『사기』 권6 「진시황본기」 시황 36년, "秋, 使者從關東夜過華陰平舒道, 有人持璧
   遮使者曰, '爲吾遺滈池君.' 因言曰, '今年祖龍死.' 使者問其故, 因忽不見, 置其
   璧去. 使者奉璧具以聞. 始皇默然良久, 曰, '山鬼固不過知一歲事也.' 退言曰, '祖
   龍者, 人之先也.' 使御府視璧, 乃二十八年行渡江所沈璧也." 참조.

14 『사기』 권28 「封禪書」, "於是作建章宮 …… 其北治大池, 漸臺高二十餘丈, 命日
   太液池, 中有蓬萊 · 方丈 · 瀛洲 · 壺梁, 象海中神山龜魚之屬." 참조.

15 『校證』에 따르면, 원본에는 '棹之'로 되어 있으나, 『拾遺記』에 따라 '棹水'로 고
   쳤다.

16 『校證』에 따르면, 원본에는 '翠縷'로 되어 있으나, 『拾遺記』에 근거하여 '翠纓'으
   로 수정하였다.

17 『한서』 권7 「昭帝紀」 시원 원년, "始元元年春二月, 黃鵠下建章宮太液池中." 참
   조.

18 『校證』에 따르면, 원본에는 '詩' 자가 없으나, 『西京雜記』에 근거하여 보충하였다.

19 『校證』에 따르면, 원본에는 '臺' 자이지만, 『初學記』에 근거하여 수정하였다.

20 『校證』에 따르면, 원본에는 '元始'이지만, 소제 시기 연호이므로 '始元'으로 수정하였다.

권 5

대사(臺榭)

周文王靈臺, 在長安西北四十里. 『詩』序曰: "靈臺, 民始附也. 文王受命, 而人樂其有靈德, 以及鳥獸昆蟲焉." 鄭玄注云: "天子有靈臺者, 所以觀祲象·察氣祥也. 文王受命而作邑於豐, 立靈臺." 『詩』曰: "經始靈臺, 庶民子來. 經之營之, 不日成之." 劉向『新序』云: "周文王作靈臺及爲池沼, 掘得死人之骨, 吏以聞於文王. 文王曰: 更葬之. 吏曰: 此無主矣. 文王曰: 有天下者, 天下之王. 有一國者, 一國之主. 寡人者, 死人之主, 又何求主. 遂令吏以衣冠更葬之, 天下聞之, 皆曰: 文王賢矣, 澤及枯骨, 又況於人乎." 周靈臺, 高二丈, 周廻百二十步.

주 문왕의 영대는 장안에서 서북쪽으로 40리 떨어진 곳에 위치하였다. 『시』「서」에 "영대가 (세워지자) 사람들이 비로소 귀부하였다. 문왕이 천명을 받자 사람들이 그가 신령한 덕을 갖추고 있음을 기뻐하며 각종 짐승과 동물을 가지고 나아왔다"[1]라고 하였다. 정현의 주에 "천자는 영대를 통해 햇무리와 구름의 색을 관찰하고 흉조나 상서로운 기운을 살핀다. 문왕이 천명을 받고 풍에 도읍을 만들고서 영대를 세웠다"라고 하였다.『시』에 "영대를 측량하여 세우려 하자 사람들이 모두 와서 만들어 지으니 하루가 못 되어 완성되었다"라고 하였다. 유향의『신서』에 "주 문왕이 영대를 짓고 연못을 만들었는데, 땅을 파다가 죽은 사람의 인골이 나와 관리가 이를 문왕에게 아뢰었다. 문왕이 '다시 장사 지내 주어라'고 하자 관리는 '이 인골은 주인이 없습니다'라고 하였다. 문왕은 '천하를 소유한 자는 천하의 왕이다. 한 나라를 소유한 자는 한 나라의 주인이다. 과인은 죽은 자들의 주인이니 어찌 다시 주인을 구하겠는가?'라고 하고는 마침내 관리에게 명하여 인골에 의관을 씌워 장사 지내게 하였다. 천하 사람들이 이를 듣고서는 모두 다음과 같이 말하였다. '문왕께서 어질도다. 그 은택이 말라버린 인골에까지 미치니 하물며 사람에게야 어떠하겠는가!'"라고 하였다. 주의 영대는 높이가 2장이었고 주위 둘레는 120보였다.

漢靈臺, 在長安西北八里. 漢始曰淸臺, 本爲候者觀陰陽天文之變, 更名曰靈臺. 郭延生『述征記』曰: "長安宮南有靈臺, 高十五仞, 上有渾儀, 張衡所制. 又有相風銅烏, 遇風乃動. 一曰: 長安靈臺, 上有相風銅烏, 千里風至, 此鳥乃動. 又有銅表, 高八尺, 長一

232

丈三尺, 廣尺二寸, 題云 '太初四年造'."

한의 영대는 장안에서 서북쪽으로 8리 떨어진 곳에 있었다. 한에서는 처음에 '청대(清臺)'라고 불렀는데, 후자(候者)가 음양과 천문의 변화를 관찰하는 곳이 되었으므로 '영대(靈臺)'로 바꾸어 불렀다. 곽연생의 『술정기』에서 "장안궁의 남쪽에 영대가 있는데, 그 높이는 15인(仞)[2]이며 상부에 (천체의 위치를 관측하는) 혼의가 있는데, 장형이 제작한 것이다. 또 풍향을 관측하는 동으로 만든 새가 있어 바람을 맞으면 움직였다. 일설에 장안의 영대 위에 풍향을 관측하는 동으로 만든 새가 있는데, 천 리 밖에서 바람이 불어도 이 새가 움직인다고 하였다. 또한 동으로 만든 표가 있는데 높이 8척에 길이 1장 3척, 너비 1척 2촌이며, '태초 4년(기원전 101년)에 제조함'이라고 적혀 있다"라고 하였다.

柏梁臺, 武帝元鼎二年春起. 此臺在長安城中北闕[3]内. 『三輔舊事』云: "以香柏爲梁也. 帝嘗置酒其詔群臣和詩, 能七言詩者乃得上. 太初中臺災."

백량대는 무제 원정 2년(기원전 115년) 봄에 세웠다. 이 백량대는 장안성 중 북궐 안에 있었다. 『삼보구사』에 "향이 나는 측백나무로 들보를 만들었다. 무제가 일찍이 주연을 베풀고 군신들로 서로 시로 답하도록[和詩][4] 하되 능히 7언 시를 짓는 자가 이긴다고 하였다. 태초 연간(기원전 104년~기원전 101년)에 백량대에 재해가 있었다"라고 하였다.

漸臺, 在未央宮太液池中, 高十丈. 漸, 浸也, 言爲池水所漸. 又
一說, 漸臺, 星名, 法星以爲臺名. 未央宮有滄池, 池中有漸臺, 王
莽死於此.

점대는 미앙궁 태액지 안에 위치하였으며, 높이는 10장이었다.
'점(漸)'은 물이 스며든다[浸]는 것으로, 못의 물이 스며들게 되었음
을 말한다. 또 일설에 '점(漸)'은 별자리 이름으로서 별자리를 본떠
대의 명칭을 삼았다고 하였다. 미앙궁에 창지가 있는데 못 안에 점
대가 있었고 왕망은 이곳에서 죽었다.[5]

神明臺, 見建章宮.
신명대는 '건장궁' 조에 보인다.

通天臺, 武帝元封二年作甘泉通天臺.『漢舊儀』云, "通天者, 言
此臺高通於天也."『漢武故事』: "築通天臺於甘泉, 去地百餘丈, 望
雲雨悉在其下, 望見長安城." "武帝時祭泰乙, 上通天臺, 舞八歲童
女三百人, 祠祀招仙人. 祭泰乙, 云令人升通天臺, 以候天神, 天神
既下祭所, 若大流星, 乃擧烽火而就竹宮望拜. 上有承露盤, 仙人掌
擎玉杯, 以承雲表之露. 元鳳間, 自毀, 橡桷皆化爲龍鳳, 從風雨飛
去." 「西京賦」云: "通天眇而竦峙, 徑百常而莖擢, 上瓣華以交紛,

下刻峭其若削."亦曰候神臺, 又曰望仙臺, 以候神明, 望神仙也.

통천대에 대해서는 무제 원봉 2년(기원전 109년)에 감천통천대를 만들었다. 『한구의』에 "'통천(通天)'이라는 것은 이 대가 높아 하늘과 통한다는 말이다"라고 하였다. 『한무고사』에서는 "감천궁에 통천대를 지었는데, 땅으로부터 약 100장이나 떨어졌으며[6] 비·구름을 관측하는 것은 모두 그 아래 있었고 장안성이 멀리 바라보였다", "무제 때 태을에 제사하였는데, 통천대에 올라 8세의 여자아이 300명이 춤을 추며 제사를 지내어 선인들을 불러들였다. 태을에 제사하면서 (무제가) 이르길 사람을 시켜 통천대에 올라가 천신을 살피게 하였는데 천신이 제사 지내는 곳에 내려오자 마치 큰 유성과 같았다. 이에 봉화를 올려 (황제로 하여금) 죽궁으로 나아가 멀리서 바라보며 제사하게 하였다. 황제께서 쟁반에 이슬을 받았으며 선인들은 옥잔을 들어 올렸는데 이는 구름 위로 올랐음을 나타내는 이슬이었다. 원봉 연간(기원전 110년~기원전 105년)에 (통천대가) 자체로 무너졌는데 서까래가 모두 용과 봉황으로 변하여 비바람을 따라 날아가 사라졌다"라고 하였다. 「서경부」에 "통천대는 매우 높게 우뚝 서 있었는데, 높이가 160장(丈)에 이를 정도로 기둥이 도드라져 보였습니다. (통천대의) 상단은 아름다운 문양이 화려하게 뒤섞여 있고 하단은 마치 깎아 만든 것처럼 곧게 뻗어 내려왔습니다"라고 하였다. '후신대'라고도 하고 '망선대'라고도 불렀는데, 이는 이곳에서 신명을 살피고 신선을 바라보았기 때문이다.

涼風臺, 在長安故城西, 建章宮北.『關輔記』曰:"建章宮北作涼風臺, 積木[7]爲樓."

양풍대는 장안 옛 성의 서쪽인 건장궁 북쪽에 있었다.『관보기』에 "건장궁의 북쪽에 양풍대를 짓고, 나무를 쌓아 누각을 만들었다"라고 하였다.[8]

長樂宮, 有魚池臺・酒池臺, 秦始皇造. 又有著室臺・鬪雞臺・走狗臺・壇臺・漢韓信射臺. 又未央有果臺・東・西山二臺. 未央宮有釣臺[9]・通靈臺. 見宮門.

장락궁에는 어지대・주지대가 있었는데, 진시황이 지었다. 또 저실대・두계대・주구대・단대・한한신사대가 있었다. 그리고 미앙궁에는 과대와 동・서산의 두 대가 있었으며, 미앙궁에 조대・통영대도 있었다. 「궁문」조 참조.

望鵠臺・眺蟾臺・桂臺・商臺・避風臺. 並見池沼門.

망곡대・조섬대・계대・상대・피풍대가 있었다. 「지소(池沼)」및「문(門)」조 참조.

長楊榭, 在長楊宮. 秋冬較獵其下, 命武士搏射禽獸, 天子登此以觀焉. 臺上有木曰榭.

장양사는 장양궁에 있었다. 가을과 겨울철에 그 아래 (울타리를

236

설치하고 들짐승을 풀어놓고) 짐승을 사냥하는 시합 준비를 한 후 무
사들로 하여금 짐승을 쏘아 잡도록 하고 천자는 이곳에 올라 그 광
경을 구경하였다. 대 위에 나무를 심은 곳을 '사(榭)'라고 한다.

---

1 『毛詩正義』권16 「大雅」 靈臺에 있는 내용이다.

2 '仞'은 길이 단위로서, 1仞이 5척 6촌이라고 보기도 하고 8척으로 보기도 한다.
   『한서』권24上 「食貨志」 4上, "神農之敎曰, '有石城十仞, 湯池百步, 帶甲百萬而
   亡粟, 弗能守也.'" (顏師古 注) "應劭曰, '仞, 五尺六寸也.' 師古曰, '此說非也.
   八尺曰仞, 取人申臂之一尋也.'" 참조.

3 원래 '闕'으로 되어 있으나 '闢'로 수정하였다.

4 '和詩'는 타인이 지은 시에 시로 답하는 것을 말하며, 『三秦記』에 "柏梁臺上有銅
   鳳, 名鳳闕. 漢武帝集, 武帝作柏梁臺, 詔群臣二千石有能爲七言詩者, 乃得上坐.
   帝曰, '日月星辰合四時'"라고 하여 관련 기사가 남아 있다.

5 『한서』권99下 「王莽傳」, "莽就車, 之漸臺, 欲阻池水, 猶抱持符命·威斗, 公卿
   大夫·侍中·黃門郎從官尙千餘人隨之 …… 商人杜吳殺莽, 取其綬." 참조.

6 문헌 기록에는 30여 장이라 기록되어 있다.

7 『校證』에 따르면, 원래 '水'라고 되어 있으나, 『長安志』에 근거하여 수정하였다.

8 『校證』에 따르면, 『長安志』에 인용된 『關中記』에서는 "建章宮北作涼風臺, 積木
   爲樓, 高五十餘丈"라고 하였다.

9 『校證』에 따르면, 원래 '鉤弋臺'라고 하였으나, 孫本에 근거하여 수정하였다.

벽옹(辟雍)

周文王辟雍, 在長安西北四十里, 亦曰璧雍. 如璧之圓, 雍之以水, 象敎化流行也.『詩』曰: "於論鼓鍾, 於樂辟雍." 毛萇注云: "論, 思也, 水旋丘如璧曰[10]辟雍, 以節觀者." 鄭玄注云: "文王作靈臺, 而知人之歸附. 作靈沼靈囿, 而知鳥獸之得其所. 以爲音聲之道與政通, 故合樂以詳之."

주 문왕의 벽옹은 장안의 서북쪽으로 40리 떨어진 곳에 위치하였으며, 벽옹이라고도 불렀다. 벽(璧)과 같이 둥글고 물로써 그 사면을 둘러 마치 교화가 흘러가는 형상이었다.『시』에 "북과 종을 차례대로 배열하고 벽옹에서 연주하도다"라고 하였는데, 모장의 주에서 "'논(論)'은 생각하는 것이다. 물이 벽과 같이 언덕을 둥글게 돌며 흘러 벽옹이라 하는데, 이를 통해 (벽옹의 연회에 참여할 수 있는) 관중을 제한한 것이다"라고 하였다. 정현의 주에서 "문왕께서 영대를 만드셔서 사람들이 귀부해야 할 곳을 알리셨고, 영소와 영유를 만드시어 날짐승과 들짐승이 거처할 곳을 얻었음을 나타내셨다. 음악의 원리는 정치와 통하므로 합주를 하여 그것을 자세히 밝히신 것이다"라고 하였다.

漢辟雍, 在長安西北七里. 『漢書』河間獻王來朝, 獻雅樂, 武帝對之三雍宮, 卽此. 『禮樂志』曰: "成帝時, 犍爲郡水濱得古磬十六枚, 劉向說帝宜興辟雍焉."

한의 벽옹은 장안 서북쪽에서 7리 떨어진 곳에 위치하였다. 『한서』에 하간헌왕이 와서 조회를 하며 아악을 바쳤다. 무제는 그를 삼옹궁에서 만났는데, 바로 그곳이다.[11] (『한서』) 「예악지」에 "성제 때 건위군의 물가에서 옛 경(磬) 16매를 얻게 되자 유향은 황제께 마땅히 벽옹을 세워야 한다고 설득하였다"[12]라고 하였다.

---

10 『校證』에 따르면, 원래 '璧日' 2자가 없으나, 『長安志』에 근거하여 보충하였다.

11 『한서』 권53 「景十三王傳」 河間獻王 德, "武帝時, 獻王來朝, 獻雅樂, 對三雍宮." 참조.

12 『한서』 권22 「禮樂志」 禮, "至成帝時, 犍爲郡於水濱得古磬十六枚, 議者以爲嘉祥. 劉向因是說上, '宜興辟雍, 設庠序, 陳禮樂, 隆雅頌之聲, 盛揖攘之容, 以風化天下.'" 참조.

명당(明堂)

　周明堂, 明堂所以正四時, 出敎化, 天子布政之宮也. 黃帝曰合宮, 堯曰衢室, 舜曰總章, 夏後曰世室, 殷人曰陽館, 周人曰明堂. 先儒舊說, 其制不同. 或曰, 明堂在國之陽.『大戴禮』云: "明堂九室, 一室有四戶八牖, 凡三十六戶, 七十二牖, 以茅蓋屋, 上圓下方."『援神契』曰: "明堂上圓下方, 八窓四牖."『考工記』云: "明堂五室, 稱九室者, 取象陽數也. 八牖者陰數也, 取象八風. 三十六戶牖, 取六甲之爻, 六六三十六也. 上圓象天, 下方法地, 八窓卽八牖也, 四闥者象四時四方也, 五室者象五行也." 皆無明文, 先儒以意釋之耳.『禮記』「明堂位」曰: "朝諸侯於明堂之位, 天子負斧扆[13] 南鄕而立." 明堂也者, 明諸侯之尊卑也. 制禮作樂, 頒度量而天下服, 知明堂是布政之宮也. 又『孝經』曰: "宗祀文王於明堂, 以配上帝." 則周有明堂也明矣.

240

주의 명당은 명당에서 일 년 사계절의 농시(農時)를 정하고 교화를 베풀며 천자가 정사를 행하는 궁이었다. 황제는 합궁, 요는 구실, 순은 총장, 하후씨는 세실이라 각각 불렀으며, 은나라 사람들은 양관이라 하였고, 주나라 사람들은 명당이라 하였다. 옛 유자들의 설명에 따르면 그 제도가 서로 달랐다. 혹자는 명당이 나라의 정면[陽]에 위치한다고 하였다. 『대대례』에 "명당에는 9개의 실이 있는데, 각 실마다 4개의 문과 8개의 창이 있어 모두 36개의 문과 72개의 창이 있다. 띠를 써서 지붕을 덮었고 위는 둥글고 아래는 네모졌다"라고 하였다. 『원신계(援神契)』에서는 "명당의 위는 둥글고 아래는 네모졌으며 창이 8개이고 들창이 4개이다"라고 하였다. 『고공기』에서는 "명당의 5실을 9실이라고 부름은 양수를 상징하기 위함이다. 8개의 들창은 음수이며 8풍(風)을 상징한다. 36개의 문[戶牖]은 60갑자의 효를 취한 것으로 6을 여섯 배 하면 36이다[六六三十六]. 위로는 하늘을 본뜨고자 하였고 아래로는 땅을 본뜬 것으로 8개의 창은 곧 8개의 들창[牖]이다. 4개의 문[闥]은 4시와 사방을 상징하고, 5개의 실은 오행을 상징한다"라고 하였다. (이상의 설명은) 모두 명확한 근거가 없으며 옛 유자들이 그 의미를 해석한 것일 뿐이다. 『예기』「명당위」에서 "명당의 정해진 위치에서 제후들을 조회할 때 천자는 부의를 지고 남향하여 선다"라고 하였다. 명당이라는 것은 제후들의 높고 낮음을 분명히 하는 곳이다. 예악을 제정하고 만들며 도량형을 정하여 반포하면 천하 사람들이 따르니 대저 명당은 정사를 행하는 궁이다. 또『효경』에 "명당에서 조종이신 문왕에 제사하여 상제와 배향하였다"라고 하였으므로 주에 명당이 있었음은 분명하다.

漢明堂, 在長安西南七里.『漢書』曰: "武帝初卽位, 嚮儒術, 以文學爲本, 議立明堂於城南, 以朝諸侯." 應劭注云: "漢武帝造明堂, 王莽修飾令大."『漢書』: 武帝建元元年, 議立明堂, 遣使者安車蒲輪, 束帛加璧, 徵魯申公. 又「郊祀志」: 初, 天子封泰山. 泰山東北阯, 古時有明堂, 處處險不敞. 上欲治明堂奉高帝, 未曉其制度. 濟南人公玉帶上黃帝時明堂圖, 明堂中有四殿, 四面無壁, 以茅蓋通水, 水圜宮垣, 爲複道. 上有樓, 從西南入, 名曰昆侖. 天子從之, 入以拜祀上帝焉. 於是上令奉高作明堂汶上, 如帶圖. 又是歲, 修東封, 則祀太乙五帝於明堂上坐, 合高皇帝祠坐對之. 祠後土於下房, 以二十大牢. 天子從昆侖道入. 始拜明堂如郊祀. 是歲元封五年也. 本紀元封二年秋, 作明堂於泰山下. 五年春三月, 至泰山增封. 甲子, 祠高祖於明堂, 以配上帝. 太初元年冬十月, 行幸泰山: 十一月甲子朔旦冬至, 祀上帝於明堂.

한의 명당은 장안의 서남쪽으로 7리 떨어진 곳에 있었다.『한서』에 "무제가 처음 즉위한 후 유술을 중시하여 문학들을 중심으로 도성 남쪽에 명당을 세우는 것을 의논하여 거기서 제후들을 조회하고자 하였다"라고 하였다. 응소의 주에 "한 무제가 명당을 지었고, 왕망이 개수하고 정비하여 크게 만들었다"라고 하였다.『한서』에 따르면 무제 건원 원년에 명당 건립을 의논하여 사자를 파견하여 부들로 감싼 바퀴를 단 좋은 수레[安車蒲輪][14]와 속백 위에 옥백을 올린 예물[15]을 가지고 노의 신공을 모셔오게 하였다. 그리고 (『한서』) 「교사지」에 따르면, "처음으로 천자께서 태산에 봉선하였다. 태산 동북쪽 기슭에는 옛날에 명당이 있었는데, 이곳저곳 험하여 (그 위치가) 드러나지 않았다. 황제께서는 명당을 세워 고조황제를 모시고 싶었으나 관련 제도에 대해서는 알지 못하였다. 제남 사람 공옥대가 황제 시기의 명당도를 바쳤는데, 명당 가운데 4개의 전이 있고 사면에는 벽이 없으며 띠로써 지붕을 덮어 물이 통하였고 물이 궁 담장을 두르고 흘렀으며 복도를 만들었다.[16] 위에는 누각이 있고 서남쪽으로 들어갔으며 '곤륜'이라 칭하였다. 천자께서 그를 따라 들어가서 상제에 제사하였다. 그때 황제께서는 봉고에게 문(汶)에다 공옥대의 명당도와 같은 명당을 지으라고 명하였다. 또 그해에 제단을 만들었는데, 곧 태을과 오제를 명당의 윗자리에 모셔 제사하고 그 맞은편 자리에 고조황제를 모셔 함께 제사하였으며 아랫방에서 후토에 20대뢰의 예로써 제사하였다. 천자께서 곤륜의 길을 따라 들어가서 처음으로 교사와 같이 명당에 제사하였다. 이해는 원봉 5년(기원전 106년)이다. 「무제본기」에 따르면, 원봉 2년(기원전 109년) 가을에 태산 아래에 명당을 만들었고 원봉 5년(기원전 106년) 봄 3월에 태산에 이르러 제단을 더 만들었다. 갑자일에 명당에서 고조에 제사하여 상제에 배향하였다. 태초 원년(기원전 104년) 겨울 10월에 태산으로 행행하였으며, 11월 갑자일 초하루 동짓날 아침[朔旦冬至][17]에 명당에서 상제에 제사하였다.

13 『校證』에 따르면, '扆'는 원본에 '依'로 되어 있으나, 吳本에 근거하여 수정하였다. 斧扆는 제왕이 朝堂에서 사용하였던 병풍 형태의 기구로서 높이는 8척 정도이며 그 윗부분에 도끼 형태의 도안이 있어서 '斧扆'라고 불렀다.

14 '安車蒲輪'은 부들로 바퀴를 감싼 편안한 수레를 말하며, 귀한 사람을 맞이하거나 전송할 때 사용하여 그 사람을 예우함을 나타내었다.

15 '束帛加璧'은 束帛 위에 옥벽을 올린 것으로 많은 예물을 뜻한다.

16 '複道'는 누각 사이에 만든 통로로서, 閣道라고도 한다.

17 음력 11월 초하루에 드는 동지를 말한다.

환구(圜丘)

漢圜丘, 在昆明故渠南, 有漢故圜丘[18], 高二丈, 周廻百二十步.

한의 환구는 곤명의 옛 도랑 남쪽에 한의 옛 환구가 있었으며, 높이는 2장이고 주위 둘레는 120보였다.

---

18 『校證』에 따르면, 원본에는 '丘' 자 다음에 '今按' 2자가 있었으나, 문헌 기록에 근거하여 삭제하였다.

태학(太學)

漢太學在長安西北七里. 董仲舒策曰: "太學, 賢士之關, 敎化之
本原也." 王莽作宰衡時, 建弟子舍萬區, 起市郭上林苑中. 『三輔舊
事』云: "漢太學中有市有獄."

한의 태학은 장안에서 서북쪽으로 7리 떨어진 곳에 있었다. 동중
서가 대책을 올리기를 "태학은 현사들의 관문이고 교화의 근본입
니다"[19]라고 하였다. 왕망이 재형[20]이었을 때 (태학) 제자들의 숙소
만여 곳을 지었으며, 상림원 안에 시곽을 만들었다.[21] 『삼보구사』에
서 "한 태학 안에 시장과 옥이 있었다"라고 하였다.

19 『한서』권56 「董仲舒傳」, "太學者, 賢士之所關也, 敎化之本原也." 참조.

20 원시 4년에 왕망에게 '宰衡'이라는 존호를 더하였는데(『한서』권12 「平帝紀」원
시 4년, "加安漢公號曰'宰衡'."), 이는 응소의 주에서 보듯이 周公과 伊尹에 왕
망을 비견하여 존대한 것이었다("應劭曰, 周公爲太宰, 伊尹爲阿衡, 釆伊 · 周之
尊以加莽.").

21 『한서』권99上 「王莽傳」, "是歲, 莽奏起明堂 · 辟雍 · 靈臺, 爲學者築舍萬區, 作
市 · 常滿倉, 制度甚盛."

종묘(宗廟)

宗, 尊也, 廟, 貌也, 所以仿佛先人尊貌也. 漢立四廟, 祖宗廟異
處, 不序昭穆. 太上皇廟, 在長安西北長安故城中, 香室街南, 馮翊
府北.『關輔記』曰:"在酒池北."

'종'은 '높이다'는 말이고, '묘'는 (높이는) 모습으로서 마치 선인들
이 (조상을) 높이는 모습을 뜻한다. 한은 4묘를 세웠는데, 조종의
묘는 다른 곳에 두었고 소목의 순서를 따르지 않았다. 태상황의 묘
는 장안의 서북쪽 장안 옛 성안에 있었는데, 향실가의 남쪽이자 풍
익부의 북쪽이었다.『관보기』에 "주지(酒池)의 북쪽에 있다"라고 하
였다.

高祖廟, 在長安西北故城中.『關輔記』曰:"秦廟中鍾四枚, 皆在
漢高祖廟中."『三輔舊事』云:"高廟鍾重十二萬斤."『漢舊儀』云:

"高祖廟鍾十枚, 各受十石, 撞之聲聞百里."『漢書』: 文帝時盜取高
廟玉環故事. 又云: "光武至長安宮闕, 以宗廟燒蕩爲墟, 乃徙都洛
陽. 取十廟合於高廟, 作十二室. 太常卿一人, 別治長安, 主知高廟
事."高廟有便殿, 凡言便殿·便室·便坐者, 皆非正大之處, 所以
就便安也. 高園於陵上作之, 既有正寢, 以象平生正殿路寢也. 又
立便殿於寢側, 以象休息閒晏之處也. 孝惠更於渭北建高帝廟, 謂
之原廟.

고조의 묘는 장안의 서북쪽 옛 성안에 있었다.『관보기』에는 "진
의 묘 안에 있던 종 4매는 모두 한고조 묘 안에 있다"라고 하였다.
『삼보구사』에는 "고묘의 종 무게는 12만 근이다"라고 하였고,『한구
의』에는 "고조 묘의 종 10매는 각각 10석으로 그것을 치면 종소리
가 100리까지 들렸다"라고 하였다.『한서』에 문제 때 고묘의 옥환
을 훔쳐 취한 고사가 전한다.[22] 또한 "광무제가 장안의 궁궐에 이르
러 종묘가 불태워져 폐허가 되었기 때문에 도성을 낙양으로 옮겼
다. (전한 시기) 10묘를 고묘에 합하여 12실을 만들었다. 태상의 경
한 명이 별도로 장안을 맡아 고묘 관련 일을 주재하였다"[23]라고 하
였다. 고묘에는 편전이 있었는데 무릇 편전·편실·편좌라 한 것
은 모두 정실로 만든 큰 규모가 아니었기 때문에 바로 별실이라 한
것이다.[24] 고원(高園)은 능 위에 만들었는데, 이미 정침이 있어 생
전의 정전의 노침을 나타내었다. 또 노침 옆에 편전을 세워 휴식하
며 쉬는 장소를 나타내게 하였다. 혜제는 다시금 위수 북쪽에 고제

묘를 세워 원묘(原廟)라고 불렀다.

惠帝廟, 在高帝廟後.

혜제의 묘는 고제의 묘 뒤편에 있었다.[25]

文帝廟, 號顧成廟. 孝文四年作顧成廟, 在長安城南. 文帝自爲廟, 制度遍狹, 若顧望而成, 猶文王靈臺不日成之, 故曰顧成也.

문제의 묘는 고성묘라 불렀다. 문제 4년(기원전 176년)에 고성묘를 지었는데 장안성 남쪽에 위치하였다. 문제 스스로 자신의 묘를 만들었는데, (관련) 제도가 없어서 마치 망설이며 만든 것 같았다. 오히려 문왕의 영대는 하루가 못 되어 완성되었으므로 '고성'이라 불렀다.[26]

景帝廟, 號德陽宮. 景帝中四年, 造德陽宮. 蓋帝自作之, 諱不言廟, 故號爲宮. 『故事』云: 景帝造德陽宮.

경제의 묘는 덕양궁이라 불렀다. 경제 중4년(기원전 146년)에 덕양궁을 지었다. 대개 황제가 스스로 자신의 묘를 지었으므로 명칭을 묘라 부르지 못하고 궁이라 칭하였던 것이다. 『고사』에는 경제가 덕양궁을 지었다고 하였다.[27]

武帝廟, 號龍淵宮[28]今長安西茂陵東有其處, 作銅飛龍, 故以冠名. 武帝元光三[29]年, 河決濮陽, 發卒十萬敕河決, 起龍淵之宮, 取此爲名. 武帝廟不言宮.

무제의 묘는 용연궁이라 불렀다. 지금의 장안 서쪽 무릉의 동쪽에 그 자리가 있는데, 동으로 비룡을 만들어 두었기 때문에 (명칭 맨 앞에) '용'이라 하였다. 무제 원광 3년(기원전 132년)에 황하의 (제방이) 복양으로 터져 10만 명을 동원하여 황하 제방이 터진 것을 구제하고 용연궁을 세웠기 때문에[30] 여기서 그 명칭을 취하였다. 무제의 묘는 궁이라 부르지 않는다.

昭帝廟, 號徘徊.

소제의 묘는 배회라 불렀다.

宣帝廟, 號樂游, 在杜陵西北.[31] 神爵三年, 宣帝立廟於曲池之北, 號樂游, 按其處則今呼樂游園是也, 因樂游苑得名.

선제의 묘는 낙유라 불렀는데, 두릉의 서북쪽에 있었다. 신작 3년(기원전 59년)에 선제가 곡지의 북쪽에 묘를 세우고 낙유라 칭하였다.[32] 그 장소는 바로 지금 낙유원이라 부르는 곳이므로, 낙유원에서 그 명칭이 생긴 것이다.

元帝廟, 號長壽.

원제의 묘는 장수라고 불렀다.

成帝廟, 號陽池.

성제의 묘는 양지라고 불렀다.

太上皇 高祖父也 有寢廟園·原廟, 昭靈后 高祖母也 · 武哀王 高祖兄
也 · 昭哀后 高祖嫂也 皆有園. 孝惠皇帝有寢廟園, 孝文太后 · 孝昭
太后皆有寢園, 衛思后 戾太子母 · 皇祖悼考皆有廟園 宣帝父史皇孫. 廟
曰奉明.

태상황 고조의 부친이다. 은 능침과 묘, 원 및 원묘가 있었으며, 소
영후 고조의 모친이다. · 무애왕 고조의 형이다. · 소애후 고조의 형수이다.
는 모두 원이 있었다. 혜제는 능침과 묘, 원이 있었으며, 문태후 ·
소태후는 모두 능침과 원이 있었고, 위사후 여태자의 모친 · 황조도고
선제의 부친인 사황손 는 모두 묘와 원이 있었는데 묘는 '봉명'이라 불
렀다.

元成之世, "祖宗廟在郡國者六十八, 合百六十七所. 京師自高
祖至宣帝, 與太上皇, 悼皇考, 各自居陵旁立廟:並爲百七十六."
又 "園中各有寢便殿, 日祭於寢, 月祭於殿, 時祭於便殿. 寢日四上
食, 廟歲二十五祠, 便殿四歲祠. 又月一遊衣冠." 四時祭宗廟用太
牢, 列侯皆獻酎金以助祭. 諸侯王及列侯, 歲時詣京師, 侍祠助祭.
『漢儀』: "諸侯王歲以户口酎黃金於漢廟, 皇帝臨受獻金, 金不如斤
兩, 色惡, 王削縣, 侯免國." 注云: "因八月嘗酎, 會諸侯廟中, 出金
助祭, 謂之酎金. 酎, 正月旦作酒, 八月成, 三重釀醇酒也, 味厚,
故以薦宗廟. 金, 黃金也, 不如法作奪爵." 又册封諸侯王, 必於祖
廟册命之, 示不敢專也. 武帝元狩六年夏四月乙巳, 立皇子閎爲齊王 · 旦燕王, 胥

廣陵王, 於廟中冊命. 漢制封皇子爲王者, 其實古諸侯也. 周末諸侯或稱王, 而漢天子自以皇帝爲稱, 故以王號如之, 總名爲諸侯王.

원제와 성제 시기 "조종의 묘가 위치한 군국은 68개로서 모두 167곳이었다. 경사에는 고조부터 선제까지의 황제와 태상황, 도황고의 능이 있었는데, 각각 능이 위치한 곳 옆에 묘를 세웠다. (지방에 위치한 것과 모두) 합쳐 176곳이었다." 또한 "원에는 각각 능침과 편전이 있어 날마다 능침에 제사했고 달마다 전에 제사했으며 때마다 편전에 제사하였다. 능침에는 매일 네 번 음식을 올렸고 묘에서는 매해 25번 제사를 올렸으며 편전에는 4년마다 제사하였다. 그리고 매달 한 번씩 의관을 (능묘에서 침전으로) 보내는[遊] 의식을 행하였다".[33] 절기마다 종묘에 올리는 네 번의 제사에는 태뢰를 썼으며, 열후들은 모두 술과 황금을 바쳐 제사를 도왔다. 제후왕 및 열후는 매년 시제를 드릴 때 경사에 와서 제사를 받들며 도왔다. 『한의』에 "제후왕은 해마다 (관할) 호구에 따라 한 왕조의 종묘에 술・황금을 바쳤는데 황제가 친히 바친 황금을 받되 황금이 (정해진) 무게가 아니거나 색이 나쁠 경우 제후왕은 (봉지의) 현을 삭감하였고 열후는 (관할하는) 국을 빼앗았다"라고 하였는데, 주에는 "8월에 (제사에 올릴) 새 술을 맛보며 제후들이 종묘에 모일 때 금을 내어 제사를 도왔기 때문에 '주금(酎金)'이라 한다. '주(酎)'는 정월 아침에 술을 빚어 8월에 완성하는데, 세 차례 양조하는 순주(醇酒)로서 맛이 진하기 때문에 종묘에 올렸다. '금(金)'은 황금으로, (바친 금이) 법에 어긋나면

작위를 박탈하였다"라고 하였다. 그리고 제후왕을 책봉할 때는 반드시 조묘에서 그에게 책명을 내려 (황제가) 감히 독단적으로 자행할 수 없음을 나타내었다. 무제 원수 6년(기원전 117년) 여름 4월 을사일에 황자인 굉을 제왕으로, 단을 연왕으로, 서를 광릉왕으로 삼았는데, 종묘에서 (그들에게) 책명을 내렸다. 한에서 황자를 왕으로 책봉하는 제도는 사실상 옛날 제후에 해당하는 제도였다. 주나라 말기에 제후들은 왕을 칭하기도 하였는데, 한의 천자가 스스로를 황제라 칭하게 되면서 (황자들에게) 왕의 칭호를 부여하게 되었기 때문에 제후왕이라 총칭하였다.

新莽壞徹城西苑中建章·承光·包陽·犬臺·儲元宮·及平樂·當路·陽祿館, 凡十餘所, 取其材瓦以起九廟. 莽曰,「予卜波水之北, 郎池之南, 惟玉食. 予又卜金水之南, 明堂之西, 亦惟玉食. 予將親築」, 於是遂營長安城南, 提封百頃, 莽又親舉築三下. 九廟, 一黃帝, 二虞帝, 三陳胡王, 四齊敬王, 五濟北湣王, 六濟南悼王, 七元成孺王, 八陽平頃王, 九新都顯王. 殿皆重屋. 大初祖廟, 東西南北各四十丈, 高十七丈, 餘廟半之. 爲銅薄櫨, 飾以金銀瑪文, 窮極百工之巧, 帶高增下, 功費數百巨萬, 卒徒死者數萬.[34]

신의 왕망은 장안성 서쪽 원 안의 건장·승광·포양·견대·저원궁 및 평락·당로·양록관 등 모두 10여 곳을 허물어 부수고는 그 자재와 기와를 써서 9묘를 세웠다. 왕망은 "내가 점을 치니 파수의 북쪽과 낭지의 남쪽이 크게 길하였다. 내가 다시 점을 치니 금수(金水)의 남쪽과 명당의 서쪽 역시 크게 길하였다. 나는 장차 친히 (건물을) 세우려 한다"라고 하였다. 이에 마침내 장안성 남쪽에 모두 합해 100경의 땅을 측량하였고 또한 착공할 때 친히 가서 세 번 흙을 다졌다. 9묘는 첫째 황제(黃帝), 둘째 우제(虞帝), 셋째 진호왕(陳胡王), 넷째 제경왕(齊敬王), 다섯째 제북민왕(濟北愍王), 여섯째 제남도왕(濟南悼王), 일곱째 원성유왕(元成孺王), 여덟째 양평경왕(陽平頃王), 아홉째 신도현왕(新都顯王)이다. 전은 모두 중층의 건물로 만들었다. 태초의 조묘는 동서남북으로 각각 40장의 너비에 높이 17장으로 만들었으며, 나머지 묘는 그 절반 크기로 하였다. 동으로 두 공을 만들고 금은으로 아로새긴 꽃문양으로 장식하였으며 각종 기술자들의 공교한 솜씨를 모두 써서 만들되, 대의 기초를 높이 설치하고 아래로 내려오면서 증축하였다. 건축비용으로 수백 거만이 들었고 (동원된) 인력 중 수만 명이 죽었다.

---

22 『한서』 권50 「張釋之傳」, "其後人有盜高廟座前玉環, 得, 文帝怒, 下廷尉治." 참조.

23 『후한서』 권16 「鄧禹傳」, "率諸將齋戒, 擇吉日, 修禮謁祠高廟, 收十一帝神主, 遣使奉詣洛陽, 因循行園陵, 爲置吏士奉守焉."; 『후한서』 권1下 「光武帝紀」 건무 10년, "秋八月己亥, 幸長安, 祠高廟, 遂有事十一陵." 참조.

24 '便室'은 正室 이외의 별실을 말한다.

25 『校證』에 따르면, 『長安志』에 인용된 『關中記』에서 "惠帝廟在高廟之西."에 있다

고 하였다.

26 『한서』 권4 「文帝紀」 4년, "作顧成廟"(注) 服虔曰, "廟在長安城南, 文帝作. 還顧見城, 故名之." 應劭曰, "文帝自爲廟, 制度卑狹, 若顧望而成, 猶文王靈臺不日成之, 故曰顧成." 참조.

27 『한서』 권5 「景帝紀」 中4년, "四年春三月, 起德陽宮."(注) "臣瓚曰, 是景帝廟也. 帝自作之, 諱不言廟, 故言宮. 『西京故事』云景帝廟爲德陽." 참조.

28 『校證』에 따르면, 원본에는 '宮' 자가 없으나, 「武帝紀」 기록에 근거하여 보충하였다.

29 원본에는 원광 4년이라 하였으나, 『한서』 「武帝紀」에는 원광 3년으로 되어 있어 3년으로 수정하였다.

30 『한서』 권6 「武帝紀」 원광 3년, "河水決濮陽, 氾郡十六. 發卒十萬救決河. 起龍淵宮." 참조.

31 『校證』에 따르면, 원본에는 '在杜陵西北'이 注로 표기되어 있으나, 孫本에 근거하여 수정하였다.

32 『한서』 권8 「宣帝紀」 신작 3년, "三年春, 起樂游苑." 참조.

33 『한서』 권73 「韋玄成傳」, "凡祖宗廟在郡國六十八, 合百六十七所. 而京師自高祖下至宣帝, 與太上皇 · 悼皇考各自居陵旁立廟, 并爲百七十六. 又園中各有寢 · 便殿. 日祭於寢, 月祭於廟, 時祭於便殿. 寢, 日四上食. 廟, 歲二十五祠. 便殿, 歲四祠. 又月一游衣冠." 참조.

34 다음의 『한서』 「王莽傳」의 내용과 거의 동일하다. 『한서』 권99下 「王莽傳」, "(王莽下書曰) '予乃卜波水之北, 郎池之南, 惟玉食. 予又卜金水之南, 明堂之西, 亦惟玉食. 予將親築焉.' 於是遂營長安城南, 提封百頃. 九月甲申, 莽立載行視, 親舉築三下. …… 九廟, 一曰黃帝太初祖廟, 二曰帝虞始祖昭廟, 三曰陳胡王統祖穆廟, 四曰齊敬王世祖昭廟, 五曰濟北愍王王祖穆廟, 凡五廟不墮云. 六曰濟南伯王尊禰昭廟, 七曰元城孺王尊禰穆廟, 八曰陽平頃王戚禰昭廟, 九曰新都顯王戚禰穆廟. 殿皆重屋. 太初祖廟東西南北各四十丈, 高十七丈, 餘廟半之. 爲銅薄櫨, 飾以金銀琱文, 窮極百工之巧. 帶高增下, 功費數百鉅萬, 卒徒死者萬數." 참조.

남북교(南北郊)

天郊, 在長安城南. 地郊, 在長安城北. 所屬掌治壇壝郊宮歲時供張, 以奉郊祀. 武帝定郊祀之事, 祀太乙於甘泉圜丘, 取象天形, 就陽位也. 祀後土於汾陰澤中方丘, 取象地形, 就陰位也. 至成帝徙泰畤後土於京師, 始祀上帝於長安南郊, 祀後土於長安北郊.

천교는 장안성의 남쪽에 있었다. 지교는 장안성의 북쪽에 있었다. 제사 장소[壇壝]를 담당하는 교관 소속 관리가 매년 사시마다 (제사에 필요한 제반 사항을) 갖추어 교사를 받들었다. 무제가 교사 관련 규정을 정하여 감천환구에서 태을을 제사하되 하늘의 형상을 본떠서 양의 방향을 향하였다.[35] 분음의 못 안에 있는 방구[36]에서 후토를 제사하되, 땅의 형상을 본떠서 음의 방향을 향하였다. 성제 때 (태을에 제사하는) 태치와 후토를 경사로 옮겨 처음으로 장안의 남교에서 상제를 제사하고 장안의 북교에서 후토를 제사하였다.

35 『한서』권22「禮樂志」樂, "至武帝定郊祀之禮, 祠太一於甘泉, 就乾位也." 참조.
36 地祇에 제사하는 壇이다.

사직(社稷)

漢初除秦社稷, 立漢社稷. 其後又立官社, 配以夏禹, 而不立官稷. 至平帝元始三年, 始立官稷於官社之後. 『後漢書』「祭祀志」云: 「黃圖」載元始儀甚悉, 今本無, 合入. 元始四年宰衡莽奏奏曰: 帝王之義, 莫大於承天, 承天之序, 莫重於郊祀. 祭天於南就陽位, 祠地於北就陰位. 圜丘象天, 方澤象地, 圜方因體, 南北從位, 燔燎升氣, 瘞埋就類, 牲欲繭栗, 味尙淸玄, 器成匏勺, 貴誠因質. 天地神所統, 故類乎上帝, 禋於六宗, 望秩山川, 班於群神, 皇天后土, 隨王聽在而事佑焉. 甘泉太陽, 河東少陽, 咸失厥位, 不合禮制. 聖王之制, 必上當天心, 下合地意, 中考人事, 故曰愷悌君子, 求福不回, 回而求福, 厥路不通. 在易泰卦, 乾坤合體, 天地交通, 萬物聚出, 其律太簇. 天子親郊天地, 先祖配天, 先妣配地, 陰陽之別, 以日冬至祀天, 夏至祀后土. 君不省方而使有司. 六宗, 日月星山川海. 星則北辰, 川卽河, 山岱宗, 三光衆明, 山阜百川衆流, 淳汙皐澤, 以類相屬, 各數秩望相序. 於是定郊祀. 祀長安南北郊, 罷甘泉河東祀.

한 초에 진의 사직을 소제하여 한의 사직을 세웠다. 그 후에 다시 관사를 세워 하의 우임금을 배향하였고 관직(官稷)을 세우지는 않았다. 평제 원시 3년에 이르러 비로소 관사 뒤에 관직을 세웠다. 『후한서』「제사지」에서 『황도』에 수록된 원시 연간의 의례가 매우 상세한데 현행본에는 없어 함께 수록한다.[37] (성제) 원시 4년(기원전 13년)에 재형인 왕망이 "제왕의 도리는 하늘을 받드는 것이 가장 중요하고, 하늘을 받드는 순서에서 교사보다 더 중요한 것은 없습니다. 남쪽에서 하늘에 제사하는 것은 양의 위치로 나아가는 것이고, 북쪽에서 땅에 제사하는 것은 음의 위치로 나아가는 것입니다. 원구는 하늘을 상징하고 방택은 땅을 상징하는데, 둥글거나 네모진 것은 그 형태로 인한 것이며, (제단을) 남북으로 일직선 위치로 하여 섶을 불에 태워 연기를 피워 올리고 제사 터에 제물을 묻어 유제를 지냅니다.[38] 희생을 어린 소로써[39] 하고자 함은 맛이 정결하고 오묘한 것을 중시한 것이고 제기를 박으로 만듦은 정성을 귀히 여기기에 질박하게 만든 것입니다. 하늘과 땅은 신이 거느리므로 상제에 유제를 올리고 육종에는 인제를 지내며 산천에는 등급에 따라 망제를 지내어[望秩],[40] 여러 신들을 등급에 따라 구분합니다. 황천과 후토는 왕이 치리하는 곳을 따라서 머물며 보우합니다. 감천이 태양에 있고, 하동이 소양에 있는 것은 모두 그 (바른) 위치를 잃은 것으로 예제에 맞지 않습니다. 성왕의 제도는 반드시 위로는 천심에 맞고 아래로는 지의(地意)에 합하며 그러한 중에 인간의 일을 생각합니다. 그러므로 (『시경』「대아·문왕지십」한록 편에서) '즐겁고 평안한 군자께서 정도로 행하며 복을 구하시네'라고 하였으니,[41] 잘못 행하면서 복을 구하면 그 방법이 통하지 않습니다. (정월은) 『역』[42] 「태괘」에서 건과 곤이 합체하고 하늘과 땅이 서로 통하며 만물이 함께 나오니 그 음율은 태족입니다.[43] 천자는 친히 하늘과 땅에 교제를 지내며 선조를 하늘에 배향하고 선비(先妣)를 땅에 배향하여 음양을 구별합니다.[44] 제사일은 동지에 하늘에 제사하고 하지에 후토에 제사하는데, 군주가 사방을 순시하지 않고 담당 관리에게 시킵니다. 육종은 해·달·별·산·하천·바다입니다. 별은 곧 북극성이고 하천은 곧 황하이며 산은 태산[岱宗][45]입니다. 해·달·별[三光]과[46] 각종 광명들, 산들과 온갖 많은 하천과 물길, 물이 고인 못이나 늪은 종류별로 분류하여 각각 등급에 따라 그 순서대로 망제를 지냅니다"라고 아뢰었다. 이에 교사에 대해 정하고 장안의 남·북교에서 제사하였고 감천과 하동에서의 제사는 폐지하였다.

---

37 『후한서』 권30 「祭祀志」 上, (注) "黃圖載元始儀最悉, 曰: 元始四年, 宰衡莽奏曰, '帝王之義, 莫大承天. 承天之序, 莫重於郊祀. 祭天於南, 就陽位. 祠地於北, 主陰義. 圓丘象天, 方澤則地. 圓方因體, 南北從位. 燔燎升氣, 瘞埋就類. 牲欲繭栗, 味尙淸玄. 器成匏勺, 貴誠因質. 天地神所統, 故類乎上帝, 禋于六宗, 望秩山川, 班於羣神. 皇天后土, 隨王所在而事祐焉. 甘泉太陰, 河東少陽, 咸失厥位, 不合禮制. 聖王之制, 必上當天心, 下合地意, 中考人事. 故曰, 愷悌君子, 求福不回. 回而求福, 厥路不通.(正月)[在易]泰卦, 乾坤合體, 天地交通, 萬物聚出, 其律太蔟. 天子親郊天地. 先祖配天, 先妣配地, 陰陽之別. 以日冬至祀天, 夏至祀后土, 君不省方而使有司. 六宗, 日·月·星·山·川·海, 星則北辰, 川卽河, 山岱宗, 三光衆明山阜百川衆流淳汙皋澤, 以類相屬, 各數秩望相序.' 於是定郊祀, 祀長安南北郊, 罷甘泉·河東祀." 참조.

38 天과 五帝에 지내는 제사의 명칭이다.

39 '繭栗'은 소의 뿔이 처음 나올 때의 형상을 형용한 표현으로서, 여기서는 어린 소를 제사 희생으로 삼는 것을 말한다.

40 '望秩'은 산천의 등급에 따라 望祭를 지내는 것을 말한다.

41 『詩經』「大雅」旱麓, "豈弟君子, 求福不回." 高亨 注, "回, 邪僻. 此言君子以正道求福." 참조.

42 『후한서』권30「祭祀志」의 기록에 근거하여 보충하였다.

43 '太簇'은 12律 중 陽律의 제2律에 해당한다. 12律을 12개월에 적용하면 太簇은 정월에 해당한다.

44 『후한서』권30「祭祀志」의 표점을 따라 句讀하였다.

45 '岱宗'은 泰山을 말한다. 泰山은 5嶽 중 으뜸으로서 산 중의 宗이 되기에 '岱宗'이라 일컬었다.

46 '三光'은 해와 달, 그리고 별을 가리킨다.

관(觀)

漢 博士 劉熹『釋名』曰: 觀, 觀也, 於上觀望也.

한의 박사인 유희의 『석명』에 "'관(觀)'은 바라보는 것으로, 위에서 멀리 바라보는 것이다"라고 하였다.

豫章觀, 武帝造, 在昆明池中, 亦曰昆明觀. 又一說曰: 上林苑中有昆明池觀, 蓋武帝所置. 桓譚『新論』云: "元帝被疾, 遠求方士. 漢中送道士王仲都, 詔問所能, 對曰: 能耐寒. 乃以隆冬盛寒日, 令袒載駟馬於上林昆明池上, 環以冰, 而禦駟者厚衣狐裘寒戰, 而仲都無變色, 臥於池上, 曛然自若." 卽此也.

예장관은 무제가 지었는데, 곤명지 안에 위치하였고 곤명관이라고도 하였다. 또 일설에 상림원 안에 곤명지관이 있다고 하는데 아마도 무제가 설치한 것이었다. 환담의 『신론』에 "원제가 병들어 먼

데까지 (능력 있는) 방사를 찾았다. 한 중에서 도사 왕중도를 보냈는데, 불러서 그 능력을 물으니 '추위를 견딜 수 있습니다'라고 대답하였다. 이에 한겨울 매우 추운 날에 상림원 곤명지 위에서 웃통을 벗고 사마(駟馬)의 수레에 오르게 하고 얼음으로 그 주위를 둘렀다. 그런데 말을 모는 자는 두꺼운 옷과 갖옷을 입고도 오한으로 몸을 떨었으나 도사 왕중도는 안색도 변하지 않고 곤명지 위에 누워 날이 저물도록 태연하였다"라고 하였는데, 바로 이곳이다.

飛廉觀, 在上林, 武帝元封二年作. 飛廉, 神禽, 能致風氣者. 身似鹿, 頭如雀, 有角而蛇尾, 文如豹, 武帝命以銅鑄置觀上, 因以爲名. 班固『漢武故事』曰: "公孫卿言神人見於東萊山, 欲見天子. 上於是幸緱氏, 登東萊, 留數日, 無所見, 惟見大人跡. 上怒公孫卿之無應, 卿懼誅, 乃因衛青白上云: 仙人可見, 而上往遽, 以故不相值. 今陛下可爲觀於緱氏, 則神人可致. 且仙人好樓居, 不極高顯, 神終不降也. 於是上於長安作飛廉觀, 高四十丈. 於甘泉作益[47]延壽觀, 亦如之." 後漢明帝, 永平五年至長安, 悉取飛廉並銅馬, 置之西門外, 爲平樂觀. 董卓悉銷以爲錢.

비렴관은 상림원에 있으며 무제 원봉 2년(기원전 109년)에 지었다. 비렴[48]은 신령한 짐승으로 능히 바람을 일으킬 수 있었다. 몸은 사슴과 같고 머리는 참새 같은데 뿔과 뱀의 꼬리가 있으며, 문양은 표범과 같았다. 무제가 그것을 동으로 주조하여 잘 보이는 곳 위에 두라고 명하여, 그로 인해 명칭을 비렴관이라 하였다. 반고의 『한무고사』에 "공손경이 신인이 동래산에 나타나 천자를 만나고자 한다고 말하였다. 이에 황제는 구씨로 행차하여 동래에 올라 며칠을 머물렀으나 (신인의) 나타남은 없었고 오직 대인의 자취만 보았다. 황제는 공손경의 말에 응험이 없자 분노하였다. 공손경은 형벌을 받을까 두려워 위청을 통해 황제에 아뢰기를, '선인이 나타났으나 상께서 급히 가셨기 때문에 서로 마주치지 않았습니다. 이제 폐하께서 구씨에 관을 만드신다면 신인이 이를 수 있습니다. 또한 선인은 누에 거하는 것을 좋아하므로 매우 높게 드러내지 않으면 신이 끝내 강림하지 않을 것입니다'라고 하였다. 이에 황제는 장안에 비렴관을 만들었는데 그 높이가 40장이었고, 감천에 익연수관을 만들었는데 이 역시 (높이가) 그와 같았다"라고 하였다. 후한 명제는 영평 5년(62년)에 장안에 이르러 비렴과 동마를 모두 취하여 서문 밖에 설치하고 평락관을 만들었다. 동탁이 (이들을) 모두 녹여 동전을 만들었다.

屬玉觀, 在右[49]扶風. 屬玉, 水鳥, 似鳿鸕, 以名觀也. 又曰: 屬玉, 似鴨而大, 長頸赤目, 紫紺色. 宣帝甘露二年十二月, 行幸萯陽宮屬玉觀

속옥관은 우부풍에 있었다. 속옥[50]은 물새로 해오라기와 비슷한데, 속옥으로써 관의 명칭을 삼았다. 또한 속옥은 오리와 비슷한데 그보다 크고 목이 길며 붉은 눈에 (털 색깔은) 자줏빛을 띤 감색이었

다. 선제 감로 2년(기원전 52년) 12월에 부양궁 속옥관으로 행행하였다.[51]

靑梧觀, 在五柞宮之西. 觀亦有二[52]梧桐樹, 下有石麒麟二枚,
刊其脅爲[53]文字, 是秦始皇驪山墓上物也. 頭高一丈三尺, 東邊者
前左脚折處有赤如血, 父老謂其有神, 皆含血屬筋焉.

청오관은 오작궁의 서쪽에 있었다. 관에는 또한 오동나무 두 그
루가 있으며 그 아래에는 돌 기린 2매가 있었는데 그 옆구리에 문
자가 새겨져 있기를 진시황 여산묘 위의 물건이라 하였다. (기린)
머리의 높이는 1장 3척이고, 동쪽 가장자리에 있는 기린의 앞쪽 왼
쪽 다리의 꺾어지는 곳에 마치 피와 같은 붉은 것이 있었다. 부로
들은 그것들에 신이 있어 모두 피가 흐르고 살이 붙어 있다고 하였
다.[54]

射熊觀, 在長楊宮. 武帝好自擊熊, 司馬相如從至上林, 作賦諫, 楊雄亦作
「長楊賦」.

사웅관은 장양궁에 있었다. 무제는 직접 곰을 때리는 것을 좋아하여 사마
상여가 무제를 따라 상림원에 이르러 간하는 부를 지었으며[55] 양웅 역시 「장양부」
를 지었다.

石闕觀, 封巒觀.『雲陽宮記』云: "宮東北有石門山, 岡巒糾紛,
干霄秀出, 有石岩容數百人, 上起甘泉觀."「甘泉賦」云 "封巒石闕,

彌迤乎延屬."

　석궐관과 봉만관에 대해서는 『운양궁기』에서 "궁의 동북쪽에 석
문산이 있는데, 산등성이가 첩첩 겹쳐져 있으며 높이 우뚝 솟은 모
습[幹霄][56]이 빼어나게 아름다웠다. 수백 명이 설 수 있는 암석이
있었는데, 그 위에 감천관을 세웠다"라고 하였다. 「감천부」에 "봉만
(封巒)과 석궐(石闕)이 길게 이어 굽이졌다"라고 하였다.

　白楊觀, 在昆明池東.
　백양관은 곤명지의 동쪽에 있었다.

　長平觀, 在池陽宮, 臨涇水.
　장평관은 지양궁에 있었고, 경수와 마주 대하였다.

　龍臺現, 在豐水西北, 近渭.
　용대현은 풍수의 서북쪽에 있었고 위수와 가까웠다.

　涿沐觀, 在上林苑.
　탁목관은 상림원에 있었다.

　細柳觀, 在長安西北. 『三輔舊事』曰: "漢文帝大將軍周亞夫軍於
細柳, 今呼石徼是也."

세류관은 장안의 서북쪽에 있었다. 『삼보구사』에 "한 문제 때 대
장군 주아부가 세류에 진을 쳤는데, 오늘날 '석요(石徼)'라 부르는
곳이 그곳이다"라고 하였다.

成山觀, 成山在東萊不夜縣, 於其上築宮闕以爲觀. 成山觀不在三
輔, 例見宮室門.
성산관은 성산이 동래군 부야현에 있었는데 그 위에 궁궐을 짓
고 관으로 삼았다. 성산관은 삼보에 위치하지 않았으며, 그 예는 궁실문에 보
인다.

仙人觀 · 霸昌觀 · 蘭池觀 · 安臺觀 · 淪沮觀, 在城外. 又有禁
觀 · 董賢觀 · 蒼龍觀 · 當市觀 · 旗亭樓 · 馬伯騫樓, 在城內.
선인관 · 패창관 · 난지관 · 안대관 · 윤저관은 장안성 밖에 있었
다. 그리고 금관 · 동현관 · 창용관 · 당시관과 기정루 · 마백건루가
있었는데, 장안성 안에 있었다.

麒麟 · 朱鳥 · 龍興, 含章, 皆館名.
기린 · 주조[57] · 용흥 · 함장은 모두 관의 명칭이다.

47 『校證』에 따르면, 『한서』「郊祀志」를 비롯한 문헌에 근거하여 '益' 자를 보충하였다.

48 '飛廉'은 바람의 신으로서, 바람을 일으킬 수 있는 신령한 동물의 명칭이다.

49 『校證』에 따르면, 원본에는 '右' 자가 없으나, 畢本에 근거하여 보충하였다.

50 '屬玉'은 물새 이름으로서 해오라기와 비슷하게 생겼다.

51 『한서』권8「宣帝紀」감로 2년, "冬十二月, 行幸萯陽宮屬玉觀." 참조.

52 『校證』에 따르면, 원본에는 '三'으로 되어 있으나, 『西京雜記』에 근거하여 수정하였다.

53 『校證』에 따르면, '爲' 자는 『西京雜記』에 근거하여 보충하였다.

54 『校證』에 따르면, 본문은 『西京雜記』권3의 내용과 동일하다.

55 『한서』권57下「司馬相如傳」, "嘗從上至長楊獵. 是時天子方好自擊熊豕, 馳逐埜獸, 相如因上疏諫." 참조.

56 '干霄'는 높이 우뚝 솟은 모습을 말한다.

57 『校證』에 따르면, 목록에는 '朱雀'으로 되어 있다.

권 6

각(閣)

石渠閣, 蕭何造. 其下礱石爲渠以導水, 若今御溝, 因爲閣名. 所藏入關所得秦之圖籍, 至於成帝, 又於此藏祕書焉. 『三輔故事』曰, 石渠閣, 在未央宮殿北, 藏祕書之所.

석거각은 소하가 지었다. 그 아래 숫돌로 도랑을 만들고 물을 통하게 하여 마치 지금의 어구(御溝)[1]와 같았는데, 이로 인해 각의 명칭을 삼았다. (소하가) 보관하고 있던 관중에 들어와 획득한 진의 지도와 문서[圖籍]는 성제 때까지 전해졌는데, 또한 여기에 기밀문서[祕書]를 보관하였다. 『삼보고사』에 석거각은 미앙궁 북쪽에 있는데 기밀문서를 보관하는 곳이라고 하였다.

天祿閣, 藏典籍之所. 『漢宮殿疏』云, "天祿·麒麟閣, 蕭何造, 以藏祕書處賢才也." 劉向於成帝之末, 校書天祿閣, 專精覃思. 夜有老人著黃衣, 植青藜杖, 叩閣而進. 見向暗中獨坐誦書, 老父乃吹杖端, 煙然, 因以見向, 授五行洪範之文. 恐詞說繁廣忘之, 乃裂裳及紳以記其言, 至曙而去. 請問姓名, 云我是太乙之精, 天帝聞卯金之子, 有博學者, 下而觀焉. 乃出懷中竹牒, 有天文地圖之書, 曰, "余略授子焉." 至子歆, 從授其術, 向亦不悟此人焉.

　　천록각은 전적을 보관하는 곳이었다. 『한궁전소』에 "천록·기린 각은 소하가 지었는데, 기밀문서를 보관하고 현재(賢才)들이 머무는 곳이었다"라고 하였다. 유향은 성제 말에 천록각에서 교서를 하였는데, 전심으로 심사숙고하였다. 밤에 한 노인이 누런 옷을 입고 명아주대로 만든 지팡이를 짚고 천록각을 두드리고서는 들어왔다. 유향을 보고서는 깜깜한 중에 홀로 앉아 책을 암송하였다. 비로소 노인이 지팡이 끝에 불을 붙여 담배를 피우고서는 유향을 보며 오행의 홍범에 관한 문장을 가르쳐주었다. (유향은) 문장의 내용이 번다하고 광범위하여 그것을 잊어버릴까 봐 아랫도리와 관대를 찢어 그 말들을 적었는데, 날이 밝자 가려 하였다. 노인의 성명을 물어보자 자신은 태을의 정령으로서 천제께서 들으니 유씨 집안[卯金] 자제 중에 박학한 인물이 있다고 하여 내려와 보았다고 하였다. 그러고서 품에서 죽간으로 만든 서찰을 꺼내었는데, 그것은 천문지도책이었다. 이르길, "나는 자네에게 대략 가르쳐주었네"라고 하였다. 유향의 아들 유흠에 이르기까지 그 학술을 배웠으나 유향 또한 이 노인의 가르침을 깨닫지 못하였다.[2]

麒麟閣, 『廟記』云: "麒麟閣, 蕭何造." 『漢書』, 宣帝思股肱之美, 乃圖霍光等十一人於麒麟閣.

기린각은 『묘기』에 "기린각은 소하가 지었다"라고 하였다. 『한서』에 따르면 선제는 가장 신임하는 중신들의 미관(美觀)을 좋아하여 기린각에서 곽광 등 11명의 모습을 그리게 하였다.

『三秦記』云: "未央宮有堯閣." 『廟記』云: "未央宮有白虎閣 · 屬車閣."

『삼진기』에 "미앙궁에 요각이 있다"라고 하였다. 『묘기』에서는 "미앙궁에 백호각과 속거각이 있다"라고 하였다.

---

1 宮苑을 경유하는 수로를 말한다.
2 『校證』에 따르면, 이 기사는 『拾遺記』 권6에도 본문과 동일한 내용이 보인다.

관서[署]

虎威·章溝, 皆署名. 漢有長水·中壘·屯騎·虎賁·越騎·
步兵·射聲·胡騎八營, 宿衛王宮, 周廬直宿處.

호위·장구는 모두 관서의 명칭이었다. 한대에는 (상비병인) 장
수[3]·중루·둔기·호분·월기·보병·사성·호기 8영이 있어 왕
궁을 숙위하였는데, (호위·장구는) 황궁 사방에 설치한 초소의 밤
샘 수비를 하는 곳이었다.

---

3   『한서』권19上「百官公卿表」, "長水校尉掌長水宣曲胡騎." 참조.

고(庫)

武庫, 在未央宮, 蕭何造, 以藏兵器.

무고는 미앙궁에 있었는데, 소하가 지었으며 무기를 보관하였다.[4]

靈金內府, 太上皇微時佩一刀, 長三尺, 上有銘字難識, 傳云殷高宗伐鬼方時所作也. 上皇遊豐·沛山中, 寓居窮谷, 有人冶鑄, 上皇息其旁, 問曰鑄何器, 工者笑曰, "爲天子鑄劍, 愼勿言." 曰, "得公佩劍雜而治之, 卽成神器, 可克定天下. 昴星精爲輔佐, 木衰火盛, 此爲異兆." 上皇解匕首投爐中, 劍成, 殺三牲以釁祭之. 工問何時得此, 上皇曰, "秦昭襄王時, 余行陌上, 一野人授余, 云是殷時靈物." 工卽持劍授上皇, 上皇以賜高祖. 高祖佩之斬白蛇是也. 及定天下, 藏於寶庫, 守藏者見白氣如雲出戶, 狀若龍蛇. 呂后改庫曰靈金藏. 惠帝卽位, 以此庫貯禁兵器, 名曰靈金內府.

영금내부에는 태상황이 미천하던 시절에 차고 다니던 칼 한 자루가 있었는데, 3척 길이에 칼 상단에 식별하기 힘든 글자가 새겨져 있었다. 전하기를 은나라 고종이 귀방(鬼方)을 정벌할 때 만든 것이라고 하였다. 태상황이 풍(豐)과 패(沛)의 산을 떠돌 때 깊은 골짜기에 기거하였는데, 어떤 사람이 쇠를 녹여 단련하였다. 태상황이 그 가까이 살면서 어떤 물건을 주조하는지 물어보았더니, 장인이 웃으며 "천자를 위한 검을 주조하고 있소. 삼가 (이를) 말하지 마시오"라고 하고는 "이 검을 차고 사람들을 모아 다스릴 귀인을 만나면 이 신령한 기물이 완성될 것인데, 그러면 (그것으로써) 적을 무찔러 천하를 안정시킬 수 있을 것이오. 묘성(昴星)의 정기가 보좌하고 목덕이 쇠퇴하고 화덕이 융성하니 이는 모두 기이한 조짐이오"라고 하였다. 태상황이 비수를 풀어 용광로에 던지자 검이 완성되었다. (태상황은) 희생 세 마리를 죽여 (칼에 피를 바르고) 혈제(血祭)를 지냈다. 장인이 언제 그 칼을 구했는지 묻자, 태상황은 "진의 소양왕 때 내가 두렁 위로 가고 있는데 어느 야인이 나에게 주며 말하기를, '이것은 은나라 때의 신령한 물건입니다'라고 하였소"라고 하였다. 장인은 즉시 검을 들어 태상황에게 주었고 태상황은 그것을 고조에게 주었다. 고조는 그것을 차고서 흰 뱀을 베었던 것이다. 천하가 안정되자 보고에 보관하였는데, 그것을 지키는 사람이 구름같이 흰 기운이 출입구 밖으로 나오는 것을 보았는데 그 형상이 마치 용과 뱀 같았다. 여후는 보고를 영금장이라 개칭하였다. 혜제가 즉위하고 이 무고에는 황제의 무기[禁兵器]⁵를 보관하였기 때문에 영금내부라고 불렀다.⁶

---

4 『사기』 권71 「樗里子傳」, "至漢興, 長樂宮在其東, 未央宮在其西, 武庫正直其墓." 참조.

5 '禁兵'은 황궁 안에 있는 御用 무기이다.

6 『校證』에 따르면, 『拾遺記』 권5에도 동일한 내용이 보이며, 중간에 일부 내용은 생략되었다. 다만, 『拾遺記』에서는 '靈金府'라고 하고 '靈金內府'라고 하지 않았다.

창(倉)

太倉, 蕭何造, 在長安城外東南. 文景節儉, 太倉之粟紅腐而不可食.

태창은 소하가 지었는데, 장안성 밖 동남쪽에 있었다. 문·경제 시기 절약하고 검소하게 보냈기에 태창의 벼는 붉게 썩어서[7] 먹을 수 없게 되었다.

細柳倉·嘉倉, 在長安西·渭水北. 石徼西有細柳倉, 城東有嘉倉.

세류창·가창은 장안의 서쪽이자 위수의 북쪽에 있었다. 석요 서쪽에 세류창이 있었고, 성 동쪽에 가창이 있었다.[8]

7 '紅腐'는 묵은 쌀이 붉은색으로 썩은 것을 말한다.

8 『한서』 권4 「文帝紀」 後 6년, "河內太守周亞夫爲將軍次細柳" (注) "服虔曰, 在長安西北. 如淳曰, 長安細柳倉在渭北, 近石徼." 참조.

구(廄)

未央大廄, 在長安故城中. 『漢官儀』曰: "未央宮六廄, 長樂 · 承
華等廄令, 皆秩六百石."

미앙대구는 장안 옛 성안에 있었다. 『한관의』에 "미앙궁의 6구,
장락 · 승화구 등의 영은 모두 질급이 600석이다"라고 하였다.

翠華廄 · 大輅廄 · 果馬廄 · 軹梁廄 · 騎馬廄 · 大宛廄 · 胡河
廄 · 騊駼廄, 皆在長安城外.

취화구 · 대로구 · 과마구 · 액량구 · 기마구 · 대완구 · 호하구 ·
도도구는 모두 장안성 밖에 있었다.

霸昌觀馬廄, 在長安城外.

패창관마구는 장안성 밖에 있었다.⁹

都廏, 天子車馬所在.

도구에는 천자의 거마가 있었다.[10]

中廏, 皇后車馬所在.

중구에는 황후의 거마가 있었다.[11]

---

9 『한서』 권99下 「王莽傳」, "司徒尋初發長安, 宿霸昌廏"(注)"師古曰, 霸昌觀之
   廏也.『三輔黃圖』曰在城外也." 참조.

10 『한서』 권2「惠帝紀」 3년, "秋七月, 都廏災." 참조.

11 『한서』 권63「武五子傳」 戾太子, "太子使舍人無且持節夜入未央宮殿長秋門, 因
   長御倚華具白皇后, 發中廏車載射士, 出武庫兵."(注)"師古曰, 中廏, 皇后車馬
   所在也." 참조.

권(圈)

秦獸圈, 『列[12]士傳』云: "秦王召魏公子無忌, 不行, 使朱亥奉璧
一雙詣秦. 秦王怒, 使置亥於獸圈中. 亥瞋目視獸, 眥血濺於獸面,
獸不敢動."

진의 동물 우리는 『열사전』에서 "진왕이 위나라 공자 무기를 불
렀으나 가지 않고 주해를 시켜 벽옥 한 쌍을 받들고 진에 가게 하
였다. 진왕은 노하여 주해를 동물 우리 안에 가두었다. 주해가 두
눈을 부릅뜨고 짐승을 보자 눈초리가 찢어져 피가 짐승의 얼굴에
튀었고 짐승은 감히 움직이지 못하였다"라고 하였다.[13]

漢獸圈九, 彘圈一, 在未央宮中. 文帝問上林尉, 及馮媛當熊,
皆此處. 獸圈上有樓觀.

한의 동물 우리는 아홉 개였는데, 돼지우리 하나는 미앙궁 안에

있었다. 문제가 상림위에게 물어보았던 곳 및 풍원이 곰을 막았던 곳은 모두 이곳이었다. 동물 우리 위에 누관이 있었다.

---

12 『校證』에 따르면, 원래 '烈'이나, '列'로 수정하였다.
13 『校證』에 따르면, 『大平御覽』 권197 · 483에 인용된 『列士傳』과 동일한 내용이다.

교(橋)

橫橋,『三輔舊事』云: "秦造橫橋, 漢承秦制, 廣六丈三百八十步, 置都水令以掌之, 號爲石柱橋." 漢末董卓燒之.

횡교는,『삼보구사』에 "진이 횡교를 만들었는데, 한은 진의 제도를 계승하였다. 폭은 6장 380보였고 도수령를 두어 그것을 담당하게 하였으며, 석주교라 불렀다"[14]라고 하였다. 한 말에 동탁이 그것을 불태웠다.

渭橋, 秦始皇造. 渭橋重不能勝, 乃刻石作力士孟賁等像祭之, 乃可動, 今石人在. 渭橋在長安北三里, 跨渭水爲橋.

위교는 진시황이 만들었다. 위교는 무거워서 움직일 수가 없었다. 이에 돌을 깎아 역사 맹분 등의 석상을 만들고 그들에게 제사를 지내자 그제야 움직일 수가 있었다. 지금 그 석인상이 남아 있

다. 위교는 장안에서 북쪽으로 3리 떨어진 곳에 있고, 위수를 건너고자 다리를 만들었다.[15]

灞橋, 在長安東, 跨水作橋. 漢人送客至此橋, 折柳贈別. 王莽時灞橋災, 數千人以水沃救不滅, 更灞橋爲長存橋.

패교는 장안의 동쪽에 있었고, 패수를 건너고자 다리를 만들었다. 한나라 사람들은 이 다리까지 객을 전송하였는데 버들을 꺾어 객에게 주며 작별하였다. 왕망 때 패교에 불이 나자 수천 명이 물을 부어 없어지지 않도록 막아, 패교를 바꾸어 장존교라 하였다.[16]

便門橋, 武帝建元三[17]年初作此橋, 在便門外, 跨渭水, 通茂陵. 長安城西門曰便門, 此橋與門對直, 因號便橋.

편문교는 무제 건원 3년(기원전 138년) 초에 이 다리를 만들었으며, 편문 밖에 위치하였다. 위수를 건너 무릉까지 통하였다.[18] 장안성의 서문을 편문이라 하였고, 이 다리와 편문은 곧바로 마주하였기 때문에 편교라고 불렀다.

飮馬橋, 在宣平城門外.

음마교는 선평성문 밖에 있었다.

14 『한서』권63「武五子傳」戾太子, "上知太子惶恐無他意, 而車千秋復訟太子冤, 上遂擢千秋爲丞相, 而族滅江充家, 焚蘇文於橫橋上."(注) "師古曰, 卽橫門渭橋也." 참조.

15 『한서』권4「文帝紀」, "昌至渭橋, 丞相已下皆迎. 昌還報, 代王乃進至渭橋."(注) "蘇林曰, 在長安北三里." 참조.

16 『한서』권99下「王莽傳」, "其更名霸館爲長存館, 霸橋爲長存橋." 참조.

17 『校證』에 따르면, 원래 '二'로 되어 있으나, '三'으로 수정하였다.

18 『한서』권6「武帝紀」建元 3년, "初作便門橋."(注) "蘇林曰, 去長安四十里. 服虔曰, 在長安西北, 茂陵東. 師古曰, 便門, 長安城北面西頭門, 卽平門也. 古者平便皆同字. 於此道作橋, 跨渡渭水以趨茂陵, 其道易直, 卽今所謂便橋是其處也." 참조.

능묘(陵墓)

漢諸陵, 先總屬太常, 今各依其地界屬三輔
한의 모든 능은 이전에 모두 태상에 속했으나,
지금은 각각 위치한 지계에 따라 삼보에 속한다.[19]

漢太上皇陵, 高帝葬太上皇於櫟陽北原, 因置萬年縣於櫟陽大
城內, 以爲奉陵邑. 其陵在東者太上皇, 西者昭靈后也. 高祖初居櫟
陽, 故太上皇因在櫟陽. 十年太上至崩, 葬北原.[20]

한 태상황릉은 고조황제가 태상황을 역양의 북원에 장사 지냈기
때문에 만년현의 역양 대성 안에 만들고 이를 능읍으로 삼았다. 그
능의 동쪽에 있는 것은 태상황릉이고 서쪽에 있는 것은 소령후의
능이었다. 고조는 초기에 역양에 살았기 때문에 태상황도 그를 따라서 역양에
있었다. 고조 10년에 태상황이 죽자 북원에 장사하였다.

高祖長陵在渭水北, 去長安城三十五里. 按高祖本紀, 十二年四
月甲辰, 崩於長樂宮, 五月葬長陵. 長陵山, 東西廣一百二十丈, 高
十三丈. 長陵城周七里百八十步, 因爲殿垣, 門四出, 及便殿·掖

庭·諸官[21]寺, 皆在中.

고조의 장릉은 위수 북쪽에 위치하였고, 장안성에서부터 35리
떨어졌다. 「고조본기」에 따르면, 고조 12년(기원전 195년) 4월 갑신
일에 장락궁에서 붕어하였고 5월에 장릉에 장사하였다.[22] 장릉산
은 동서로 너비 120장이고 높이 13장이었다. 장릉성[23]은 둘레가 7
리 180보이고, 전의 담장을 만들었기 때문에 문은 네 방향으로 나
있으며 편전·액정과 모든 관사는 모두 그 안에 있다.

呂后陵, 在高祖陵東. 按『史記』「外戚世家」, 高后合葬長陵. 注
云: "漢帝后同塋則爲合葬, 不合陵也."

여후릉은 고조릉 동쪽에 있었다. 『사기』「외척세가」에 따르면 고
조의 황후는 장릉에 합장하였다. 주에서 "한의 황후는 (황제와) 장
지가 같으면 합장한 것이며, 능을 합하지 않았다"라고 하였다.[24]

惠帝安陵, 去長陵十里. 按本紀, 惠帝七年八月戊寅, 崩於未央
宮, 葬安陵, 在長安城北三十五里. 安陵有果園·鹿苑云.

혜제의 안릉은 장릉과 10리 떨어져 있다. 「혜제본기」에 따르면,
혜제 7년(기원전 188년) 8월 무인일에 미앙궁에서 붕어하였고 안릉
에 장사하였으며 (안릉은) 장안성에서 북쪽으로 35리에 있었다. 안
릉에는 과수원과 녹원이 있었다고 한다.[25]

文帝霸陵, 在長安城東七十里, 因山爲藏, 不複起墳, 就其水名, 因以爲陵號.

문제의 패릉은 장안성에서 동쪽으로 70리에 있었는데,[26] 산에 매장하였기 때문에 다시금 봉분을 만들지 않았고 그 물 이름에 따라 능의 명칭을 만들었다.[27]

景帝陽陵, 在長安城東北四十五里. 按景帝五年作陽陵起邑. 陽陵山, 方百二十步, 高十丈.

경제의 양릉은 장안성 동북쪽 45리에 있었다. (『경제기』에 따르면) 경제 5년(기원전 152년)에 양릉을 만들고 능읍을 건설하였다.[28] 양릉산은 사방 120보이고 높이는 10장이었다.

武帝茂陵, 在長安城西北八十里. 建元二年初置茂陵邑 武帝自作陵也. 本槐里縣之茂鄕, 故曰茂陵, 周回三里. 『三輔舊事』云: "武帝於槐里茂鄕, 徙戶一萬六千, 置茂陵高一十四丈一百步. 茂陵園有白鶴觀." 戶一萬六千, 一本作"六萬一千".

무제의 무릉은 장안성에서 서북쪽으로 80리에 있었다. 건원 2년(기원전 139년) 초에 무릉읍을 설치하였다. 무제는 스스로 (자신의) 능을 만들었다. 괴리현의 무향에 근거하였기 때문에 무릉이라고 불렀으며, 그 주위 둘레는 3리였다.[29] 『삼보구사』에 "무제는 괴리현 무향에 1만 6000호를 사민하여 무릉을 만들었는데 높이가 14장 100보였다. 무릉원에는 백학관이 있었다"라고 하였다. 1만 6000호는 한 판본에 6만 1000으로 되어 있다.

昭帝平陵, 在長安西北七十里, 去茂陵十里. 帝初作壽陵, 令流水而已. 石槨廣一丈二尺, 長二丈五尺, 無得起墳. 陵東北作廡, 長三丈五步, 外爲小廚, 裁足祠祝, 萬年之後, 掃地而祭.

소제의 평릉은 장안에서 서북쪽으로 70리에 있었고 무릉과는 10리 떨어져 있었다. 소제는 일찍이 수릉을 만들었으나 (묘실 안에 배수관을 만들어) 물이 흘러나오게 했을 뿐이었다. 석곽의 너비는 1장 2척이고 길이는 2장 5척이었으며, 봉분을 세우지는 않았다. 능의 동북쪽에 행각을 만들었는데, 길이는 3장 5보였고 외부에 작은 주방을 만들어 제사 지내고 빌기에만 족하게 만들었다. 소제가 사망한 후에 땅을 소제하고 제사 지냈다.[30]

宣帝杜陵, 在長安城南五十里[31]. 帝在民間時, 好游鄠·杜間, 故葬此.

선제의 두릉은 장안성의 남쪽으로 50리 떨어진 곳에 있었다.[32] 선제가 민간에서 지낼 때 호(鄠)와 두(杜) 지역에서 노는 것을 좋아했기 때문에 이곳에 장사하였다.

元帝渭陵, 在長安北五十六里.

원제의 위릉은 장안에서 북쪽으로 56리 떨어진 곳에 있었다.[33]

成帝延陵, 在扶風, 去長安六十二里 一曰成帝於霸陵北步昌亭起壽陵,
卽成帝之廢陵也. 王莽時, 遣使壞渭陵 · 延陵園門罘罳, 曰「毋使民復
思也」, 又以墨色涒其周垣.

성제의 연릉은 부풍에 있었는데, 장안에서는 62리 떨어졌다.[34]
일설에 성제가 패릉 북쪽 보창정에 수릉을 세웠다고 하였는데, 바로 성제의 폐릉
이다. 왕망 때 사람을 보내 위릉 · 연릉원의 문에 설치한 부시를 헐
게 하고는,[35] "사람들이 다시금 (원제와 성제를) 떠올리는 일이 없게
하라"라고 하였다. 또한 능원 둘레 담장을 검은색으로 칠하였다.

哀[36]帝義陵, 在扶風渭城西北原上, 去長安四十六里.

애제의 의릉은 부풍의 위성 서북쪽 언덕 위에 있었으며, 장안에
서 46리 떨어져 있었다.[37]

平帝康陵, 在長安北六十里興平原口.

평제의 강릉은 장안에서 북쪽으로 60리에 있는 흥평원 입구에
있었다.[38]

文帝母薄姬南陵, 在霸陵南, 故曰南陵, 卽今所謂薄陵也.[39]

문제의 모친인 박희의 남릉은 패릉의 남쪽에 위치하였기 때문에

남릉이라고 불렀다. 곧 지금의 박릉이라 부르는 것이다.

昭帝母趙婕妤雲陵, 在雲陽甘泉宮南, 今人呼爲女陵.

소제의 모친인 조첩여의 운릉은 운양의 감천궁 남쪽에 있었는
데,[40] 오늘날 사람들은 여릉이라고 부른다.

李夫人墓, 東西五十步, 南北六十步, 在茂陵西北一里, 俗名英
陵, 亦云集仙臺. 一曰高二十丈, 周廻三百六十步.

이부인의 묘는 동서로 50보이고 남북으로 60보로서, 무릉에서
서북쪽으로 1리 떨어진 곳에 있었다. 속칭 영릉이라고 하였고 집선
대라고도 하였다.[41] 일설에 (묘의) 높이는 20장이고 주위 둘레는 360보라고
하였다.

王莽妻死, 葬渭陵長壽園, 僞諡曰孝穆皇后, 僭號億年陵. 舊本云,
億年陵, 王莽妻死, 諡曰孝穆皇后, 葬渭城長壽園西, 陵曰億年.

왕망의 아내가 사망하자, 위릉의 장수원에 장사하고 효목황후라
는 시호를 내리고 (그 능을) 억년릉이라 칭하였다.[42] 옛 판본에는, 억년
릉은 왕망의 아내가 사망하자 효목황후라는 시호를 내리고 위성의 장수원 서쪽에
장사하고는 그 능을 '억년'이라 불렀다고 하였다.

19 이는 『한서』 「元帝紀」에 실린 顔師古의 注와 동일하다. 『한서』 권9 「元帝紀」 영광 4년, "諸陵分屬三輔. 以渭城壽陵亭部原上爲初陵." (注) "師古曰, 先是諸陵總屬太常, 今各依其地界屬三輔." 참조.

20 『한서』 권1下 「高帝紀」 10년, "秋七月癸卯, 太上皇崩, 葬萬年." (注) 師古曰, "『三輔黃圖』云高祖初居櫟陽, 故太上皇因在櫟陽. 十年太上皇崩, 葬其北原, 起萬年邑, 置長丞也." 참조.

21 『校證』에 따르면, 원래 '宮'으로 되어 있으나, '官'으로 수정하였다.

22 『한서』 권1下 「高帝紀」 12년, "五月丙寅, 葬長陵." (注) "臣瓚曰, 自崩至葬凡二十三日. 長陵在長安北四十里." 참조.

23 『한서』 권3 「高后紀」, "六月, 城長陵." (注) "張晏曰, 起縣邑, 故築城也." 참조.

24 『사기』 권49 「外戚世家」 呂后, "高后崩, 合葬長陵." (注) "集解』關中記曰, 高祖陵在西, 呂后陵在東. 漢帝后同塋, 則爲合葬, 不合陵也. 諸陵皆如此." 참조.

25 『한서』 권2 「惠帝紀」 7년, "九月辛丑, 葬安陵." (注) "臣瓚曰, 自崩至葬凡二十四日. 安陵在長安北三十五里." 참조.

26 『한서』 권4 「文帝紀」 後7년, "乙巳, 葬霸陵." (注) "師古曰, 自崩至葬凡七日也. 霸陵在長安東南." 참조.

27 『한서』 권4 「文帝紀」 後7년, "霸陵山川因其故, 無有所改." (注) "應劭曰, 因山爲藏, 不復起墳, 山下川流不遏絶, 就其水名以爲陵號." 참조.

28 『한서』 권5 「景帝紀」 5년, "五年春正月, 作陽陵邑. 夏, 募民徙 陽陵, 賜錢二十萬." (注) "張晏曰, 景帝作壽陵, 起邑." 참조.

29 『한서』 권6 「武帝紀」 建元 2년, "初置茂陵邑." (注) "應劭曰, 武帝自作陵也. 師古曰, 本槐里縣之茂鄉, 故曰茂陵." 참조.

30 『한서』 권7 「昭帝紀」 元平 원년, "夏四月癸未, 帝崩于未央宮. 六月壬申, 葬平陵." (注) "臣瓚曰, 自崩至葬凡四十九日. 平陵在長安西北七十里." 참조.

31 『校證』에 따르면, '五十里' 3자는 『한서』 臣瓚의 注에 근거하여 보충하였다.

32 『한서』 권9 「元帝紀」 初元 원년, "初元元年春正月辛丑, 孝宣皇帝葬杜陵." (注) "臣瓚曰, 自崩至葬凡二十八日. 杜陵在長安南五十里也." 참조.

33 『한서』 권9 「元帝紀」 竟寧 원년, "秋七月丙戌, 葬渭陵." (注) "臣瓚曰, 自崩及葬

凡五十五日. 渭陵在長安北五十六里也."참조.

34 『한서』권10「成帝紀」綏和 2년, "丙戌, 帝崩于未央宮. 皇太后詔有司復長安南北郊. 四月己卯, 葬延陵."(注)"臣瓚曰, 自崩至葬凡五十四日. 延陵在扶風, 去長安六十二里."참조.

35 '罘罳'는 까치나 새가 앉지 못하도록 문 위에 쳐놓은 그물망을 가리킨다.

36 『校證』에 따르면, 원래 '安'으로 되어 있으나, '哀'로 수정하였다.

37 『한서』권11「哀帝紀」元壽 2년, "六月戊午, 帝崩于未央宮. 秋九月壬寅, 葬義陵."(注)"臣瓚曰, 自崩至葬凡百五日. 義陵在扶風, 去長安四十六里."참조.

38 『한서』권12「平帝紀」元始 5년, "冬十二月丙午, 帝崩于未央宮. 大赦天下. ……葬康陵."(注)"臣瓚曰, 在長安北六十里."참조.

39 『校證』에 따르면, "卽今所謂薄陵也"는 원래 작은 글자로 표기되어 있으나, 『한서』注에 근거하여 본문으로 수정하였다.

40 『한서』권7「昭帝紀」, "追尊趙倢伃爲皇太后, 起雲陵."(注)"文穎曰, 倢伃先葬於雲陽, 是以就雲陽爲起 雲陵."참조.

41 『校證』에 따르면, 『수경주』「渭水」에서 "西北一里, 卽李夫人塚, 塚形三成, 世謂之英陵"라고 하였다. '英陵'이라고도 하지만 잘못 쓴 것으로 보인다.

42 『한서』권99下「王莽傳」, "是月, 莽妻死, 諡曰孝睦皇后, 葬渭陵長壽園西, 令永侍文母, 名陵曰億年."참조.

잡록(雜錄)

漢宮中謂之禁中, 謂宮中門閣有禁, 非侍衛通籍之臣, 不得妄入. 通籍, 謂記名於門, 通出入禁門也. 籍者, 爲三尺竹牒, 記其年紀名字物色, 懸宮門, 案省相應, 乃得入. 行道豹尾中, 亦視禁中. 謂天子出行道中, 則有儀衛豹尾. 至孝元皇后父名禁, 避之, 改曰省中. 省, 察也, 言出入禁中, 皆當省察, 不可妄也.

한의 궁 안에 '금중'이라 일컫는 곳은 궁 안의 문각에서 (출입자) 통제가 있어서 시위하는 곳에 이름을 적고 통과한 신하가 아니면 함부로 들어갈 수 없는 것을 말하였다.[43] 통적(通籍)은 문에서 이름을 적고 문의 출입을 통제하는 곳을 통과하는 것을 말한다. 적(籍)은 3척의 대나무 첩으로 만드는데 출입자의 나이, 이름, 생김새를 기록하였으며 궁문에 매달아 놓았는데, (시위하는 자가) 출입자를 살펴 기록과 상응하면 들어갈 수 있었다. (천자가) 행차할 때 (시위대의 맨 마지막 수레에 매단) 표미기 안쪽도 '금중'을 나타내었다. 천자가 길로 출행할 때 시위대 의장 중에 표미기가 있었다. 효원황후에 이르러 그 부친의 이름이 '금(禁)'이라 그것을 피휘하여 '성중(省中)'이라 개칭하였다. '성(省)'은 살피는 것으로, 금중을 출입할 때는 모두 검사를 받아야 하고 함부로 출입할 수 없다는 말이다.

鹵簿, 天子出, 車駕次第, 謂之鹵簿. 有大駕, 有法駕, 有小駕. 大駕則公卿奉引, 大將軍參乘, 太僕御. 屬車八十一乘, 古者諸侯二車九乘. 秦滅六國, 兼其車服, 漢依秦制, 故大駕八十一乘. 屬者, 言相聯屬不絶也. 作三行, 尙書御史乘之. 備千乘萬騎出長安, 出祠天於甘泉備之, 百官有其儀注, 名曰 "甘泉鹵簿". 法駕京兆尹奉引, 侍中參乘, 奉車郎御, 屬車三十六乘. 北郊・明堂, 則省副車. 小駕祠宗廟用之.

노부는 천자가 출행할 때 거가의 배열 순서를 일컬어 노부라 하였다. 대가와 법가, 그리고 소가가 있었다. 대가는 곧 공경이 받들어 인도하고 대장군이 동승하였으며 태복이 어거하였다. 수레 81승를 뒤따르게 하되 옛날에 제후는 2거 9승이었다. 진이 육국을 멸하고 그 여복 제도의 곱절이 되게 하였는데, 한은 진의 제도를 따랐기 때문에 대가는 81승으로 하였다. '속(屬)'은 서로 연결되어 끊어지지 않은 것을 말한다. 3열로 배치하여 상서어사가 탔다. 천승만기를 갖추어 장안에서 출행하였으며, 감천에서 하늘에 제사할 때도 대가를 갖추었다. 의장을 기록하는 관리는 이를 '감천노부'라고 칭하였다. 법가는 경조윤이 받들어 인도하고 시중이 동승하였으며, 봉거랑이 어거하였고 수레 36승이 뒤따랐다. 북교와 명당으로 출행할 때는 뒤따르는 수레를 줄였다.
소가는 종묘에 제사할 때 사용하였다.

淸道, 謂天子將出, 或有齋祠, 先令道路掃灑淸淨.

청도는 천자가 출행하려고 하거나 혹은 재계하고 제사하게 되면[44] 그에 앞서 도로를 소제하여 깨끗하게 하는 것이었다.

靜室, 天子出入警蹕, 舊典行幸所至, 必遣靜室令, 先按行淸靜殿中, 以虞非常. 蔡邕『獨斷』曰: 天子所至曰幸. 幸者, 宜幸也. 世俗謂車駕所至, 臣民被其澤以僥幸, 故曰幸也.

정실은 천자가 출입할 때 통행을 금지하고 경계를 하는데[45] 옛 규정은 천자가 행행하여 이르는 곳까지 반드시 정실령을 파견하여 먼저 전 안을 순시하여[46] 깨끗하게 하여 비상사태에 대비하였다. 채옹의『독단』에는 "천자가 이르는 것을 '행(幸)'이라 하는데, 행차는 마땅히 기쁜 일이었다. 민간에서는 (왕의) 거가가 이르는 곳은 신민들이 그 은택을 입어 요행을 누리게 된다고 하여 '행(幸)'이라고 불렀다"라고 하였다.

離宮, 天子出遊之宮也.

이궁은 천자가 노닐러 나가는 궁이다.[47]

行在所, 天子以四海爲家, 不以京師宮室居處爲常, 則當乘車輿

以行天下. 天子至尊, 臣下不敢褻瀆言之, 故托之於乘輿, 或謂之車駕. 車輿所
至, 奏事皆曰行在.

행재소는, 천자가 천하를 집으로 삼고 경사의 궁실 거처에만 항
상 살지는 않기에 마땅히 수레와 가마에 올라 천하를 다니는 것이
다. 천자는 가장 존귀하므로 신하는 감히 버릇없이 천자를 말할 수 없다. 그 때문
에 '승여'로 대신하거나 '거가'라고 칭하였다. 거여가 이르는 곳에서 아뢰는
일들은 모두 '행재'라고 불렀다.

陛下, 陛所由陞堂也. 天子必有近臣, 執兵階陛, 以戒不虞. 臣下
與天子言, 不敢指斥天子, 故呼在殿陛下以告之, 故稱陛下. 因卑
達尊之意也. 上書亦如之, 如群臣士庶相與語曰閣下·足下之屬.

폐하는 계단을 통해 당에 오르는 것이다. 천자는 반드시 근신을
두어 (그들로) 층계에서 무기를 들고서 비상사태를 경계하게 하였
다. 신하들이 천자와 말할 때 감히 손가락으로 천자를 가리킬 수
없으므로 전의 계단 아래에서 (천자를) 불러 그에게 고하기 때문에
폐하라고 칭하였다. 그러므로 낮은 곳에서 높은 곳으로 이른다는
의미이다. 상서 역시 이와 같으며, 군신이나 사서(士庶) 사이에 더
불어 말할 때 각하·족하라고 하는 것도 마찬가지이다.[48]

繭館, 『漢宮闕疏』云, "上林苑有繭館." 蓋蠶繭之所也.

견관은 『한궁궐소』에 "상림원에 견관이 있다"라고 하였는데 아마

도 누에고치를 치는 곳일 것이다.[49]

蠶室, 行腐刑之所也. 司馬遷下蠶室.
잠실은 부형을 행하는 곳이었다. 사마천은 잠실로 내려갔다.[50]

鍾室, 在長樂宮. 高祖縛韓信置鍾室中.
종실은 장락궁에 있었다. 고조는 한신을 포박하여 종실 안에 두었다.[51]

作室, 上方工作之所.
작실은 상방[52]이 작업하는 곳이었다.[53]

長安御溝, 謂之楊溝, 謂植[54]高楊於其上也.
장안어구는 양구라고 불렀는데, (양구는) 그 위에 큰 버드나무를 심은 것을 일컬은 것이었다.

闕, 觀也. 周置兩觀以表宮門, 其上可居, 登之可以遠觀, 故謂之觀. 人臣將朝, 至此則思其所闕.
궐은 관이다. 두 관을 둘러 설치하여 궁문을 나타내었는데, 그 위에서 지낼 수 있었고 그곳에 오르면 멀리 볼 수 있었기 때문에 관이라고 불렀다. 사람들이 입조하려고 이곳에 도착하면 곧 대궐에 이르렀다고 여겼다.

塾門, 外舍也. 臣來朝君, 至門外當就舍, 更熟詳所應對之事. 塾
之言熟.

숙문은 문밖에 딸린 건물이다. 신하가 군주를 알현하고자 와서
궁문 밖에 이르면 그 건물로 들어가 다시금 군주를 응대하는 일에
대해 자세하게 익혔다. 숙으로 가서 (군주에 아뢰는) 말을 익혔다.

掖門, 在兩旁, 如人臂掖也.

액문은 (대문) 양옆에 있으며, 사람 팔의 겨드랑이와 같았다.[55]

闡闥, 宮中小門也.

위달은 궁 안의 작은 문이었다.

永巷, 永, 長也. 宮中之長巷, 幽閉宮女之有罪者. 武帝時改爲掖
庭, 置獄焉. 『列女傳』, 周宣王姜后, 脫簪珥, 待罪永巷.

영항은 시간이 오래고 긴 것이다. 궁 안의 긴 통로에는 궁녀 중
죄지은 자를 유폐시켰다. 무제 때 액정으로 바꾸고, 옥을 설치하였
다.[56] 『열녀전』에서 주 선왕의 강후가 비녀와 귀고리를 빼고서 영항에서 죄를 주
기를 기다렸다고 하였다.[57]

蠻夷邸, 在長安[58]城內槀街. 槀街, 街名. 蠻夷邸在此街, 若今鴻臚館.

만이저는 장안성 안의 고가에 있었다. 고가는 거리의 명칭이다. 만이
저는 이 거리에 있었는데, 지금의 홍려관과 같다.

關中八水, 皆出入上林苑. 霸水出藍田谷, 西北入渭. 滻水亦出
藍田谷, 北至霸陵入霸. 涇水出安定涇陽笄頭山, 東至陽陵入渭.
渭水出隴西首陽縣鳥鼠同穴山, 東北至華陰入河. 豐水出鄠南山
豐谷, 北入渭. 鎬水在昆明池北. 牢水出鄠縣西南, 入潦穀, 北流入
渭. 潏水在杜陵, 從皇子陂西北流, 經昆明池入渭.

관중의 강 8개는 모두 상림원을 출입하였다.[59] 패수는 남전곡을
나와서 서북쪽으로 흐르다 위수로 들어갔다. 산수 역시 남전곡에
서 나와서 북쪽으로 패릉에 이르러 패수로 들어갔다. 경수는 안정
군의 경양현 계두산에서 나와서 동쪽으로 양릉에 이르러 위수로
들어갔다. 위수는 농서군 수양현 조서동혈산에서 나와서 동북쪽으
로 화음에 이르러 황하로 들어갔다. 풍수는 호남산 풍곡에서 나와
서 북쪽으로 흐르다 위수로 들어갔다. 호수는 곤명지 북쪽에 있었
다. 뇌수는 호현의 서남쪽에서 나와서 요곡으로 흘러 들어갔다가
북쪽으로 흘러 위수로 들어갔다. 휼수는 두릉에 있었고 황자피(皇
子陂)를 따라 서북쪽으로 흐르다 곤명지를 지나 위수로 들어갔다.[60]

43 『사기』 권107 「魏其武安侯列傳」, "太后除竇嬰門籍, 不得入朝請." 참조.

44 '齋祠'는 재계하고 제사하는 것을 말한다.

45 '警蹕'은 제왕이 출입할 때 그 경로를 지키는 자들이 길을 정돈하고 통행을 멈추게 한 것을 가리킨다.

46 '按行'은 '순행하다', '순시하다'는 의미이다.

47 『한서』 권51 「賈山傳」, "秦非徒如此也, 起咸陽而西至雍, 離宮三百." (注) "師古曰, 凡言離宮者, 皆謂於別處置之, 非常所居也." 참조.

48 『校證』에 따르면, 이는 『獨斷』 권上 「陛下」 조의 내용과 동일하다.

49 『한서』 권98 「元后傳」, "春幸繭館." (注) "師古曰, 『漢宮閣疏』云上林苑有繭觀, 蓋蠶繭之所也." 참조.

50 『한서』 권90 「酷吏傳」 咸宣, "闌入上林中蠶室門攻亭格殺信, 射中苑門." 이를 보면 상림원에 蠶室이 있었던 것으로 보인다.

51 『한서』 권34 「韓信傳」, "信入, 呂后使武士縛信, 斬之長樂鍾室." (注) "師古曰, 鍾室, 謂懸鍾之室." 참조.

52 上方은 尙方을 말한다. 尙方은 금은을 가공하여 기물을 만드는 것을 담당하였다(『한서』 권36 「楚元王傳」 劉向, "上令典尙方鑄作事, 費甚多, 方不驗." (注) "師古曰, 尙方, 主巧作金銀之所. 若今之中尙署.").

53 『한서』 권10 「成帝紀」, "初居桂宮, 上嘗急召, 太子出龍樓門, 不敢絶馳道, 西至直城門, 得絶乃度, 還入作室門." 참조.

54 『校證』에 따르면, 원래 '値'라고 되어 있으나, '植'으로 수정하였다.

55 『한서』 권3 「高后紀」, "章從勃請卒千人, 入未央宮掖門." (注) "師古曰, 非正門而在兩旁, 若人之臂掖也." 참조.

56 『한서』 권19上 「百官公卿表」, "太初元年更名 …… 永巷爲掖廷. …… 掖廷八丞." 참조.

57 『校證』에 따르면, 이 설명은 『列女傳』 권1에 보인다.

58 『校證』에 따르면, 원본에는 '安' 자가 없으나, 吳本에 근거하여 보충하였다.

59 『校證』에 따르면, '關中八水'는 『한서』 「司馬相如傳」에 수록된 上林賦에 보인다.

60 『사기』 권117 「司馬相如列傳」, (注) "『索隱』張揖云, 灞出藍田西北而入渭. 滻亦

出藍田谷, 北至霸陵入灞. 灞滻二水盡於苑中不出, 故云終始也. 涇渭二水從苑外來, 又出苑去也. 涇水出安定涇陽縣幵頭山, 東至陽陵入渭. 渭水出隴西首陽縣鳥鼠同穴山, 東北至華陰入河."참조.

『삼보황도보유(三輔黃圖補遺)』

神明臺上有九室. <small>建章宮.</small>

신명대 위에는 9실이 있었다. 건장궁.

棘門在橫門外.

극문은 횡문 밖에 있었다.

渭水貫都, 以象天漢. 橫橋南度, 以法牽牛. 南有長樂宮, 北有
咸陽宮, 欲通二宮之間, 故造此橋. 「南有」以下二十字無. 廣六丈, 南北
三百八十步, 六十八間, 七百五十柱, 百二十二梁. 橋之南北有堤,
激立石柱. 柱南京兆主之, 柱北馮翊主之, 有令·丞, 各領徒千五百
人. 橋之北首壘石水中, 故謂之石柱橋也. 「柱南」以下三十七字無.

위수는 수도를 관통하여 마치 은하수와 같았다. 횡교는 (위수를)

남쪽으로 건너는데, 이로써 견우성을 본떴다. (횡교의) 남쪽에는 장락궁이 있고 북쪽에는 함양궁이 있어 이 두 궁 사이를 통하게 하려고 이 다리를 만들었다. 「南有」이하 20자는 없음. (다리의) 너비는 6장이고 (길이는) 남북으로 380보였다. 68칸인데 기둥은 750개이고 들보는 120개였다. 다리의 남북에는 둑이 있으며 물길을 막는 격(激)[1]에는 돌기둥을 세웠다. 돌기둥 남쪽은 경조(京兆)에서 담당하였고, 돌기둥 북쪽은 풍익(馮翊)에서 담당하였으며 각각 영·승이 있고 도(徒) 1,500명을 거느렸다. 횡교 북쪽의 맨 앞에는 물속에 돌을 쌓았기 때문에 석주교라고 불렀다. 「柱南」이하 37자는 없음.

有船庫官後, 改爲縣. 船司空.

선고관이 있는 뒤편 지역을 바꾸어 현으로 삼았다. 선사공.

堂方百四十四尺, 坤之策也, 方象地. 屋圓楣, 徑二百一十六尺, 法乾之策也, 圓象太室. 太室九宮法九州. 太室方六丈, 法陰之變數. 十二堂, 法十二月. 三十六户, 法極陰之變數. 七十二牖, 法五行所行日數. 八達象八風, 法八卦. 通天臺, 徑九尺, 法乾, 以九覆六. 高八十一尺, 法黃鍾九九之數. 二十八柱象二十八宿. 堂高三尺, 土階三等, 法三統. 堂四向五色, 法四時五行. 殿門去殿七十二步, 法五行所行. 門堂長四丈, 取太室三之二. 垣高無蔽目之照, 牖六尺, 其外倍. 殿垣方, 在水内, 法地陰也. 水四周於外, 象四海, 圓

法陽也. 水闊二十四丈, 象二十四氣. 水內徑三丈, 應覲禮經. 明堂.

(명당) 본당의 주위 둘레는 144척으로, 곤괘의 책수를 본떴으며 방형은 땅을 상징하였다. 건물 지붕의 둥근 들보는 직경을 216척으로, 건괘의 책수를 본뜬 것이며 원은 태실을 상징하였다. 태실은 9실인데, (이는) 9주를 본뜬 것이다. 태실은 주위 둘레가 6장이며 음의 변수를 본떴다. 12개의 본당은 12개월을 본떴다. 36개의 출입문은 극음의 변수를 본떴다. 72개의 들창은 오행이 순환하는 일수를 본뜬 것이다. 8개의 선창은 팔방의 바람을 상징하며 8괘를 본떴다. 통천대는 직경이 9척이며 건곤이 9로써 6을 덮는 것을 본떴다. 높이는 81척이고 황종 구구의 수²를 본떴다. 28개의 건물 기둥은 28수를 상징한다. 본당의 높이는 3척이고 토대 계단은 3단으로 (天統·地統·人統의) 3통을 본떴다. 본당의 네 방향 (선창과 출입문은) 다섯 가지 색깔로서 사계절과 오행을 본떴다. 전당의 문과 전당 사이의 거리는 72보로서 오행이 순환하는 일수를 본떴다. 문당의 길이는 4장으로, 태실의 3분의 2 길이를 취한 것이었다. 담장의 높이는 (걸어갈 때) 시선을 가리지 않으며 들창은 6척으로 그 외부는 배로 하였다. 전당의 담장은 방형으로 하천 안에 위치하며 대지를 본떴다. 하천은 (명당) 외부의 사방을 둘러 사해를 상징하는데, 원은 태양을 상징하였다. 하천의 너비는 24장으로 24절기를 상징하였다. 하천의 내부 직경은 3장으로 『근례경』에 부합하였다. 명당.[3]

上帝壇, 經五尺, 高九尺. 后土壇, 方五尺, 高九尺.

상제단은 둘레 5척에 높이는 9척이었다. 후토단은 둘레 5척에 높이 9척이었다.

隋書二條

(이상은)『수서』에 수록된 2개 항목이다.

棘門在橫門外.

극문은 횡문 밖에 있었다.

高寢在高廟西.

고침은 고묘의 서쪽에 있었다.

民摩錢取屑. 臣瓚引作西京皇圖, 附錄於此.

백성들이 동전을 갈아서 구리 가루를 취하였다. 신찬이『서경황도』라고 인용하였기에 여기에 부록하였다.

史記注三條

(이상은)『사기』주에 수록된 3개 항목이다.

棘門在橫門外. 如淳引.

312

극문은 횡문 밖에 있었다. 여순이 인용.

龍淵宮. 如淳引.

용연궁. 여순이 인용.

回中宮在汧. 如淳引.

회중궁은 견에 있었다. 여순이 인용.

掖門北面西頭第一門. 如淳引.

액문은 (도성) 북쪽면 서쪽 맨 앞의 제1문이었다. 여순이 인용.

波 · 浪, 二水名, 在甘泉苑內. 晉灼引.

파 · 랑은 두 가지 강 이름으로 감천원 안에 있었다. 진작이 인용.

高廟在長安城中安門裏大道中, 又在桂宮北. 晉灼引, 長安志引作在長安城西安門內東太常街南.

고묘는 장안성 안에서 안문 내부 큰길이자 계궁의 북쪽에 있었다. 진작이 인용하기를, 『장안지』에 따르면 장안성 서안문 안의 동태상가 남쪽에 있다고 하였다.

三輔皆有都水. 以下俱顏師古引.

삼보에는 모두 (치수를 총괄하는 관리인) 도수가 있었다. 이하는 모두
안사고가 인용.

上林中, 池上籞五所.
상림 안의 연못 중에는 금원이 다섯 곳이었다.

儲元宮在上林苑中. 今作在長安城西.
저원궁은 상림원 안에 있었다. 지금은 장안성 서쪽에 위치하였다고 한다.

漸或爲瀸字. 漸臺.
'점(漸)'은 '첨(瀸)' 자로 쓰기도 한다. 점대.

漢書注十條
(이상은)『한서』주에 수록된 10개 항목이다.

下邽縣并鄭, 桓帝西巡復之.
하규현과 정현은 환제가 서쪽으로 순행하면서 요역을 면제시켰다.

從洛門至周廟門, 有長信宮在其中.
낙문에서부터 주묘문에 이르는 곳 사이에 장신궁이 있었다.

未央宮中有白虎殿. 晉灼引.

미앙궁 안에 백호전이 있었다. 진작이 인용.

未央宮有大玉堂殿. 晉灼引. 今只作玉堂殿, 無大小之分.

미앙궁 안에 대옥당전이 있었다. 진작이 인용. 지금은 옥당전이라고만
하고 대소의 구분은 없다.

未央宮有小玉堂殿. 晉灼引.

미앙궁 안에 소옥당전이 있었다. 진작이 인용.

未央宮中有溫室殿.

미앙궁 안에 온실전이 있었다.

上林有建章 · 承光等一十一宮.

상림원에 건장궁 · 승광궁 등의 11개의 궁이 있었다.

長樂宮有椒房殿. 今作未央宮.

장락궁에 초방전이 있었다. 지금은 미앙궁이라 한다.

長樂宮有神仙殿.

장락궁에 신선전이 있었다.

辟雍, 水四周於外, 象四海也.

벽옹에는 그 외부 사방으로 물이 둘러 흐르며, 사해를 상징하였다.

上帝壇圓八觚, 徑五丈, 高九尺. 茅營去壇十步, 竹宮徑三百步, 土營徑五百步. 神靈壇各於其方面三丈, 去茅營二十步, 廣坐十五步, 合祀神靈以璧琮. 用辟神道以通, 廣各三十步. 竹宮內道廣三丈, 有闕, 各九十一步. 壇方三丈, 拜位壇亦如之. 爲周道郊營之外, 廣九步. 營(六甘泉)北辰於南門之外, 日 · 月 · 海東門之外, 河北門之外, 岱宗西門之外. 爲周道前望之外, 廣九步. 列望道[4]乃近前望道外, 徑六十二步. 壇方二丈五尺, 高三尺五寸. 爲周道列望之外, 徑九步. 卿望亞列望外, 徑四十步. 壇廣三丈, 高二丈. 爲周道卿望之外, 徑九步. 大夫望亞卿道外, 徑二十步. 壇廣一丈五尺, 高一尺五寸. 爲周道大夫望之外, 徑九步. 士望亞大夫望道外, 徑十五步. 壇廣一丈, 高一尺. 爲周道士望之外, 徑九步. 望亞士望道外, 徑九步. 壇廣五尺, 高五寸. 爲周道庶望之外, 徑九步. 凡天宗上帝宮壇營, 徑二里, 周九里. 營三重, 通八方. 后土壇方五丈六尺. 茅營去壇十步外, 土營方二百步限之. 其五零壇去[5]茅營, 如上帝五神去營步數, 神道四通, 廣各十步. 宮內道廣各二丈, 有闕. 爲周道后土宮外, 徑九步. 營岱宗西門之外, 河北門之外, 海東門之外, 徑各六十步. 壇方二丈, 高一尺. 爲周道前望之外, 徑六步. 列望亞前望道外, 三十六步. 壇廣一丈五尺, 高一尺五寸. 爲周道列

望之外, 徑六步. 卿望亞列望道外, 徑二十五步. 壇廣一丈, 高一
尺. 爲周道卿望之外, 徑六步. 大夫望亞卿望道之外, 徑十九步. 壇
廣八尺, 高八寸. 爲周道大夫望之外, 徑六步. 士望亞大夫望道外,
徑十二步. 壇廣六尺, 高六寸. 爲周道士望之外, 徑六步. 凡地宗后
土宮壇營, 方二里, 周八里. 營再重, 道四通. 常以歲之孟春正月上
辛若丁, 親郊祭天南郊, 以地配, 望秩山川, 遍於羣神. 天地位皆南
鄉同席, 地差在東, 共牢而食. 太祖高皇帝‧高后配於壇上, 西鄉,
后在北, 亦同席, 共牢而食. 日冬至, 使有司奉祭天神於南郊, 高
皇帝配而望羣陽. 夏至, 使有司奉祭地祇於北郊, 高皇后配而望羣
陰. 天地用牲二, 燔燎瘞埋用牲一, 先祖先妣用牲一. 天以牲左, 地
以牲右, 皆用黍稷及樂.[6]

　상제단의 원에는 여덟 모서리가 있으며 직경은 5장이고 높이는
9척이었다. 모영은 상제단으로부터 10보 떨어져 있는데, 죽궁은
직경 300보이고 토영은 직영 500보였다. 신영단은 그 사방이 각각
3장으로, 모영과는 20보 떨어져 있으며 사람들이 모여 앉을 수 있
는 곳[7]은 15보이고 옥벽과 옥종으로써 신령들에 합사하였다. 신도
를 피해서 다니며 (길의) 폭은 각각 30보였다. 죽궁 안의 길은 폭이
3장이고 궐이 있으며 (길이는) 각각 91보였다. 제단은 사방 3장이고
절을 하는 단 역시 마찬가지였다. 교영 바깥으로 대로[8]를 만들었는
데, 폭은 9보였다. (이 길은) 남문 바깥의 (육감천‧)북극성과 동문
바깥의 해‧달‧바다와 북문 바깥의 황하와 서문 바깥의 태산[岱

宗]을 둘러쌌다. 전망 바깥으로 대로를 만들었는데 폭은 9보였다. 열망(列望)의 대로는 전망(前望)의 대로 바깥에서 가까우며 직경은 62보였다. 단(壇)은 사방 2장 5척이고 높이는 3척 5촌이었다. 열망 바깥으로 대로를 만들었는데, 직경 9보였다. 경망아열망(卿望亞列 望) 바깥은 직경 40보였다. 단의 너비는 3장이고 높이는 2장이었다. 경망(卿望)의 바깥으로 대로를 만들었는데, 직경은 9보였다. 대부 망아경(大夫望亞卿) 대로 바깥은 직경이 20보였다. 단의 너비는 1장 5척이고 높이는 1척 5촌이었다. 대부망(大夫望)의 바깥은 직경 9보 였다. 사망아대부망(士望亞大夫望) 대로 바깥은 직경 15보였다. 단 의 너비는 1장이고 높이는 1척였다. 사망(士望)의 바깥으로 대로를 만들었는데, 직경 9보였다. 망아사망(望亞士望) 대로 바깥은 직경 9 보였다. 단의 너비는 5척이고 높이는 5촌이었다. 서망(庶望)의 바깥 으로 도로를 만들었는데, 직경 9보였다. 무릇 천종상제궁단영(天宗 上帝宮壇營)은 직경이 2리로서 주위 둘레는 9리였다. (대로가) 3중으 로 둘러쌌고 팔방으로 통하였다. 후토단은 사방 5장 6척이었다. 모 영은 후토단으로부터 10보 바깥에 떨어져 있었으며, 토영은 사방 200보로 (그 크기를) 제한하였다. 그 오령단과 모영과의 거리는 상 제 오신이 모영과 떨어져 있는 거리와 같으며 신도는 사방으로 통 하고 폭은 각각 10보였다. 궁 안의 길은 폭이 각각 2장이고 궐이 있었다. 후토궁 밖으로 대로를 만들었는데, 직경 9보이다. 서문 밖 의 태산과 북문 밖의 황하와 동문 밖의 바다를 둘러싸며 직경은 각각 60보였다. 단(壇)은 사방 2장이고 높이는 1척이었다. 전망(前望) 밖으로 대로를 만들었는데, 직경 6보였다. 열망아전망(列望亞前望) 대로 밖은 36보였다. 단의 너비는 1장 5척이고 높이는 1척 5촌이었다. 열망(列望) 밖으로 대로를 만들었는데, 직경 6보였다. 경망아열망(卿望亞列望) 대로 밖으로 대로를 만들었는데, 직경 25보였다. 단의 너비는 1장이고 높이는 1척이다. 경망(卿望) 밖으로 대로를 만들었는데 직경 6보였다. 대부망아경망(大夫望亞卿望) 대로 밖은 직경 19보였다. 단의 너비는 8척이고 높이는 8촌이었다. 대부망(大夫望)의 밖은 직경 6보였다. 사망아대부망(士望亞大夫望)의 대로 밖은 직경 12보였다. 단의 너비는 6척이고 높이는 6촌이었다. 사망(士望)의 밖에 대로를 만들었는데, 직경 6보였다. 무릇 지종후토궁단영(地宗后土宮壇營)은 사방 2리였고 주위 둘레는 8리였다. 영(營)은 (대로가) 2중으로 둘러쌌고 사방으로 통하였다. 항상 매년 맹춘 정월 상신일 정야(丁夜)[9]에 친히 남교에서 하늘에 교제를 지내고 땅를 합사하였으며, 산천에는 등급에 따라 망제를 지내고 여러 신들은 등급에 따라 구분하였다. 천지의 신위는 모두 남향으로 동석하게 하되 땅의 신위는 동쪽에 놓고 뇌(牢)를 바쳐 제사하였다. 태조고황제·고후를 제단 위에서 배사하되 서쪽으로 향하게 하는데, 고후의 신위는 북쪽에 두되 동석하게 하여 뇌를 바쳐 제사하였다. 동짓날에는 담당 관리로 하여금 남교에서 천신에 제사하게 하였는데, 고황제를 합사하고 군양에 망제를 지냈다. 하지에는 담당 관리가 북교에서 지지에 제사하는데, 고황후를 합사하고 군음[10]에 망제를 지냈다. 천지에 대한 제사에는 희생 두 마리를 쓰고, 번요(燔燎)[11]와 예매(瘞埋) 제사에는 희생 한 마리를 사용하며, 선조와 선비에 제사할 때는 희생 한 마리를 썼다. 하늘에 드리는 희생을 왼쪽에 놓고, 땅에 드리는 희생을 오른쪽에 놓으며 모두 찰기장과 메기장 및 음악을 사용하였다.

後漢書注十一條

(이상은)『후한서』주에 수록된 11개 항목이다.

始皇造虡高二丈, 鐘小者千石.

진시황이 만든 종거는 높이가 2장이었고 종 중에서 작은 것은 무게가 1,000석이었다.

長安有修宮.

장안에는 수궁이 있었다.

方市.

방시.

秦德公自汧徙雍.

진 덕공은 (도읍을) 견에서부터 옹으로 옮겼다.

明堂者, 天道之堂, 所以順四時, 行月令, 宗祀先王, 祭五帝, 故
謂之明堂. 辟雍, 員如璧, 雍以水, 異名同事, 其實一也.

명당은 천도의 당이기 때문에 사시를 따르며 월령을 행하고 조
종인 선왕에 제사하며[12] 오제에 제사하기에 명당이라고 불렀다. 벽
옹은 둥근 형태가 벽옥과 같고 물로 둘러싸여 있었는데, (명당과)
명칭은 다르지만 그 기능은 같으며 사실 이 둘은 하나였다.

孝武議立明堂於長安城南. 許令褒等議曰, "案五經禮樂傳記曰,
'聖人之教, 制作之象, 所以法天地, 比類陰陽, 以之宮室, 本之太
古, 以昭令德. 茅屋采椽・土階・素輿・越席・皮弁, 蓋興黃帝・
堯・舜之世. 是以三代修之也.'"

효무제가 장안성 남쪽에 명당을 세우는 일을 (대신들과) 논의하
였다. 허령포 등이 의논하여 말하기를, "오경의 예악전에 기록하기
를, '성인께서 가르치실 때는 형상을 만들어 그것으로써 천지를 본
받고 음양에 비유하게 하셨으며, 궁실을 태고부터 근본으로 삼아
아름다운 덕을 밝히셨다. 지붕은 띠로 엮고 서까래는 상수리나무
로 만든 건물,[13] 흙 계단, 수수한 가마, 부들자리,[14] 피변은 대개 황
제・요・순 시대부터 시작되었다. 이 때문에 삼대에도 이를 행하
였다'고 하였습니다"라고 하였다.

未央宮有麒麟殿・藏秘書, 卽揚雄校書處.

미앙궁에 기린전・장비서가 있었는데, 바로 양웅이 교서하던 곳이다.

長安有望遠宮. 今作上林苑有遠望觀.

장안에 망원궁이 있었다. 지금은 상림원에 원망관이 있다고 쓴다.

初學記八條

(이상은)『초학기』에 기록된 여덟 가지 항목이다.

明堂者, 明天道之堂也. 所以順四時, 行月令, 宗祀先王, 祭五帝, 故謂之明堂. 辟雍圓如璧, 雍以水, 異名同事, 其實一也.

명당은 천도를 밝히는 당이다. 따라서 사시를 따르며 월령을 행하고 조종이신 선왕에 제사하고 오제에 제사하였다. 이런 까닭에 명당이라고 불렀다. 벽옹의 둥근 형태는 마치 옥벽과 같고 물이 둘러싸고 있는데, (명당과 벽옹은) 명칭은 다르지만 그 기능은 같으며 사실 이 둘은 하나였다.

禮小學在公宮之南, 太學在東, 就陽位也. 去城七里東爲常滿倉, 倉之北爲槐市, 列槐樹數百行爲遂, 無墻屋. 諸生朔望會且市, 各持其郡所出貨物, 及經傳書記, 笙磬樂器, 相與買賣, 雍容揖讓,論議槐下. 又引此下有 '侃侃閿閿' 四字.

『예기』에 소학은 공궁의 남쪽에 위치하고 태학은 동쪽에 위치하여 양위로 나아가는 것이다. 장안성에서 7리 떨어진 동쪽에 상만창을 만들었으며, 상만창의 북쪽에 괴시를 만들고 느티나무 수백 그루를 일렬로 심어 울타리[壝]로 삼았으며 건물 담장은 없었다. 여러 생도들은 삭일과 망일에 모여서 거래하였는데, 각기 자신들의 군에서 나는 물품들 및 경전과 서적, 생황과 경쇠 등의 악기를 가지고 와서 서로 매매하고 예의 바른 모습으로 읍양의 예를 지키며 느티나무 아래에서 서로 논의하였다. 그리고 이를 인용한 문장 끝에 '간간민민(侃侃閿閿)' 4자가 있다.

資陽宮. 疑當作賁陽宮.
자양궁. 마땅히 부양궁으로 써야 할 것이다.

明堂有十二, 法十二月.
명당에는 12실이 있는데, 12개월을 본뜬 것이었다.

秦始皇葬驪山, 六年之間, 爲項王所發. 牧兒墮羊冢中, 燃火求羊, 燒其槨藏.
진시황을 여산에 장사 지내고 6년 사이에 항왕에 의해 파헤쳐졌다. 목동은 무덤 안으로 양이 떨어지자 불을 질러 양을 구하느라 무덤 안의 곽을 불태웠다.

元始四年起明堂·辟雍, 爲博士舍三十區, 爲會市.

원시 4년에 명당과 벽옹을 세우고 박사들의 숙소 30곳과 회시를
만들었다.

霸陵穊種柏.

패릉에 측백나무를 빽빽하게 심었다.

藝文類聚七條

(이상은)『예문유취』에 수록된 일곱 가지 항목이다.

甘泉宮有牛首山.

감천궁에는 우수산이 있었다.

蘭池觀在城外.

난지관은 장안성 밖에 위치하였다.

未央宮中有白虎殿.

미앙궁 안에 백호전이 있었다.

未央宮有大玉堂殿.

미앙궁에 대옥당전이 있다.

未央宮中有溫室殿.

미앙궁 안에 온실전이 있었다.

長樂宮有椒房殿.

장락궁에 초방전이 있었다.

長樂宮有神仙殿.

장락궁에 신선전이 있었다.

上林有豫章宮. 今作觀.

상림원에 예장궁이 있었다. 지금은 ('궁'이 아니라) '관(觀)'이라 한다.

明堂, 方象地, 員象天. 又曰, 明堂順四時行令也.

명당의 네모진 형태는 땅을 상징하고, 둥근 형태는 하늘을 상징한다. 또 명당은 사시에 따르며 월령을 행한다고 하였다.

大司旋宮奏曰, 明堂·辟雍, 其實一也.

대사선궁이 아뢰길, 명당과 벽옹은 사실상 하나라고 하였다.

明堂·辟雍, 水四周於外, 象四海也.

명당과 벽옹은 물이 건물 밖 사방으로 둘러 흘렀으며, 사해를 상징하였다.

元始中, 起明堂. 列槐樹數百行, 朔望諸生持經書, 及當郡所出物於此賣買, 號槐市.

원시 연간에 명당을 세웠다. 느티나무 수백 그루를 일렬로 심었으며, 삭일과 망일에 여러 생도가 경전과 서적 및 본인들의 군에서 나는 물품들을 가지고서 이곳에서 매매하였기 때문에 '괴시'라고 불렀다.

陵冢爲山.

무덤을 산으로 만들었다.

文選注十三條

(이상은) 『문선』 주에 수록된 13개 항목이다.

明堂有十二室, 法十二月.

명당에는 12실이 있는데, 12개월을 본뜬 것이었다.

始皇表海[15]以爲秦東門, 表河以爲秦西門.

진시황은 동해를 진의 동쪽 문 표지로 삼았고, 황하를 진의 서쪽
문 표지로 삼았다.[16]

太平御覽二條

(이상은) 『태평어람』에 수록된 2개 항목이다.

長安城中, 有獄二十四所.

장안성 안에는 옥 24곳이 있었다.

浪水.

낭수.

成帝於霸陵北步昌亭起昌陵, 卽成帝之廢陵也.

성제는 패릉의 북쪽 보창정에 창릉을 세웠는데, 바로 성제의 폐
릉이었다.

太平寰宇記三條

(이상은) 『태평환우기』에 수록된 3개 항목이다.

回中宮在汧.

회중궁은 견에 위치하였다.

漸或爲瀸字.

'점(漸)'은 때로 '첨(瀸)'으로 쓴다.

從洛門至周廟門, 有長信宮在其中.

장신궁은 낙문에서부터 주묘문에 이르는 곳 사이에 위치하였다.

甘泉宮中有牛首山.

감천궁 안에 우수산이 있었다.

阿房宮, 以磁石爲門, 懷刃者止之. 今無 '懷刃' 五字.

아방궁은 자석으로 문을 만들어 칼을 품은 자를 저지하였다. 지
금은 '회인(懷刃)' 등 5자가 없다.

未央宮有麒麟殿, 藏秘書. 卽揚雄校書處.

미앙궁에는 기린전이 있어 기밀문서를 보관하였다. 바로 양웅이
교서하던 곳이다.

未央宮有釣臺.

미앙궁에는 조대가 있었다.

神明臺上有九室, 今謂之九子臺, 非也.

신명대 위에는 9실이 있었다. 지금 그것을 구자대라고 부르는데, 틀렸다.

武帝起集靈觀. 今有集靈宮, 不云觀.

무제가 집령관을 세웠다. 지금은 집령궁이 있으며 '관(觀)'이라 부르지 않는다.

長安城中有獄二十四所.

장안성 안에는 옥 24곳이 있었다.

浪水.

낭수.

期門樓. 今有期亭樓.

기문루. 지금은 기정루가 있다.

長安志十二條

(이상은) 『장안지』에 수록된 12개 항목이다.

長安城下有池周繞, 廣三丈, 深二丈, 石橋各六丈, 與街等.

장안성 아래에는 해자를 둘렀는데, 너비는 3장이고 깊이는 2장이었다. 돌다리는 각각 6장으로서 대로와 서로 대하였다.

曲江池周迴六里餘.

곡강지의 둘레는 약 6리였다.

棘門在橫門外.

극문은 횡문 밖에 위치하였다.

回中宮在汧.

회중궁은 견에 위치하였다.

敬法殿. 未央宮.

경법전. 미앙궁.

雍錄五條

(이상은) 『옹록』에 수록된 다섯 가지 항목이다.

宣室, 布政敎之宮也.

선실은 정교를 반포하는 궁이었다.

長安城下有池周, 廣三丈, 深二丈, 石橋各六尺, 與街等.

장안성 아래에는 못이 둘러 있었는데, 그 너비는 3장이고 깊이는 2장이었다. 돌다리는 각각 6척인데 대로와 서로 대하였다.

玉海二條

(이상은) 『옥해』에 수록된 두 가지 항목이다.

---

1. '激'은 제방의 요충지에 돌을 놓아 물의 흐름을 막는 것을 가리킨다. 『한서』 권29 「溝洫志」, "河從河內北至黎陽爲石隄, 激使東抵東郡平剛." (注) "師古曰, 激者, 聚石於隄旁衝要之處, 所以激去其水也." 참조.

2. '九九'는 곱셈법의 명칭으로, '九九乘法', '九九之術'이라 칭한다.

3. 『隋書』 권68 「宇文愷傳」의 내용과 동일하다(『隋書』 권68 「宇文愷傳」, "黃圖曰, 堂方百四十四尺, 法坤之策也, 方象地. 屋圓楣徑二百一十六尺, 法乾之策也, 圓象天. 太室九宮, 法九州. 太室方六丈, 法陰之變數. 十二堂法十二月, 三十六戶法極陰之變數, 七十二牖法五行所行日數. 八達象八風, 法八卦. 通天臺徑九尺, 法乾以九覆六. 高八十一尺, 法黃鍾九九之數. 二十八柱象二十八宿. 堂高三尺, 土階三等, 法三統. 堂四向五色, 法四時五行. 殿門去殿七十二步, 法五行所行. 門堂長四丈, 取太室三之二. 垣高無蔽目之照, 牖六尺, 其外倍之. 殿垣方, 在水內, 法地陰也. 水四周於外, 象四海, 圓法陽也. 水闊二十四丈, 象二十四氣. 水內徑三丈, 應觀禮經." 참조.)

4. 원문에는 '遂'로 되어 있으나, 『후한서』 「祭祀志」에 근거하여 '道'로 수정하였다.

5. 원문에는 '土'로 되어 있으나, 『후한서』 「祭祀志」에 근거하여 '去'로 수정하였다.

6. 『후한서』 권30 「祭祀志」의 내용과 동일하다.

7. '廣坐'는 '廣座'라고도 하며, 많은 사람들이 모여 앉을 수 있는 장소를 말한다.

8. 여기서 '周道'는 대로를 의미한다.

9 '丁夜'는 시간 표기로서, 4更을 의미한다. 4경은 새벽 1시~3시를 말한다.

10 '群陰'은 각종 陰의 상징 혹은 형상을 의미한다.

11 '燔瘞'는 천지에 제사하는 것을 말한다. '燔'은 天에 제사하는 것이고, '瘞'는 地
    에 제사하는 것이다.

12 '宗祀'는 祖宗에 제사하는 것이다.

13 '采椽'은 상수리나무로 만든 서까래를 가리킨다.

14 '越席'은 부들로 짠 자리를 말한다.

15 원본에는 '河'로 되어 있으나, '海'로 수정하였다.

16 『三輔舊事』에는 진시황이 황하를 秦의 동문으로 삼고, 견수를 서문으로 삼았다
    고 하였으나(『사기』 권6 「진시황본기」 시황 26년, (注) "『正義』: 『三輔舊事』云, 始
    皇表河以爲秦東門, 表汧以爲秦西門, 表中外殿觀百四十五, 後宮列女萬餘人, 氣
    上衝于天."), 진시황은 동해에 경계석을 세우고 秦의 동문으로 삼았다(『사기』
    권6 「진시황본기」 시황 35년, "於是立石東海上朐界中, 以爲秦東門."). 따라서
    원문을 수정하였다.

옮긴이 해제

『삼보황도』는 중국 고대 도성을 연구할 때 반드시 검토해야 할 중요한 문헌 중 하나이다. 가령 진 함양의 고성(古城)은 위수의 하류 이동으로 파손되어, 현재 함양 도성의 배치 구조는 고고학적 방법으로는 밝힐 수가 없다. 진 함양성은 한 장안성 건설에 직접적인 영향을 주었기에 그 배치 구조에 대한 규명은 중요한 의미를 지닌다. 이 때문에 진 함양성의 배치 구조를 간접적으로나마 밝히기 위해 '소함양(小咸陽)'이라 불렸던 성도(成都) 고성의 배치 구조를 분석하거나, 나아가 진시황 능원의 구조를 통해 함양성의 배치 구조를 파악하려는 시도까지 이루어졌다.[1] 결국 함양성의 배치 구조를 파

---

1   楊寬, 『(楊寬著作集) 中國古代都城制度史研究』, 上海人民出版社, 2016(楊寬, 최재영 옮김, 『중국 고대 도성제도사(상)』, 세창출판사, 2019), pp. 98~106.

악하기 위해서는 관련 문헌 기록을 참고하는 수밖에 없는데, 『삼보황도』 권1에 정리된 진 함양성과 부속 시설에 관한 기록은 고고학적 방법으로 확인하기 힘든 진의 도성은 물론 도성 주변 지역의 경관을 소상하게 파악할 수 있는 주요 근거가 된다.

한 장안성의 배치 구조를 규명할 때도 고고학 발굴 성과와 함께 『삼보황도』 권1~6에 걸쳐 서술된 한 장안성과 주변 경관에 대한 기록을 필수적으로 검토해야 한다. 물론 진 함양성과 달리 한 장안성 유지는 오랜 고고학적 발굴과 연구를 통해 이미 많은 부분이 밝혀졌다.[2] 그렇지만 한 장안성의 내부 공간 구조와 그 성격에 관해서는 여전히 이견이 존재한다. 예컨대 한 장안성 밖에 소위 외성, 곧 곽의 존재 여부를 둘러싼 학계의 논쟁[3]은 한 장안성을 연구할 때 고고학적 발굴 성과 이외에 장안성의 구조 및 부속 시설까지 종합 서술한 관련 문헌 기록 역시 중요함을 잘 보여주었다.

이처럼 『삼보황도』는 진한시대 도성제도 및 도성 경관 연구에 매우 중요한 문헌이다. 그렇지만 이 책은 저자를 알 수 없고, 기록된

---

2   관련 연구 성과는 劉振東, 「漢長安城的研究現狀-論漢都長安之結構-」, 『中國古中世史研究』 35, 2015 참조.

3   楊寬은 장안성은 內城이고 外城이 별도로 존재하였다고 주장하였고, 오랜 기간 한 장안성 유지를 발굴한 劉慶柱는 한 장안성에는 별도의 外城, 곧 郭이 없다고 주장하였다. 두 사람 간의 논쟁은 楊寬, 『(楊寬著作集) 中國古代都城制度史研究』, pp. 204~244 ; 劉振東, 「漢長安城的研究現狀-論漢都長安之結構-」, pp. 51~52 참조.

시기가 분명치 않다는 한계가 있다.[4] 따라서 『삼보황도』를 활용하기 전에 먼저 해당 문헌의 전승 과정과 여러 판본에 대한 검토 작업이 필요하다. 이 글에서는 우선 1~2절에서 『삼보황도』의 전승 과정과 다양한 판본에 대해 살펴보고,[5] 3절에서 『삼보황도』의 체제와 주요 내용을 정리하고자 한다.

1. 『삼보황도』의 초본 편찬 시기

『삼보황도』는 '서경황도(西京黃圖)'라 부르기도 하고 간단히 '황도(黃圖)'라고도 하는데, 작자의 성명은 전하지 않는다. 또 이 책의 초본이 만들어진 시기 역시 분명치 않다. 손성연(孫星衍)은 서(序)에서 "한 말(漢末)의 사람이 찬하였다"라고 하였고, 묘창언(苗昌言)은 제사(題詞)에서 "한·위 시기 사람이 쓴 것이다"라고 설명하였다. 그밖에 조공무(晁公武)는 『군재독서지(郡齋讀書志)』에서 "양(梁)·진(陳) 시기 사람이 기록하였다"고 보았고, 진직(陳直)은 "원서는 당연히 후한 말~조위 초기에 제작되었다"라고 하였다. 이렇게 『삼보황도』

---

4 陳偉文,「今本《三輔黃圖》成書年代及其文獻性質考論」,『唐研究』2015年 1期 참조.

5 해당 서술은 何淸谷 撰,『三輔黃圖校釋』, 中華書局, 2005, pp. 1~9의 내용에 근거하였다.

는 내용의 중요성에 비해 저자나 저작 시기가 불확실하다는 점에서 그 내용의 신빙성을 제대로 인정받지 못하였다.

'삼보황도'라는 말은 원래 삼보 지역 수도를 그린 그림을 의미한다. 진직의 고증에 따르면 '삼보'라는 명칭은 이미 서한 중기 와당의 문자에서도 확인된다. 『한서』 권29 「구혁지(溝洫志)」를 보면 한대 수리 공정에서 도서(圖書)에 따라 지형을 살피는 일이 핵심이라고 설명하였는데, 이는 당시 수리 규획도가 있었음을 의미한다. 왕망이 왕읍(王邑)을 보내어 낙양에 그를 위한 능(陵)을 건설하라고 시켰을 때, 왕읍은 가장 먼저 택조(宅兆)를 관찰한 후에 왕망의 묘지를 만들기 위한 평면도를 제작하였다. 전한 시기 도성이었던 장안은 『고공기』 중 제도(帝都)에 관한 구상과 설계를 따랐는데, 당시 장안을 건설하기 위한 설계도와 설명문이 있었을 것이고 만약 이런 자료가 한 말 위 초까지 보존되었다면 당연히 『삼보황도』의 초본을 기록할 때 중요한 근거가 되었을 것이다. 또한 단순히 그림에 간단한 설명만 있었던 것이 아니라, 비교적 상세한 설명도 존재하였던 것으로 보인다. 예를 들어 유소(劉昭)가 인용한 『황도』에는 하규현(下邽縣)을 세운 연혁이나 천여 자에 달하는 원시 4년의 의론이 보인다. 이는 『삼보황도』에 원래부터 삼보의 치소·장안의 성문·궁관(宮觀)·원유(苑囿)·능묘(陵廟)·명당·교치(郊畤) 등에 대한 상세한 기재 내용이 포함되어 있었음을 의미한다.

우선, 초본 『삼보황도』에 대한 기록은 『수서』 「경적지」에 가장 먼

저 보인다. 즉, "『황도』는 1권으로, 삼보의 궁관·능묘·명당·벽
옹·교치 등에 대한 사실을 기록하였다"(『수서』 권33 「경적지」)고 하
였다. 『구당서』 「경적지」·『신당서』 「예문지」에도 『삼보황도』는 1권
으로 기록되어 있는데, 대개 초본은 한 권이었던 것으로 보인다.
초본 『삼보황도』의 내용은 여순(如淳)·진작(晉灼)·장안(張晏)·맹
강(孟康)·신찬(臣瓚)이 주석한 『한서』와 유소가 주석한 『후한서』의
여러 지(志), 그리고 역도원(酈道元)의 『수경주』에 보인다. 그 밖에
당 초 이선(李善)이 지은 『문선』의 주나 안사고의 『한서』 주 등에도
『삼보황도』의 내용이 인용되었다.

이렇게 『삼보황도』의 초본이 언제 만들어졌는가에 대한 설명은
다양하지만, 각 설명들은 모두 여순·진작·유소의 역주에 인용된
『황도』를 설명의 근거로 삼았다. 여순·진작·유소는 문헌 기록에
주석을 달면서 『황도』를 인용하여 근거를 제시하였는데, 이들 주석
가가 『황도』라는 책을 인용하여 근거로 삼았다는 말은 그들이 살았
던 시기에 이미 『삼보황도』의 초본이 되는 책이 세상에 알려졌다는
것을 의미한다.

여순은 삼국 조위 시기 사람으로서, 일찍이 위국 진군(陳郡)의
승(丞)을 지냈던 인물이다. 그는 『한서주(漢書注)』를 찬하면서 수차
례 『삼보황도』를 인용하였으며 현재 최소 5개 항목은 확인 가능하
다. 다음으로 진작은 진(晉) 초기의 사람으로서 일찍이 상서랑(尙書
郞)을 지냈다. 그는 『한서집주(漢書集注)』를 찬하면서 늘 『삼보황도』

를 인용하였는데, 그중 최소 4개 항목은 확인 가능하다. 또한 유소는 양 무제 때 봉조청(奉朝請) 등의 관직을 지낸 인물로서, 그가 주석한『후한서』「제사지」·「군국지」에는 모두『삼보황도』가 인용되어 있으며 그중 2개 항목은 지금까지 남아 있다. 이렇게 여순·진작·유소는 자신들의 주석에『삼보황도』를 인용하였다. 이런 점에서『삼보황도』의 초본은 후한 말~조위 초에 이미 편찬되었다고 볼수 있다.

2. 판본의 종류와 연구 현황

『삼보황도』의 초본은 죽간 혹은 비단에 초사한 것으로서, 이후 여러 사람의 손을 거치면서 전사(傳寫)되었기 때문에 그 과정에서 내용이 추가되거나 탈루되는 등 여러 가지 오류가 발생하였다. 가령 여순이 인용한『황도』는 모두 5조인데, 그중에서 2조의 내용은 착오가 보인다.

현행본『삼보황도』는 판본에 따라 많게는 6권으로 구성되었다. 정대창(程大昌)은 현행본이 당대 사람들이 추가하고 정리한 것으로 보았고, 필원(畢沅) 역시 당대 호사가들이 모았다고 하였다.『사고전서총목(四庫全書總目)』에는 당 숙종 이후의 사람이 썼다고 하였고, 진직은 당 중기 이후 사람이 쓴 것으로 보았다. 곧 현행본이 만들어진 시기에 대해서는 대개 당대를 벗어나지 않는데, 그 중요한 근거는 현행본에 당대 지명이 보인다는 점이다. 예를 들어 현행본에 보이는 당대 지명인 기주(岐州)는 당 숙종 지덕 원년(756년)에 폐하였고, 흥평현(興平縣)은 지덕 2년(757년)에 설치하였다. 당대 지명의 존폐가 교차되는 시기는 대략 숙종 때에 해당하며, 이를 통해 현행본은 당 숙종 시기에 정리되었을 것으로 추정할 수 있다.

사실 현행본『삼보황도』에는 초본과 비교할 때 권수나 내용 면에서 많은 부분이 추가되었다. 다만, 편자가 마음대로 지어낸 것은 아니며 모두 문헌에 근거하여 정리한 것이다. 현행본은 내원(來源)에 따라 크게 세 부분으로 나눌 수 있다. 첫째, 초본『삼보황도』에서 따온 것으로, 이는 현행본 중 '구도(舊圖)' 혹은 '도(圖)'라 언급한 부분이다. 둘째, 당 초 안사고의『한서』주와 이선의『문선』주에서 수집한『삼보황도』의 일문(佚文)이다. 현행본은 안사고 주와 많은 부분 같은데, 이는 진직의 설명과 같이 현행본『삼보황도』가 안사고의 주를 이용한 것이지 안사고의 주가『삼보황도』를 이용한 것은 아니다. 셋째,『사기』·『한서』·「서경부(西京賦)」·「서도부(西都賦)」및 남조 시기 저술에 있는 내용이다. 이렇게 현행본은 서로 문헌 기록을 근거로 정리되었기 때문에 전승 과정에서의 오류나 초본과 달리 누락된 부분이 많다.

송대『삼보황도』는 여러 종류의 전사본(傳寫本)이 존재하였다. 송민구(宋敏求)의『장안지(長安志)』에 인용된 문장과 현행본은 많은 부분이 같지만, 다른 곳도 있다. 『태평환우기(太平寰宇記)』·『태평어람(太平御覽)』·『옥해(玉海)』에서 인용한 『삼보황도』와 현행본의 내용 역시 차이가 있다. 남송 고종 소흥 23년(1153년) 무주(撫州) 주학(州學) 교수(敎授)였던 묘창언은 "(『삼보황도』는) 세상에 판각이 없어 전사할 때 글자가 틀리는 오류[魯魚之謬]가 많기 때문에 몇 가지 판본을 구하여 상호 참교(參校)하였다"라고 하였으며, 결국 무주 주학에서 『삼보황도』를 새기게 되었다. 『설부(說郛)』에 수록된 묘창언의 『삼보황도』를 보면, 이 판본은 한 권으로 되어 있다. 현재 6권으로 구성된 판본 중 가장 이른 것은 원(元) 치화(致和) 원년(1328년)에 새긴 판본이다. 이렇게 『삼보황도』는 전승 과정에서 다양한 판본이 생겨났으며, 현재 확인 가능한 판본을 정리하면 다음과 같다.

첫째, 원 치화 원년(1328년)의 판본이다. 모두 6권으로서, 권두(卷頭)에 원래의 서(序)가 있고 묘창언의 제사·목록이 있으며, 정문(正文)에는 원주(原注)가 있다. 목록 뒤에 '치화무신하오(致和戊辰夏五) 여씨근유당간(余氏勤有堂刊)'이라고 적혀 있는데, '치하(致和) 무신(戊辰)'은 곧 원 태정제 치화 원년에 해당하고, '하오(夏五)'는 여름 5월이며, 여씨(余氏)는 판각한 사람이며, 근유당(勤有堂)은 그의 당명(堂名)이다. 이 판본은 원 치화 원년에 새겼기 때문에 원간본이라 칭하기도 하며, 상해 함분루(涵芬樓) 영인본이 전한다. 또한 이 판본은 『사부총간』 제3편에 포함되어 있다.

둘째, 『설부(說郛)』본이다. 이는 권으로 구분되지 않았고, 서명 아

래에 묘창언이 적혀 있다. 앞에 서(序)나 목록이 없고 묘창언의 제
사도 없으며, 본문에는 부분적인 내용이 있을 뿐 주(注)도 없다. 이
판본 역시 창지(滄池)·빙지(冰池) 항목에서 '구도(舊圖)'를 인용했기
때문에 초본의 원래 모습은 아니며, 남송 소흥 연간 묘창언이 무주
주학 교수를 맡았을 때 교각한 판본에 해당한다.

  셋째, 오관(吳琯)의 『고금일사(古今逸史)』본이다. 모두 6권으로서,
권두에 원래의 서·목록이 있으며 명 만력(萬曆) 연간(1573~1620)
에 오관이 교감하였다. 이 판본은 옛 판본의 오자를 교정하였으며
오관이 편집한 『고금일사(古今逸史)』에 수록되어 있다.

  넷째, 진계유(陳繼儒)의 『보안당비급(寶顔堂秘笈)』본이다. 상·
하 두 권으로 구성되었고, 상권은 진계유가 검열하고 심덕선(沈德
先)·장가대(張可大)가 교감하였으며, 하권은 왕계생(王桂生)·심황
(沈璜)·장문림(張文林)이 교감하였다. 명 만력 연간 진계유가 편집
한 『보안당비급』에 포함되어 있다. 이 판본의 권두에는 목록이 없
고, 원래의 서와 성화(成化) 16년(1480년) 주정(周鼎)의 서가 포함되
어 있다. 주정은 "(이 책은) 오래되어 각본이 보이지 않아 예로부터
학자들이 근심하였으며, 우강좌씨(盱江左氏)가 이것을 소장하고 몇
세대가 지났다. 지금 절강(江浙) 참정(參政) 계파(桂坡) 선생이 나에
게 보여주어, 서(序)를 쓰고 그것을 새기게 하였다"라고 하였다. 이
판본은 우강좌씨의 소장본을 저본으로 삼아 교열한 후에 판각하였
던 것으로 보인다.

다섯째, 필원의 『경훈당총서(經訓堂叢書)』 판본이다. 모두 6권으로서, 권두에 필원이 찬한 「중간삼보황도서(重刊三輔黃圖序)」와 원래의 서·주 및 필원이 넣은 소주(小注)가 있다. 비록 내용을 찾아 수집한 것이 완전하지 않긴 하지만 다른 판본과 비교하여 교정할 때 부족한 내용을 보충하는 역할을 한다.

여섯째, 손성연의 『평진관총서(平津館叢書)』 판본이다. 모두 한 권으로, 손성연·장규길(莊逵吉)이 함께 교감하였다. 이 판본의 권두에는 건륭 50년(1785년) 손성연의 서가 있는데 그는 6권으로 된 판본을 살펴보니 "무루(蕪累)함이 심하고, 왕응린(王應麟)의 동생 왕응봉(王應鳳)의 『정정삼보황도(訂正三輔黃圖)』가 있었으나 지금 다시 전하지 않아" "번잡한 것을 없애고 보유(補遺)하여 혹 옛날 관점으로 되돌렸으므로" "서전(書傳)을 두루 살펴 구문(舊文)을 비판적으로 취하고 『수서』 「경적지」에 의거하여 한 권을 만들고 이로써 왕응봉의 옛 책을 이었다"라고 하였다. 그는 초본 『삼보황도』의 원래 모습을 회복시키고자 하였으나, 현행본에 앞선 수많은 주석가들이 인용한 『황도』의 일문(佚文)을 기초로 삼지 않았고 금본(今本) 이후의 송(宋) 왕응린이 쓴 『옥해(玉海)』를 주요 근거로 삼았는데, 이는 매우 잘못된 선택이었다. 이 책은 일부 항목 중 취할 만한 부분이 있긴 하지만, 전체적으로 볼 때 근거도 없이 삭제하고 빠트린 부분이 곳곳에서 발견된다. 가령 현행본 중 「삼보 치소(三輔治所)」의 경우 안사고의 『한서』 주에서 인용한 『황도』를 옮긴 것으로 『한서』·

『수경주』에 기재되기도 하여 근거가 있는데도, 이 판본에서는 끝내 현행본이 잘못 추가하였다고 판단하고는 모두 삭제하였다.

이렇게 오늘날 전래된『삼보황도』는 전승 과정에 따라 다양한 판본이 존재한다. 전통 시대 전승된 판본을 20세기 이후 새롭게 정리하는 작업도 이루어졌는데, 주요 연구 성과를 소개하면 다음과 같다.

첫째, 장종상(張宗祥)의『교정삼보황도(校正三輔黃圖)』(6권, 古典文學出版社, 1958)이다. 권두에 원래의 서·목록이 있고 본문에 단구(斷句)와 원래 주가 있으며, 중간에 장종상의 소주(小注)가 있다. 이 정리본은 옛 판본들에 보이는 착오를 상당수 교정하였다는 점에서 중요한 의미를 갖는다.

둘째, 진직의『삼보황도교증(三輔黃圖校證)』(6권, 陝西人民出版社, 1980)이다. 이 정리본의 앞에는 진직의 서·원래의 서·목록이 있고 뒤에 후기가 있다. 이 책의 본문은 모두 신식으로 표점을 하였고 장종상의『교정삼보황도』를 저본으로 삼아 교감하였으며, 다른 고적을 근거로 삼아 옛 판본 중의 오류와 탈루 내용을 적잖게 교정하였다. 다만, 출판할 때 진직은 이미 고인이 된 상태였고, 어떤 원인인지는 분명치 않지만 오자가 많이 생겨났다.

셋째, 하청곡(何淸谷)의『삼보황도교석(三輔黃圖校釋)』(6권, 中華書局, 2005)이다. 이 정리본의 가장 큰 장점은 가장 최근에 출판되었기 때문에 지금까지 전승된 다양한 판본과 20세기에 출판된 정리본을 종합 검토하여 여러 가지 오류와 누락된 부분을 교정하였다는 점이다. 또한 최근 섬서성(陝西省) 지역의 고고 발굴 성과를 적극 활용하여, 문헌 기록과 고고 자료를 비교 검토한 후 『삼보황도』의 내용을 역사적으로 고증하였다는 점은 종래 다른 연구와는 크게 차별되는 장점 중 하나이다.

3. 체제와 주요 내용

전술한 대로 『삼보황도』는 판본에 따라 체제나 수록 내용이 조금씩 상이하다. 20세기 이후 진행된 역주에서는 대체로 원간본(元刊本)을 저본으로 삼았는데, 해당 판본은 총 6권으로 구성되어 있다. 6권의 내용 중 권1의 삼보의 성립 과정이나 진 함양성 · 궁전구 서술을 제외하면 한 장안성 관련 서술이 주를 이룬다. 각 권의 주요 내용을 살펴보면 다음과 같다.

우선 권1의 서두에는 「삼보의 연혁」에 대해 서술하였다. '삼보'는 전한 시기 경기 지역을 치리하였던 3개 직관의 합칭이자, 또 그 관할구역을 가리키는 용어로서, 「삼보의 연혁」에서는 진의 내사 설치를 비롯하여 한고조 시기 관중에 도읍을 정하게 된 간단한 경위 설명과 함께 삼보의 명칭이 등장하기까지의 과정을 서술하였다. 이어서 「삼보 치소(三輔治所)」에서는 한 무제 시기 주작도위(主爵都尉)

를 우부풍, 우내사(右內史)를 경조윤, 좌내사(左內史)를 좌풍익으로 변경하고 그 치소를 모두 장안성 안에 두었던 일을 중심으로 삼보의 관할기구와 담당관을 서술한 후 왕망 시기 및 광무제 시기의 변화를 간단히 설명하였다. 「함양 고성(咸陽故城)」은 진 효공 때 함양에 도읍한 이래 시황제 및 호해에 이르기까지의 상황을 개관하고, 진 통일 이후 함양에 수백 개에 달하는 궁과 관련 부속 시설이 건설되었음을 서술하였다. 「진궁(秦宮)」은 주로 진 통일 이후 함양에 건설된 아방궁을 비롯한 진의 궁궐에 대한 서술로서, 치도와 같은 특수한 도로에 대한 설명도 부기하였다. 「한 장안 고성(漢長安故城)」에서는 한 장안성의 건립 초기 상황을 간략히 소개한 후 혜제 때 증축하기 시작하여 장안성의 기본 골격이 갖추어지기까지의 건축 과정과 주요 특징을 설명하였다. 「진한 풍속(秦漢風俗)」은 사실상 『한서』 「지리지」 중 '진지(秦地)'의 문장을 옮겨온 것으로서, 관중의 풍속을 개괄적으로 서술하였다. 「도성 십이문(都城十二門)」은 권1의 다른 내용과 다소 동떨어진 장안성의 12개 성문에 관한 서술이다. 곧 장안성의 동서남북 사면에는 각 면마다 각각 3개의 성문이 있었음과, 각 문의 명칭과 위치를 간략하게 설명하였다.

전체적으로 권1은 진한시대 도성이 위치하였던 경기 지역의 연혁을 개관한 내용으로서, 권2~6의 내용과 비교할 때 진의 도성과 궁 및 부속 시설에 관한 서술의 비중이 크다. 다만, 마지막의 「도성 십이문」은 도성을 포함한 삼보 전반의 내용이 아니라, 한 장안성의

12문을 방향별로 설명한 내용으로서, 그 성격상 권2로 구분하는 편이 더 적절해 보인다.

권2는 한 장안성 내부의 주요 구성 요소를 개관한 내용이다. 우선 「장안 구시(長安九市)」에서는 『묘기(廟記)』와 장형(張衡)의 「서경부(西京賦)」, 『후한서』「군국지」의 기록을 인용하며 장안성 안의 시장을 서술하였다. 「장안 8가 9맥(長安八街九陌)」에서는 장안성 내부에 형성된 주요 도로를 '8가 9맥'으로 구분하여 서술하였고, 「장안성 내 여리(長安城中閭里)」에서는 장안성 내부에 존재하였던 160여 개의 리(里)와 주요 거리를 설명하였다. 이어서 「한궁(漢宮)」은 장락궁, 미앙궁을 비롯한 장안성 안의 궁을 개관한 서술이다.

권2에 서술된 한 장안성 내부의 시장과 도로 및 민가의 위치 등은 장안성 내부 구조의 성격이나 외성 유무를 규명할 때 논자들 사이에서 중요하게 다루는 사항이다. 이런 점에서 한 장안성 내부의 공간 구조를 서술한 권2의 내용은 다른 문헌 기록과 고고 발굴 성과에 기초한 자세한 검토가 필요한 부분이기도 하다. 가령 장안성에 설치된 시장은 『묘기』에 "장안에 시는 9개가 있으며, 각각 사방 266보이다. 6개의 시는 대로 서쪽에 있고, 3개의 시는 대로 동쪽에 있다"라는 설명이 있고 『삼보황도』 역시 이를 인용하였지만 '9시'에 대한 이해는 현재 세 가지 견해가 존재한다. 곧, 첫째 장안성 안의 9개의 시장을 가리킨다는 입장, 둘째 장안성 안팎에 9개의 시장이 있었다는 입장, 셋째 9시는 시장이 많다는 표현일 뿐 실제 9개의 시장이 존재한 것은 아니었다는 입장이다. 한 장안성에 위치하였던 9시의 존재 양태를 밝히기 위해서는 관련 문헌 기록 및 고고 발굴 성과 등을 종합적으로 분석할 필요가 있다.

권3은 우선 「장락궁(長樂宮)」, 「미앙궁(未央宮)」, 「건장궁(建章宮)」, 「북궁(北宮)」, 「감천궁(甘泉宮)」으로 이어지며 한 장안에 위치한 각 궁의 부속건물과 소속 관서의 종류 및 기능을 서술하였다. 그리고 마지막에 한의 기내 지역 전반에 대한 서술로 마무리하였다. 즉, 한의 기내 지역은 천 리로서 모두 경조윤(京兆尹)에서 다스렸고 안팎으로 145곳에 궁관(宮館)이 있었다는 것이다. 전체적으로 권3은 한 장안성과 경기 지역에 위치한 궁전 건축을 세세하게 나열하여 설명한 서술에 해당한다.

권4는 한 장안성에 위치한 황실 정원인 상림원과 주요 연못을 서술한 내용이다. 크게 두 부분으로 나뉘는데, 「원유(苑囿)」에서는 한의 상림원 설치 시기와 상림원 안의 주요 건물과 소속 관서, 주요 시설을 자세하게 설명하였다. 「지소(池沼)」는 곤명지(昆明池)와 같은 주요 연못의 위치와 주변 풍광을 서술한 내용이다. 「원유」와 「지소」 모두 서두에 서주 시기 왕실에 속한 정원과 연못 조영에 관한 기록을 먼저 언급하여 한 장안성 내의 황실 정원의 기원을 밝혔다. 「원유」와 「지소」에서 다루는 공간은 주로 황실 구성원이 여가를 즐기는 곳으로서, 문헌에 보이는 관련 기사를 인용하였기 때문에 한 황실의 여가 생활을 살필 수 있는 자료가 된다.

권5는 주로 국가 의례 혹은 예제 관련 건축을 서술한 내용이다. 「대사(臺榭)」에서는 서주 문왕의 영대(靈臺) 건설 관련 기록을 인용하고 영대의 크기를 설명한 후 한의 영대가 세워진 위치와 건축 과정 등을 서술하였다. 「벽옹(辟雍)」에서도 먼저 서주 시기 벽옹에 대한 설명과 함께 벽옹의 유래를 서술한 후 한의 벽옹에 대해 설명하였다. 「명당(明堂)」은 서주 시기 명당을 간단히 설명한 후 한의 명당에 대해 "한 무제가 명당을 지었고, 왕망이 개수하고 정비하여 크게 만들었다"라고 서술하였다. 「환구(圜丘)」는 한의 환구에 대한 설명으로서, 그 위치가 곤명의 옛 도랑 남쪽이라고 밝히고 환구에 대해 간단하게 소개하였다. 「태학(太學)」은 한에서 세운 태학의 위치를 밝힌 후 왕망 시기의 변화를 간략하게 설명한 내용이다. 「종묘(宗廟)」에서는 한의 종묘를 개관한 후 고조 묘의 위치와 주요 구조를 설명하였다. 그리고 이후 혜제 묘부터 성제 묘까지의 명칭과 위치를 서술하였는데, 원제와 성제 시기 "조종(朝宗)의 묘가 위치한 군국은 68개로서 모두 167곳이었다. 경사에는 고조부터 선제까지의 황제와 태상황, 도황고(悼皇考)의 능이 있었는데, 각각 능이 위치한 옆에 묘를 세웠다. 지방에 위치한 것과 모두 합쳐 176곳이었다"라고 하여 한 제실에 속한 종묘를 종합적으로 설명하였다. 아울러 마지막에 왕망 시기 설치한 9묘에 대해서도 설명하였다. 「남북교(南北郊)」는 장안성 남쪽에 위치한 천교와 북쪽에 위치한 지교에 대한 설명으로서, 교제에 대한 설명도 덧붙여 서술하였다. 「사직(社稷)」은 한의 사직을 설명한 비교적 짧은 서술로서, 한 초 진의 사직을 소제하여 사용하다 이후 관사(官社)를 세워 하의 우임금을 배향하였으며, 평제 원시 3년에 이르러 비로소 관사 뒤에 관직(官稷)을 세웠다고 서술하였다. 「관(觀)」은 한 장안성에 속한 여러 관의 명칭과 위치를 차례로 설명한 서술이다.

마지막으로 권6은 한 장안성에 위치한 다양한 부속 시설 및 능묘에 대한 서술이다. 「각(閣)」에서는 장안성에 있는 다양한 각의 위치와 건축 배경을 설명하였으며, 「서(署)」에서는 호위(虎威)와 장구(章溝)가 관서의 명칭이라고 설명하였다. 「고(庫)」는 무고를 비롯한 장안성의 주요 곳집을 소개한 서술이다. 「창(倉)」에서는 태창 및 세류창(細柳倉)·가창(嘉倉) 등 창의 위치를 설명하였고, 「구(廐)」에서는 미앙대구(未央大廐), 도구(都廐) 등의 위치를 설명하였으며, 「권(圈)」에서는 진의 동물 우리를 먼저 언급한 후 한의 동물 우리 아홉 곳에 대해 설명하였다. 「교(橋)」는 한 장안성 인근에 세워진 다리의 종류와 위치를 설명한 서술이다. 「능묘(陵墓)」에서는 한 태상황릉이래 한고조의 장릉~평제의 강릉(康陵)까지의 황릉을 소개하고, 기타 문제의 모친인 박희(薄姬)의 남릉(南陵)과 소제의 모친인 조첩여(趙婕妤)의 운릉(雲陵) 등을 부기하였다. 「잡록(雜錄)」은 국가 의례나 의식에서 사용하는 주요 용어를 설명한 서술로서, 궁 안에서의 '금중(禁中)', 노부(鹵簿), 청도(淸道), 정실(靜室) 등의 용어를 간략하게 설명하였다.

부록

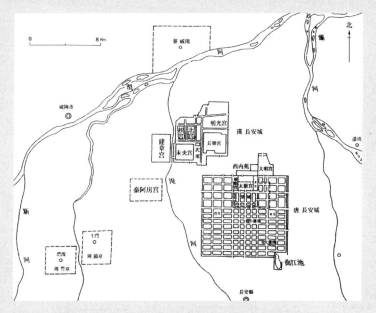

[그림 1] 서주(西周)·진(秦)·전한(前漢)·당(唐)의 도성 위치
출처: 西安市文物局 外 編著, 『漢長安城遺址保護』, 文物出版社, 2012, 圖1

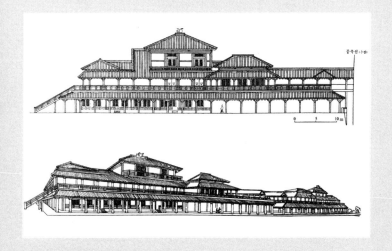

[그림 2] 진 함양궁 제1호 궁전 유지 복원도
출처: 陝西省考古研究所 編著, 『秦都咸陽考古報告』, 科學出版社, 2004, 附錄1 圖6

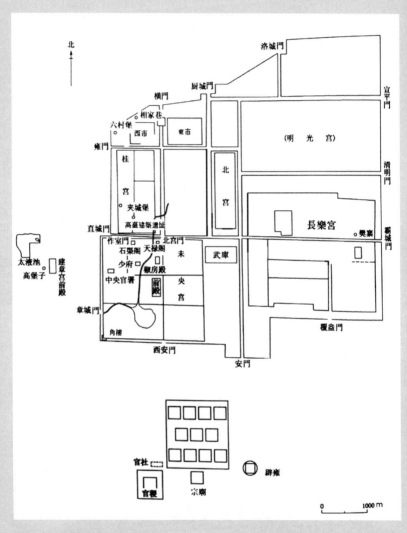

[그림 3] 한 장안성 유지 평면도

출처: 西安市文物局 外 編著, 『漢長安城遺址保護』, 文物出版社, 2012, 圖2

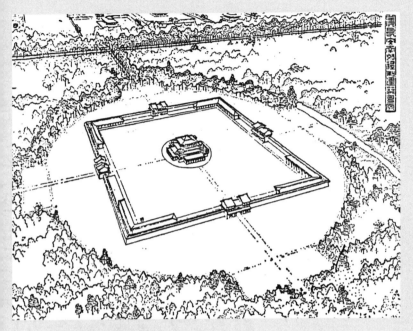

[그림 4] 한 장안성 남교(南郊) 예제 건축 복원도

출처: 王仲殊 著, 『漢代考古學槪說』, 中華書局, 1984, 圖15

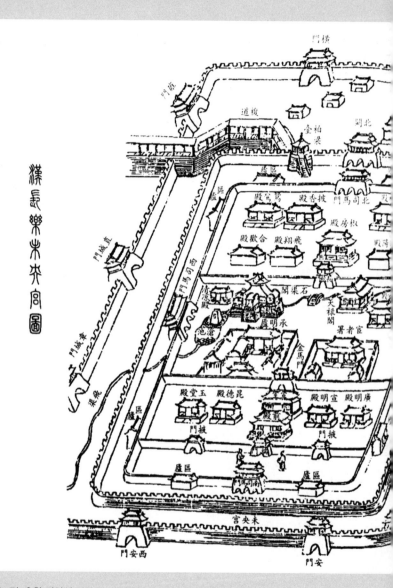

[그림 5] 한 장안성 장락궁 · 미앙궁도
출처: (淸) 畢沅 撰, 張沛 校點, 『關中勝蹟圖志』(修訂版), 三秦出版社, 2021

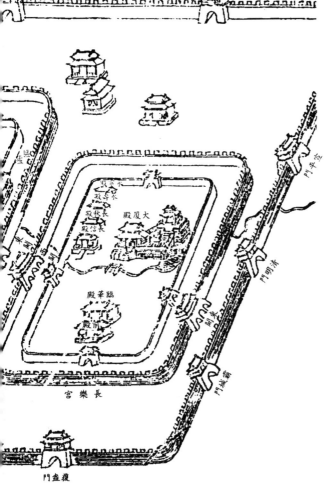

漢長樂未央宮圖

[그림 6] 한 장안성 건장궁도

출처: (淸) 畢沅 撰, 張沛 校點 『關中勝蹟圖志』(修訂版), 三秦出版社, 2021

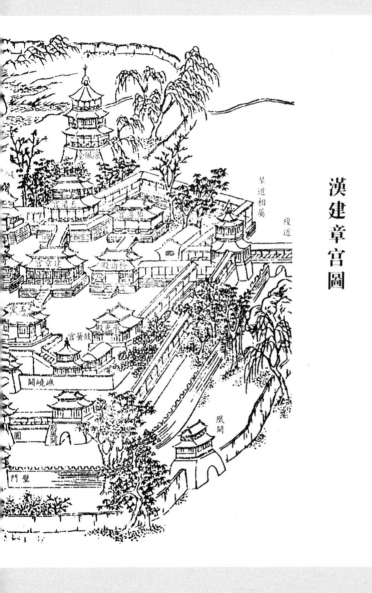

漢建章宮圖

찾아보기

송진(宋眞)

고려대학교 역사교육과에서 학사, 서울대학교 동양사학과에서 석사와 박사 학위를 취득했다. 경북대학교와 성균관대학교 박사후연구원을 거쳐 평택대학교 피어선칼리지 조교수로 재직했으며, 현재 공주대학교 역사교육과 조교수다.
저서로 『중국 고대 경계와 그 출입』이 있으며, 논문으로 「漢代通行證制度與商人的移動」, 「秦漢時代 券書와 제국의 물류 관리 시스템」 등이 있다.

삼보황도

대우고전총서 054

1판 1쇄 찍음 | 2021년 12월 6일
1판 1쇄 펴냄 | 2021년 12월 27일

옮긴이 | 송진
펴낸이 | 김정호

펴낸곳 | 아카넷
출판등록 | 2000년 1월 24일(제406-2000-000012호)
주소 | 10881 경기도 파주시 회동길 445-3 2층
전화 | 031-955-9511(편집) · 031-955-9514(주문)
팩스 | 031-955-9519
www.acanet.co.kr

© 송진, 2021

Printed in Paju, Korea.

ISBN 978-89-5733-764-6 94910
ISBN 978-89-89103-56-1 (세트)

이 책은 대우재단의 지원을 받아 연구 및 출간되었습니다.